비운의 공주, 숙휘공주의 사연이 담긴
조선 왕실의 한글 편지첩

『宸翰帖 坤』의 연구 및 역주

비운의 공주, 숙휘공주의 사연이 담긴 조선 왕실의 한글 편지첩

『宸翰帖 坤』의 연구 및 역주

초판1쇄 인쇄 2019년 2월 1일
초판1쇄 발행 2019년 2월 8일

지 은 이 장요한
펴 낸 이 신일희
펴 낸 곳 계명대학교출판부
출판등록 제347-1998-1호 (1970. 9. 1.)
주 소 대구광역시 달서구 달구벌대로 1095
대표전화 053-580-6233
팩 스 053-580-6235

ISBN 979-11-89468-69-9 93700 값 33,000원

• 이 도서의 국립중앙도서관 출판예정도서목록(CIP)은 서지정보유통지원시스템 홈페이지(http://seoji.nl.go.kr)와 국가자료공동목록시스템(http://www.nl.go.kr/kolisnet)에서 이용하실 수 있습니다.(CIP제어번호: CIP2019003505)

계명대학교 동산도서관 고문헌총서14
계명인문역량강화사업단 한국학우수총서7

이 저서는 2018학년도 대한민국 교육부와 한국연구재단의 재원으로
대학인문역량강화사업단(CORE)의 지원을 받아 수행된 연구임.

비운의 공주, 숙휘공주의 사연이 담긴
조선 왕실의 한글 편지첩

『宸翰帖 坤』의 연구 및 역주

계명대학교 출판부

머리말

이 책은 계명대학교 동산도서관 소장본인 한글편지 『宸翰帖 坤』의 서지 및 국어학적 특징을 검토하고, 각 편지마다 현대어역과 주석, 편지의 내용과 형식적 특징을 덧붙인 것이다.

『宸翰帖 坤』은 1982년에 이인재(李仁哉)씨가 계명대학교에 기증하여 동산도서관에서 보관하게 되었고, 2010년 1월에 국립청주박물관 소장본 『宸翰帖』과 함께 보물 1629호로 지정되었다가 2017년 10월 31일에 동산도서관 소장본 『宸翰帖 坤』만 별도로 보물 1946호로 재지정되었다. 『宸翰帖 坤』은 세로 42.5㎝, 가로 26.5㎝의 직사각형으로 장첩되었고 연화(蓮花) 무늬가 들어 있는 표지로 장정되었다. 제첨(題簽)은 흰색 바탕의 비단에 홍색 괘선(卦線)을 두르고 "宸翰帖 坤"이라 기록되었는데 '坤'은 옅고 작게 표기되었다. 그리고 마지막의 앞 장에는 홍색 바탕의 연화 무늬가 들어 있는데, 이 장에는 '언셔텹'에 적혀 있는 "인현왕후 친히 ᄆᆡᆼ글ᄋᆞ옵신 비단으로 부친 션냥 쌍 몸을 부쳐"의 '선냥 쌍 몸'이 있었던 것으로 보이나 현재는 소실되고 흔적만 남아 있다.

『宸翰帖 坤』은 효종(孝宗), 현종(顯宗), 숙종(肅宗), 장렬왕후(莊烈王后), 인선왕후(仁宣王后), 명성왕후(明聖王后), 인현왕후(仁顯王后) 등이 효종의 넷째 딸인 숙휘공주(淑徽公主)에게(32편) 쓴 한글편지와 부마 정제현(鄭齊賢)과(1편), 인선왕후에게(2편) 쓴 한글편지, 총 35편을 묶은 편지첩이다. 이 편지첩은 숙휘공주의 5대손인 정진석(鄭晋錫)이 순조 2년(1802년) 중추(仲秋)에 엮은 것인데 여기에 장첩된 35편의 한글편지는 조선 중기 왕실가의 편지로서 국어학 연구는 물론 궁중 문화, 한글 서예 등의 연구에 매우 중요한 자료적 가치를 지니고 있다.

『宸翰帖 坤』을 처음 열람하게 된 것은 2012년 2학기에 학생들과 함께 동산도서관 고문헌실을 방문하여 전시물을 관람하던 때이다. 학생들과 함께 고문헌실에 방문했다가 별실에 소장되어 있는 『宸翰帖 坤』을 열람할 수 있었다. 그로부터 벌써 6년의 시간이 지났다. 그동안 다른 해야 할 일을 우선 앞세우기는 하였지만 35편의 편지를 면밀히 검토해 보고자 책상 맨 앞 편에 둘 수 있었던 것은 한 장 한 장의 편지에 담겨진 것에 대한 학문적 호기심과 서체와 편지 사연에서 비롯된 상상력이 즐겁게 관찰하고 사색할 수 있도록 이끌었기 때문일 것이다.

필사본을 판독하여 현대어역으로 옮기는 일이 이렇게 힘든 일인지 미처 알지 못했다. 한 글자 한 글자 판독하는 어려움은 물론이거니와 언간에만 출현하는 어미 형태나 어휘의 의미를 해독하는 일, 단어의 음절이 생략된 형태의 의미를 해독하는 일은 여간 어려운 일이 아니었다. 하지만 판독하지 못하고 있다가 남겨둔 글자를 어느 순간 깨달았을 때의 기쁨은 힘듦을 잊기에 충분하였다. 간본을 판독하는 것과는 다른 즐거움을 경험할 수 있었다. 하지만 책을 출간할 때까지도 필자의 능력 부족으로 단어나 구절의 뜻을 온전히 해독하지 못한 부분, 중요한 내용을 놓친 부분이 곳곳에 있다.

좀 더 시간을 두고 살펴보아야 하나 약속한 시간이 있고 마냥 두고 있다고 해서 해결될 것도 아닌 것 같아서 부족한 상태로 세상에 내놓고자 한다. 이 책에 대한 질정(叱正)은 언제든 감사한 마음을 받겠다.

이 책이 출간되기까지 많은 도움을 받았다. 계명대 동산도서관장님과 벽오고문헌실 최경훈 선생님께서는 이 책이 출간될 수 있도록 학교의 승인과 편지의 원문 사진 등을 협조해 주셨다. 무엇보다 이 책이 무난하게 나올 수 있도록 계명대학교 인문역량강화사업단에서 총서 지원을 하였다. 계명대 출판부에서는 사진 디자인과 편집, 출판을 맡아 주었다. 도움을 주신 모든 분들께 감사 인사를 드린다.

『宸翰帖 坤』의 편지를 한편 한편 들여다보고 있노라면 왕과 왕후의 목소리가 때로는 지엄한 목소리로, 때로는 자상한 목소리로 들리는 듯하다. 형제들의 편지는 또 어떠한가. 남들의 부러움을 살 정도로 서로를 살뜰히 챙기며 아끼는 정성이 물씬 묻어나 있다. 『宸翰帖 坤』이 더없이 귀중한 자료로서 여겨지는 것이 이 때문일 것이다. 조선 왕실가의 생활과 감성이 지금 우리에게 생생하게 전해지는 이 『宸翰帖 坤』이 앞으로 더욱 우리 문화와 사회에 전해지고 활용되기를 바란다.

2019년 2월 1일
궁산 기슭에서
장요한 쓰다.

차례

비운의 공주, 숙휘공주의 사연이 담긴 조선 왕실의 한글 편지첩

『宸翰帖 坤』의 연구 및 역주

I

『宸翰帖 坤』의 서지 및 국어학적 연구

1. 서론
2. 서지적 특징
3. 국어학적 특징
4. 결론

1. 서론

이 글은 계명대학교 동산도서관에서 소장하고 있는 『宸翰帖 坤』의 서지 및 국어학적 특징을 고찰하는 것을 목표로 한다.[1] 서지 특징으로는 장첩의 목적과 방법, 교정 방법 등을 면밀히 검토하여 당시 언간 형식의 다양한 측면을 살펴보고, 언어 특징으로는 통시적 관점에서 주목되는 표기, 음운, 문법 현상에 초점을 맞추어 살펴봄으로써 이 문헌의 서지 및 국어사적 가치를 드러내고자 한다.[2]

『宸翰帖 坤』은 궁중 한글편지라는 점 때문에 국어사 연구 분야와 서체 연구 분야에서 일찍이 주목을 받아왔다.[3] 현재 계명대학교 동산도서관에서 소장하고 있는 『宸翰帖 坤』은 고(故) 김일근 교수가 1959년에 『이조어필언간집』을 발간하면서 판독문이 소개되어 세간에 관심을 받아 왔는데, 『宸翰帖 坤』의 개인 소장자인 이인재(李仁哉) 씨가(대구 소재) 1982년에 계명대학교에 기증하여 동산도서관에서 보관하게 된 것이다. 『宸翰帖 坤』은 조선의 국왕과 왕비 등이 작성한 친필 한글편지로서 한 편 한 편이 귀중한 자료로 평가되어 국립청주박물관에 소장된 『宸翰帖』과 함께 2010년 1월에 국가지정문화재 보물 1629호로 지정되었다가 계명대학교 동산도서관의 『宸翰帖 坤』만 별도로 2017년 10월 31일에 국가지정문화재 보물 1946호로 재지정되었다.

『宸翰帖 坤』은 '숙휘신한첩'으로도 알려져 있는데 35편의 편지 중에서 32편의 수신자가 숙휘공주여서 '숙휘신한첩'으로 불려진 것이다. 숙휘공주(1642~1696)는 인조 19년(1642년) 2월 효종의 넷째 딸로 태어났다. 어머니는 인선왕후이다. 1653년, 현종 때 우의정을 지낸 정

---

1 이 글은 2017년에 발표된(「계명대학교 소장본 『宸翰帖 坤』에 대한 국어학적 연구」) 논문을 수정 · 보완한 것이다.

2 이 글에서 '언간(諺簡)'은 황문환(2015)에서 사용한 바와 같이 한글편지만을 일컫는다. 즉, '한글편지'와 '언간'은 동일한 용어로 사용할 것이다. 그런데 본문에서 『宸翰帖 坤』의 개별 편지를 일컬을 때는 편의상 '편지'로 일컫고자 한다. '언간'이라는 용어가 낱장을 가리키기보다는 '곽씨 언간', '효종 언간'처럼 전체를 아우르는 성격을 지닌 개념으로 여겨지기 때문이다.

3 국립한글박물관(2014)의 『한글이 걸어온 길』에 따르면 궁중의 한글편지는 현재 412건이 전해지고 있으며, 『宸翰帖 坤』의 연구는 김일근(1959), 윤경수(1987), 김일근 · 이종덕(2000, 2001), 김연희(2003), 김복동(2013), 백두현(2015), 장요한(2017) 등이 대표적이다.

유성(鄭維城)의 손자 정제현(鄭齊賢)과 혼인하였으며 정제현은 효종의 부마(駙馬)가 되어 인평위(寅平尉)에 올랐다. 하지만 남편 정제현은 병환을 앓다가 젊은 나이에 죽었고 세 자녀도 어린 나이에 요절하였다.[4] 가환이 계속되면서 숙휘공주도 슬픔이 깊어져 숙병을 앓다가 세상을 떠났다.[5] 출가 이후 숙휘공주의 비운의 삶이 『宸翰帖 坤』에 고스란히 담겨져 있다.

이 『宸翰帖 坤』은 3인의 국왕과 4인의 왕비 발신자, 즉 효종(2편), 현종(3편), 숙종(6편), 장렬왕후(2편) 인선왕후(16편), 명성왕후(1편), 인현왕후(5편)가 수신자인 숙휘공주(32편)와 그의 남편 정제현(1편), 인선왕후(2편)에게 쓴 한글편지를 정제현의 5대손인 정진석(鄭晋錫)이 황공경지(惶恐敬識)한 마음으로 낱장의 편지를 모아 한 책으로 엮은 것이다.

『宸翰帖 坤』의 서문 말미에 실린 "당져이년임슐즁츄의 외예신진셕황공경지"(當宁二年壬戌仲秋 外裔臣晋錫惶恐敬識)의 글귀를 통하여 정제현의 5대손인 정진석(鄭晋錫)이 순조 2년(1802년) 중추(仲秋)에 『宸翰帖 坤』을 엮은 것을 알 수 있다. 그런데 숙휘공주가 수신자인 편지 32편과 정제현이 수신자인 편지 1편을 후손인 정진석이가 보관하고 있다가 장첩한 것은 이해가 되지만 현종이 모후(母后)인 인선왕후에게 보낸 편지 2편을 어떻게 보관하고 있다

---

4 『宸翰帖 坤』에서 인선왕후가 보낸 편지 중 '닌샹', '틱샹', '효희'라고 지칭하는 자녀 이름이 나오는데 이들은 모두 숙휘공주의 자녀들이며 '닌샹'과 '효희'는 어려서 죽은 것으로 보인다. 둘째 아들 정태일은 사섬시직장(司贍寺直長)에 제수되었으나 젊은 나이에 죽었다. 이에 정제태(鄭齊泰)의 아들 정건일(鄭健一)을 양자로 맞이하였다. 첫째 아들과 딸의 죽음은 정제두(鄭齊斗)의 『하곡집(霞谷集)』에서 찾아볼 수 있다(국립청주박물관 편 2011).

5 정제현(鄭齊賢)과 숙휘공주(淑徽公主)에 대한 『조선왕조실록』 기사 중에 참고할 만한 기사 내용을 제시하면 아래와 같다.

가. 정제현(鄭齊賢)을 인평위(寅平尉)로 삼아 숙휘공주(淑徽公主)를 시집보냈는데 제현은 우참찬 정유성(鄭維城)의 손자이다(以鄭齊賢爲寅平尉 尙淑徽公主 齊賢 右參贊維城之孫也)〈효종실록 11권: 44a〉

나. 숙휘공주(淑徽公主)의 길례(吉禮)를 거행하였다(行淑徽公主吉禮)〈효종실록 11권: 50a〉

다. 인평위(寅平尉) 정제현(鄭齊賢)이 죽었다(寅平尉 鄭齊賢卒)〈현종실록 5권: 2b〉

라. 공주(公主)의 아들 정태일(鄭台一)의 초상에 내재궁(內梓宮)과 외재궁을 모두 주었다고 합니다(公主子鄭台一之喪 竝賜內外梓宮)〈숙종실록 16권: 31a〉

마. 숙휘공주(淑徽公主)가 졸(卒)하였다. 공주는 효종대왕(孝宗大王)의 셋째 딸인데, 인평위(寅平尉) 정제현(鄭齊賢)에게 하가(下嫁)하였다가 일찍 홀로 되고, 또 아들을 잃었으므로 슬픔이 병이 되어 졸하였다(淑徽公主卒 主 孝宗大王第三女也 下嫁寅平尉 鄭齊賢 早寡 又收子 悲哀成疾卒)〈숙종실록 30권: 63a〉

바. 정건일(鄭健一) 【숙휘공주(淑徽公主)의 아들이다.】 (鄭健一 【淑徽公主之子】)〈숙종실록 65권: 15a〉

『조선왕조실록』에는 숙휘공주가 정제현과 혼인한 사실(1653년 12월 8일), 그리고 정제현은 혼인한 후 얼마 되지 않아 병으로 죽은 사실(1662년 1월 10일), 아들 정태일도 젊은 나이에 죽은 사실(1685년), 조카 정건일을 양자로 맞이한 일이 실려 있다.

가 『宸翰帖 坤』에 함께 장첩하게 되었는지는 알 수 없다.

한편, 이 문헌의 시기는 17세기 중 · 후기의 자료로 분류된다. 숙휘공주의 5대손인 정진석이 『宸翰帖 坤』을 1802년에 장첩하였지만 『宸翰帖 坤』은 숙휘공주가 살아 있는 동안 받은 편지이고 남편의 죽음과 자녀들에 관한 일이 편지의 주 내용인 것으로 보아 이 편지의 문헌적 시대를 17세기 중 · 후기로 보는 것이 마땅하다.

17세기는 국어의 변화가 역동적으로 일어난 시기이다. 표기부터 음운, 형태뿐 아니라 통사와 의미의 변화까지 많은 언어 변화가 일어났다. 이 언어의 역사적 변화는 중세 국어와 현대 국어의 차이를 설명해 주는 단초를 마련해 줄 뿐만 아니라 언어의 변화 과정을 보여주기 때문에 국어사 측면에서 매우 중요하다. 17세기 자료인 『宸翰帖 坤』는 근대 국어의 역동적 언어 변화 양상이 드러나 있고, 왕실가의 편지라는 점에서 왕실 언어의 일면을 엿볼 수 있는 자료이다.

또한, 『宸翰帖 坤』은 발신자와 수신자의 관계가 뚜렷할 뿐만 아니라 '아버지 · 어머니와 딸', '오빠와 여동생', '조카와 고모', '올케와 시누이', '질부와 고모' 등과 같이 그 관계가 다양하여 언어의 다양한 사용 양상 및 시대적 차이를 확인할 수 있는 귀중한 근대 국어 자료이다.

이에 2장에서는 『宸翰帖 坤』의 서지 사항을 장첩 방법과 목적, 체제, 교정 방법, 수신자와 발신자의 관계 측면에서 검토하고, 3장에서는 『宸翰帖 坤』의 언어적 특성을 표기와 음운, 문법 측면에서 검토하고자 한다. 이 과정에서 『宸翰帖 坤』의 서지 및 언어 특징이 온전히 드러나기를 바란다.[6]

---

6 백두현(2015)에서 『宸翰帖 坤』을 '조선신대 황실언간의 문화중층론적 연구'라는 제목으로 검토한 바 있다. 이 글에서는 문화중층론이라는 이론적 배경을 설정하여 언어문화, 사회문화, 특정문화 차원에서 『宸翰帖 坤』을 분석하였다. 다양한 시각을 통해 이 책을 종합적으로 검토하였다는 점에서 매우 큰 의미가 있다고 보인다. 이 글을 준비하는 데에 매우 큰 도움이 되었다. 본 논문에서 서지 사항과 국어학적 특징에 집중하여 다루고자 한 것은 백두현(2015)에서 미처 다루지 못한 부분을 부각하여 제시함으로써 이 문헌의 가치를 다시 살펴보고자 하는 데에 있다.

2. 서지적 특징

2.1. 장첩의 목적과 체제

『宸翰帖 坤』은 연화문양이 들어 있는 짙은 녹색의 비단으로 만들어진 표지에 아래 [그림 1]과 같이 '宸翰帖 坤'의 표제가 필사되어 있고 세로 42.5㎝, 가로 26.5㎝의 직사각형으로 장첩되어 있다. 속 페이지 첫 면에는 아래 [그림 2]처럼 서두에 '언셔텹'이 적혀져 있고 장첩의 경위와 목적, 시기 등이 기록되어 있다.

[그림 1] 표지

표제의 '宸翰帖 坤'과 '언셔텹'은 정진석이 책을 장첩하면서 써 붙인 것이다. 이 '언셔텹'에는 장첩 목적과 경위, 시기가 실려 있는데 표제에 쓴 '宸翰帖 坤'과 달리 '언셔텹'이라 한 것은 한글로 쓴 편지라는 사실을 강조하기 위함으로 보인다. 즉 표제에서는 왕실의 편지인 것을 드러내고, 속지에서는 '언셔텹'이라 하여 왕이나 왕비, 공주 등이 쓴 한글편지라는 것을 강조하기 위한 것으로 해석된다.

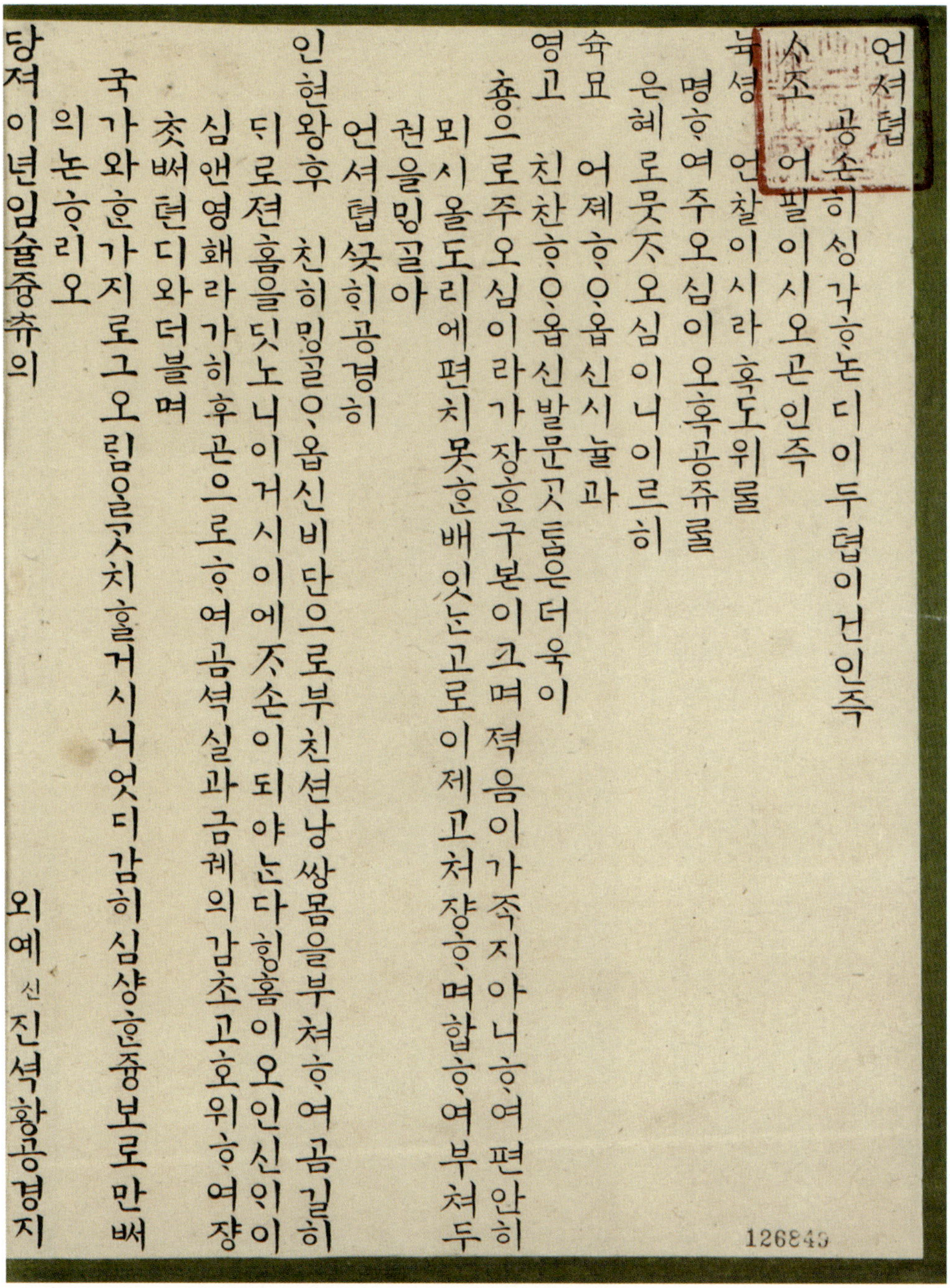

언셔텹
공손히 싱각ᄒᆞ논디 이두텹이 건인즉
ᄉᆞ조 어필이시오 곤인즉
뉵셩 언찰이시라 혹도위롤
명ᄒᆞ여 주오심이오 혹공쥬롤
은혜로 뭇ᄌᆞ오심이니 이르히
슉묘 어졔ᄒᆞᄋᆞ옵신 시눌과
영고 친찬ᄒᆞᄋᆞ옵신 발문ᄀᆞᆺ톰은 더욱이
춍으로 주오심이라 가장ᄒᆞᆫ 구본이 크며 젹음이 가족지 아니ᄒᆞ여 편안히
뫼시올 도리에 편치 못ᄒᆞᆫ 배 잇ᄂᆞᆫ고로 이제 고처 쟝ᄒᆞ며 합ᄒᆞ여 부쳐두
권을 밍골아
언셔텹 쑛히 공경히
인현왕후 친히 밍골ᄋᆞ옵신 비단으로부 친션낭 쌍몸을 부쳐ᄒᆞ여 곰길히
ᄃᆡ로 젼홈을 딋노니 이거시 이에 ᄌᆞ손이 되야 ᄂᆞᆫ다 힝홈이오 인신인이
심앤 영홰라 가히 후곤으로 ᄒᆞ여 곰셕실과 금궤의 감초고 호위ᄒᆞ여 쟝
ᄎᆞᆺ뻐 뎐디와 더블며
국가와 ᄒᆞᆫ가지로 그 오림을 ᄀᆞᆺ치 ᄒᆞᆯ거시니 엇디 감히 심샹ᄒᆞᆫ 즁보로 만뻐
의논ᄒᆞ리오
당져 이년 임슐 즁츄의 외예 신 진셕황 공경지

[그림 2] 언셔텹

한편, '언셔텹'의 첫 문장을 보면 이 책이 '건(乾)'과 '곤(坤)'으로 나뉘어져 있는 사실을 확인할 수 있다. 관련 원문 내용을 제시하면 아래와 같다.

언셔텹
공손히 싱각ᄒᆞ논디 이 두 텹이 건인즉
ᄉᆞ조 어필이시오 곤인즉
뉵셩 언찰이시라

여기에서 'ᄉᆞ조'는 효종, 현종, 숙종, 영조 4대를 이르는 것인데 이 임금의 편지를 '건(乾)'이라 하였고, '뉵셩'은 효종, 현종, 숙종, 인선왕후, 명성왕후, 인현왕후를 가리키는 것인데 이 임금과 왕후의 편지를 '곤(坤)'이라 하였다. 또한 '건(乾)'과 '곤(坤')을 각각 '어필'과 '언찰'로 달리 표현하고 있는데[7] 계명대학교 소장본이 '곤(坤)'에 해당한다.

이 책의 장첩 목적도 제시되어 있는데 관련 내용을 제시하면 아래와 같다.

가장ᄒᆞᆫ 구본이 크며 젹음이 가즉지 아니ᄒᆞ여 편안히 뫼시올 도리에 편치 못한 배 잇ᄂᆞᆫ 고로 이제 고처 쟝ᄒᆞ며 합ᄒᆞ여 부쳐 두 권을 ᄆᆡᆼᄀᆞᆯ아 …… ᄌᆞ손이 되야ᄂᆞᆫ 다힝홈이오 인신의 이심앤 영홰라 가히 후손으로 ᄒᆞ여곰 셕실과 금궤의 감초고 호위ᄒᆞ여 쟝ᄎᆞ 뻐 텬디와 더블며 국가와 ᄒᆞᆫ가지로 그 오림올 ᄀᆞᆺ치ᄒᆞᆯ 거시니

위의 내용에 따르면, 이 첩은 크기가 고르지 않은 언찰을 편안히 모시고자 장첩하였고, 이 언찰을 모시고 있는 것은 자손으로서 다행한 일이고 신하된 몸으로서 영화로운 일이므로 낱장으로 있던 편지를 장첩한 것이라고 그 목적을 설명하고 있다.

낱장의 편지를 장첩할 때는 발신자를 구분하여 제시하였는데 그 형식은 아래 [그림 3]과 같다.

낱장의 편지를 장첩하기에 앞서 [그림 3]과 같이 표시하여 발신자를 구분하였는데 장첩 순서는 '효종대왕 언찰 어필', '현종대왕 언찰 어필', '슉종대왕 언찰 어필', '인션왕후 언찰 어필', '명셩왕후 언찰 어필', '인현왕후 언찰 어필'로 되어 있다. 왕과 왕후로 구분하고 왕위의 순서로 배열한 것이다. 여기에서 '언찰'은 한글편지를 말하고 '어필'은 왕과 왕후가 직접 쓴 것을 보여주기 위해 명명한 것으로 해석된다.

---

7 김일근 · 이종덕(2000)은 '건(乾)', 즉 어필은 한문으로 작성된 편지를 지칭한 것으로 여기고 그의 논문 각주 10)에 한문으로 작성된 신한첩 내용 일부를 제시하였다.

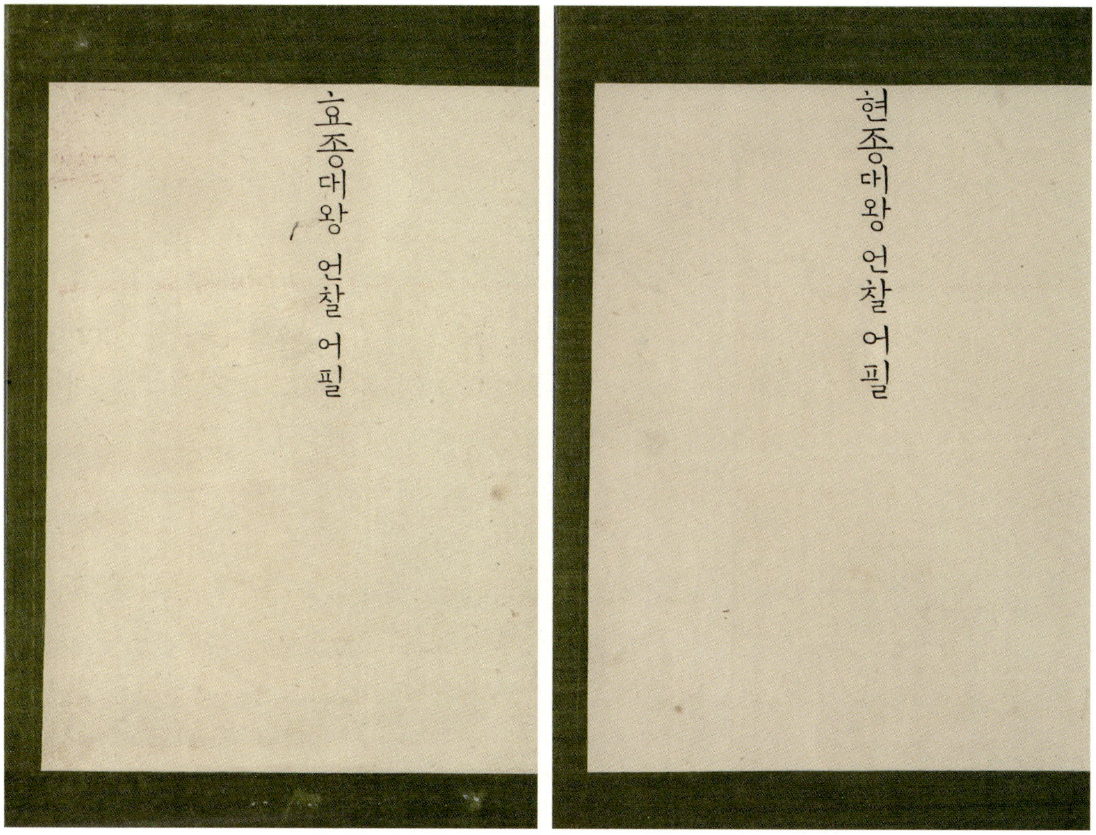

[그림 3] 발신자 구분 방법

한편, 낱장의 편지를 발신자별로 구분하고 편지 크기에 따라 아래 [그림 4, 5, 6]처럼 1면에 1첩, 혹은 1면에 2첩 내지 3첩으로 배치하였다.

이 『宸翰帖 坤』에 실린 편지에는 수신자와 발신자, 발신의 연월일이 적혀 있지 않지만 위 [그림 3]처럼 장첩할 때 발신자별로 구분하여 배열하여서 발신자가 누구인지 그리고 사연을 통해 발신의 연월일도 어느 정도 추정이 가능하다.

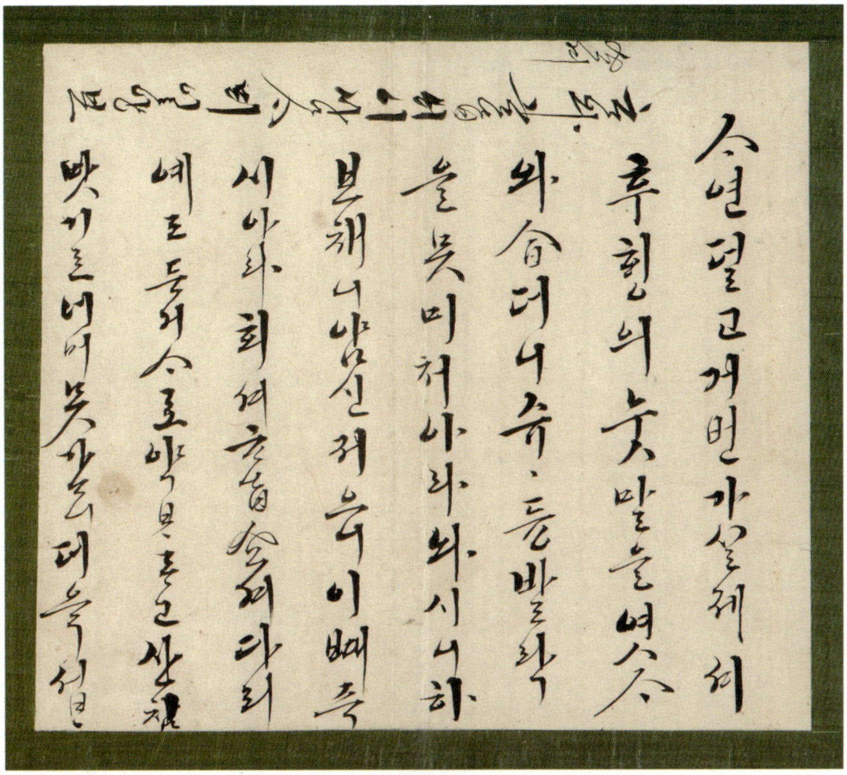

[그림 4] 1면 1첩

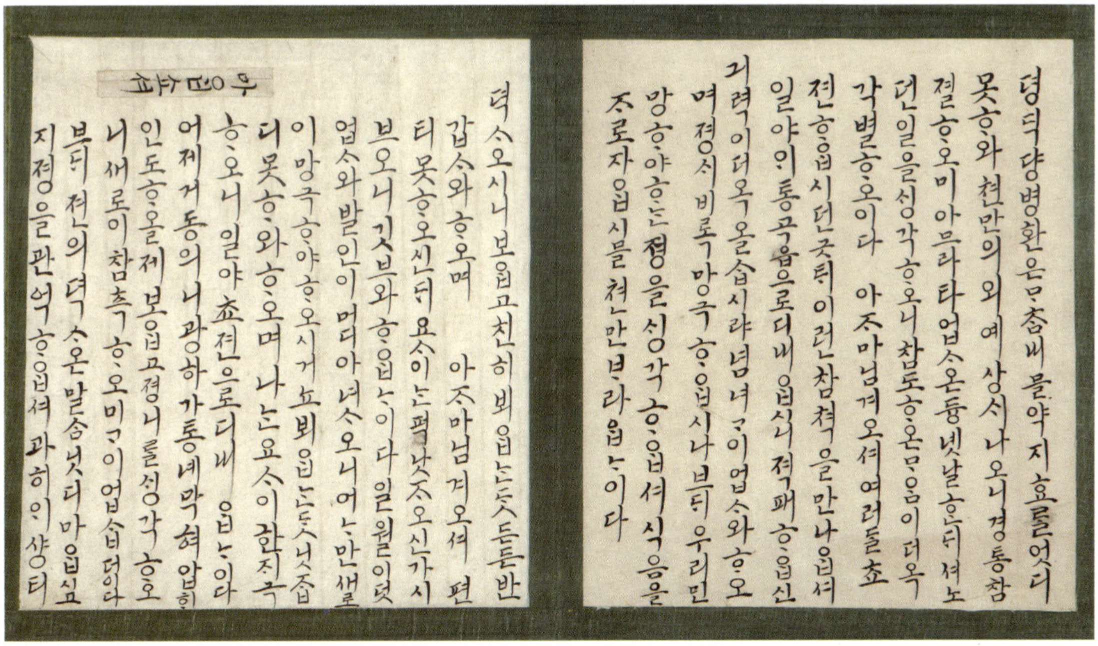

[그림 5] 1면 2첩

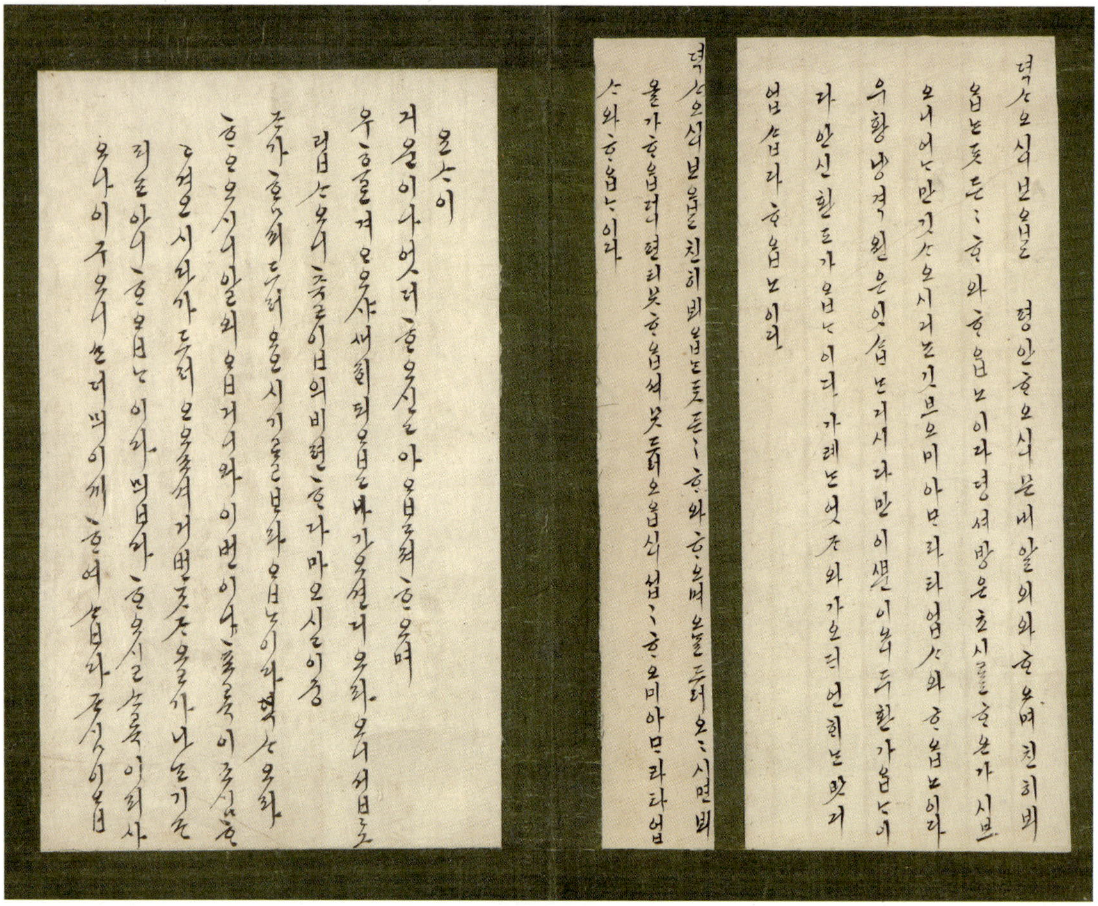

[그림 6] 1면 3첩

2.2. 발신자와 수신자의 관계

앞서 언급한 바와 같이, 『宸翰帖 坤』은 발신자에 따라 구분되어 있지만 수신자가 숙휘공주가 아닌 편지가 있고 구분된 발신자의 경우도 재고할 부분이 있으므로 본격적인 연구에 앞서 발신자와 수신자의 관계를 정리하기로 한다. 기왕의 연구에서도 발신자의 경우 장첩된 '효종대왕 언찰 어필', '현종대왕 언찰 어필', '숙종대왕 언찰 어필', '인선왕후 언찰 어필', '명셩왕후 언찰 어필', '인현왕후 언찰 어필'에 대해 문제를 제기한 바 있다.

우선, 수신자가 숙휘공주가 아닌 편지부터 살펴보자. '현종대왕 언찰 어필'은 발신자가 현종대왕이지만 다른 편지와 달리 수신자는 인평위 정제현과 인선왕후이다. 편지의 호칭과 높임 표현을 통해 수신자가 숙휘공주가 아니고 인평위 정제현과 인선왕후라는 사실을 확인할 수 있다. 현종의 3편 중에서 1편은 인평위 정제현에게 보낸 것이고 나머지 2편은 자전인 인선왕후에게 올린 것이다.

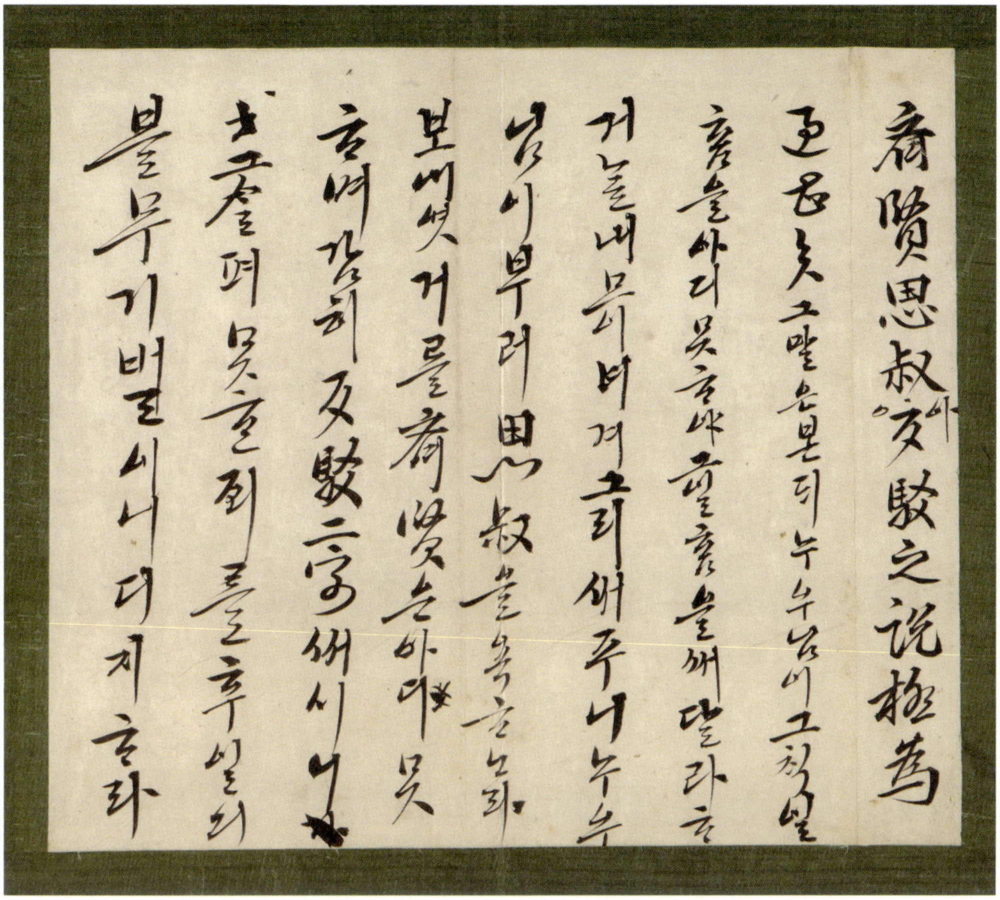

[그림 7] 현종의 편지(수신자: 정제현)

위 [그림 7]의 앞 부분 '齊賢 思叔아'은 현종이 수신자를 호칭한 문구이다. '齊賢'은 숙휘공주의 남편이자 현종의 매부(妹夫)인 정제현을 의미하고 '思叔'은 정제현의 자(字)이다. 수신자가 정제현인 것은 이 편지가 유일할 뿐만 아니라 지금까지 전해지는 왕실 편지 중에서도 왕과 부마(駙馬) 사이의 편지로는 매우 드문 편지이다. 이 편지에서는 왕과 신하의 관계이지만 처남 매부 사이에서 편히 주고받을 수 있는 농담의 여유를 엿볼 수 있다.

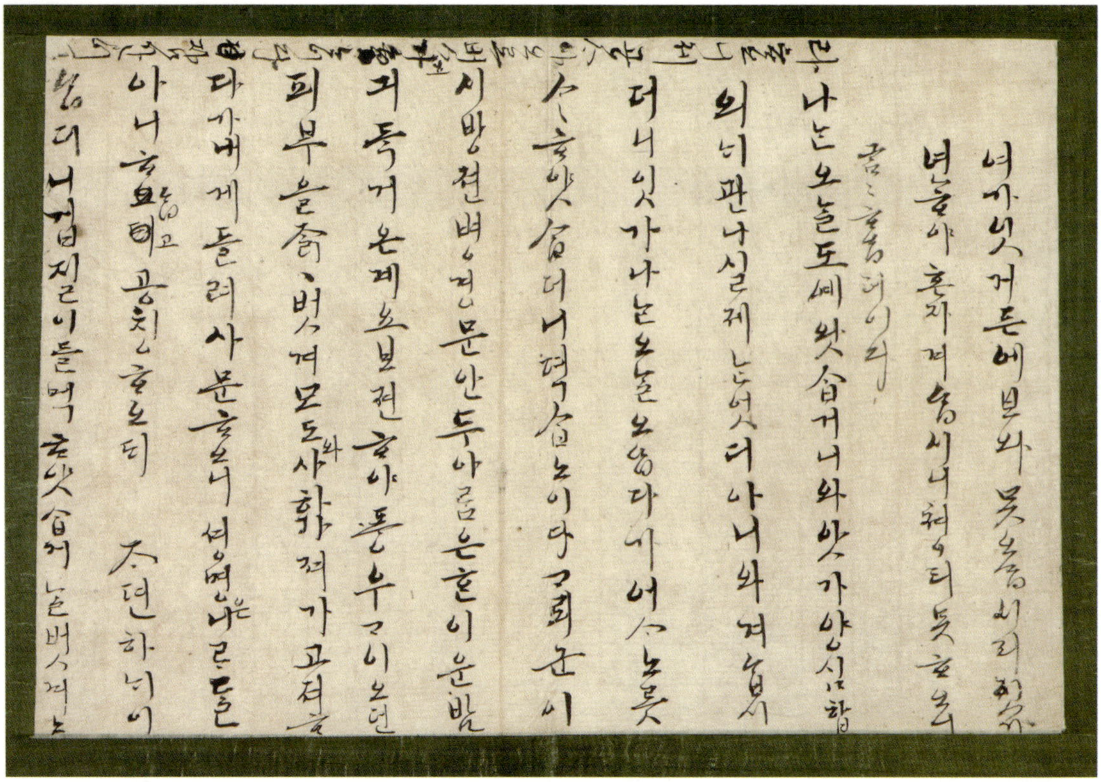

[그림 8] 현종의 편지(수신자: 인선왕후)

[그림 8]은 현종이 인선왕후에게 보낸 것인데 이 편지의 서술어 부분에 '겨ᄋᆞᆸ시더니잇가', '굼굼ᄒᆞᄋᆞᆸ더이다' 등과 같은 높임 표현과 간자법이 사용된 부분의 'ᄌᆞ뎐'(慈殿) 등을 통해서 수신자가 모후 인선왕후인 것을 알 수 있다. 왕과 모후(母后)가 함께 궁궐 안에 있지만 바쁜 정사로 문안을 올리지 못할 때 편지로 여러 사연을 전하였는데 『宸翰帖 坤』에 실린 2편의 편지도 그러한 성격을 지닌 편지이다.

한편, '인선왕후 언찰 어필'로 분류된 편지 중에서 앞의 두 편이 장렬왕후가 쓴 것으로 판명되었다(김일근 1991, 김연희 2003 참고). 김일근(1959)에서는 『宸翰帖 坤』에 장정된 대로 '인선왕후 언찰 어필'의 편지 모두를 인선왕후 편지로 인식하였으나 이후 연구에서 문장의 형식과 자형 등을 통해서 초기 인선왕후 편지로 분류된 것 중 맨 앞의 2편이 장렬왕후 편지라는 사실을 밝히게 되었다. 아래는 『宸翰帖 坤』에 실린 장렬왕후와 인선왕후의 편지를 바탕으로 자형을 서로 비교한 것이다.

[그림 9] 장렬왕후와 인선왕후의 자형 비교

위 [그림 9]처럼 '인선왕후 언찰 어필'의 앞 2편의 자형이 다른 인선왕후 편지의 자형과 차이를 보인다. 특히 'ㄷ'과 'ㅁ'의 경우는 서로 다른 필체라는 사실이 선명히 드러날 정도로 큰 차이를 보이고 있다. 이처럼 자형의 정보는 편지 발신자를 확인하는, 즉 발신자별로 편지를 분류하는 일에 매우 중요한 요소가 된다. 한편, 서두 표현이나 종결 형식에서도 장렬왕후와 인선왕후의 편지 차이를 확인할 수 있다. 가령, 장렬왕후의 편지는 '디내ᄂᆡ', '잇ᄂᆡ'처럼 'ᄒᆞᄂᆡ체' 종결 형식을 사용하고 있으나 인선왕후 편지는 'ᄒᆞ다', '조심ᄒᆞ여라'처럼 'ᄒᆞ라체' 종결 형식을 사용하고 있다. 이처럼 발신자에 따라 종결 형식이 달라지는 것은 청자에 대한 화자의 인식, 즉 수신자와의 관계를 엿볼 수 있는 언어 표현이라 할 수 있으므로 발신자와 수신자의 관계를 보여주는 요소가 될 수 있다.

이를 종합하여 『宸翰帖 坤』의 발신자와 수신자의 관계를 순서대로 정리하면 아래와 같다.

[표] 『宸翰帖 坤』의 발신자와 수신자

구분	발신자	수신자	발신자와 수신자의 관계
효종 2편	효종	숙휘공주	딸[女]
현종 1편	현종	정제현	매부(妹夫)
현종 2편	현종	인선왕후	모(母)
숙종 6편	숙종	숙휘공주	고모(姑母)
장렬왕후 2편	장렬왕후	숙휘공주	손녀(孫女)
인선왕후 16편	인선왕후	숙휘공주	딸[女]
명성왕후 1편	명성왕후	숙휘공주	시누이[叔妹]
인현왕후 5편	인현왕후	숙휘공주	고모(姑母)

위의 발신자와 수신자를 중심으로 친인척 관계를 도표로 제시하면 아래와 같다.

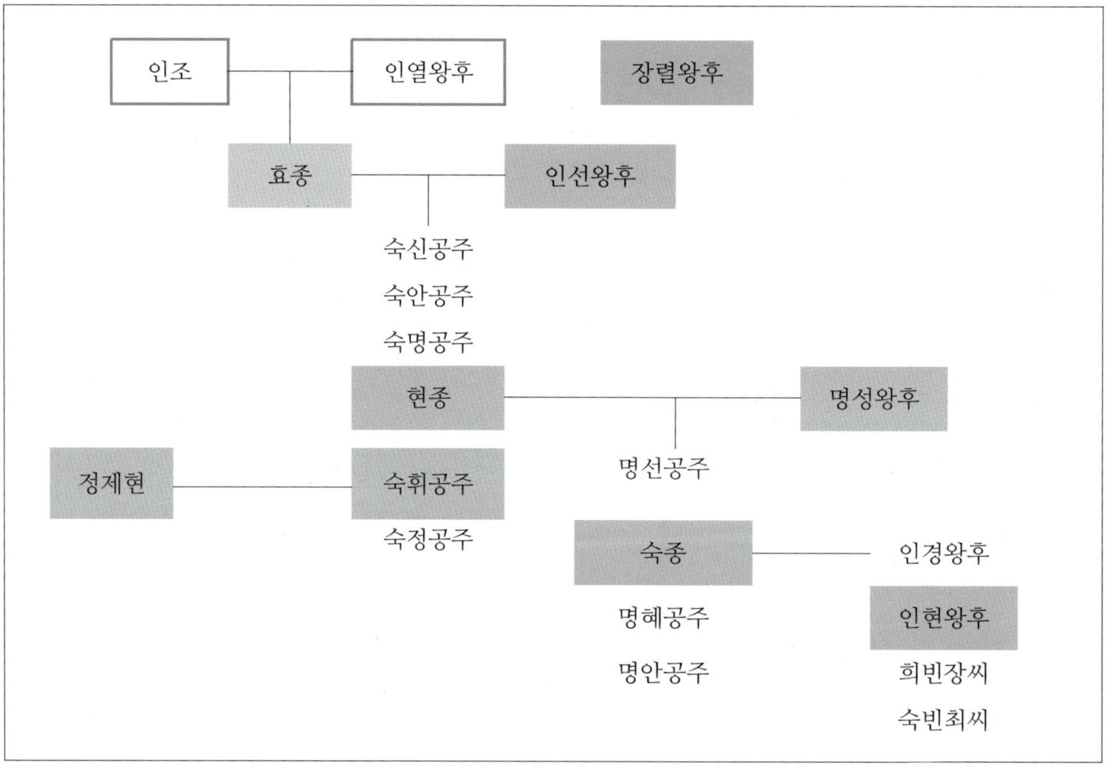

편지의 내용이나 형식을 이해하기 위하여, 위 발신자의 정보를 간략히 요약하여 정리하기로 한다. 우선, 장렬왕후(1624~1688)는 한원부원군 조창원의 딸이며 인조의 계비이다. 인조

16년(1638년)에 왕비로 책봉되었는데 인조가 1649년에 죽자 대비가 되었고 효종이 1659년에 죽자 대왕대비가 되었다. 국립한글박물관(2014)에 따르면 장렬왕후의 편지는 총 4편이 전한다. 계명대 『宸翰帖 坤』의 2편과 청주국립박물관에서 소장하고 있는 2편(『숙명신한첩』)이 그것이다.

효종(1619~1659)은 인조의 둘째 아들로 소현세자와 함께 청나라에 볼모로 갔다가 1645년 소현세자가 갑자기 죽자 그해 5월에 청나라에서 돌아와 9월에 세자로 책봉되었다. 1649년 인조가 죽자 뒤를 이어 즉위하였다. 효종의 한글편지는 총 12편이 존재하는데 그 중에 2편이 숙휘공주에게 쓴 편지이다. 이 효종의 편지는 출가한 딸이 보낸 문안지에 답장 형식으로 아주 간략하게 쓴 편지이며 당대 편지 왕래의 생활사 일면을 엿볼 수 있는 흔적이 남아있다.

인선왕후(1618~1674)는 우의정 장유의 딸이며 인조 8년(1630년)에 봉림대군의 부인으로 간택되어 가례를 올렸다. 그 뒤 1649년 효종이 즉위하면서 왕비가 되었고 현종 2년(1661년)에 왕대비가 되었다. 소생은 1남 5녀이고 숙휘공주는 넷째이다. 인선왕후는 공주들에 대해 각별한 애정을 품은 듯하다. 현존하는 인선왕후의 한글편지 70편 중에서 69편이 숙명공주와 숙휘공주에게 쓴 편지라는 사실이 이를 말해준다.

현종(1641~1674)은 효종이 봉림대군 시절에 청나라의 볼모로 심양에 있을 때 심관에서 출생하였다. 효종의 맏아들로 인조 27년(1649년)에 왕세손에 책봉되었다가 1659년 효종의 뒤를 이어 즉위하였다. 현종의 한글편지는 총 12편이 존재하는데 그 중에 3편이 『宸翰帖 坤』에 실려 있다. 매부 정제현에게 쓴 편지 1편과 모후 인선왕후에게 쓴 편지 2편이 전하는데 효종의 편지 중에서 부마이자 자신의 매부인 정제현에게 쓴 편지가 특징적이다. 왕실 편지 중에서 이러한 발신자와 수신자 관계의 한글편지는 매우 희귀하다.

명성왕후(1642~1683)는 영돈녕부 청풍부원군 김우명의 딸이며 효종 2년(1651년) 세자빈에 책봉되어 현종 즉위년(1659년)에 왕비에 책립되었다. 소생은 1남 3녀이다. 현종의 왕비로서 숙휘공주의 올케인데 편지 내용을 보면 명성왕후와 숙휘공주는 어렸을 때부터 아주 친한 관계를 유지해 온 것으로 보인다. 명성왕후의 편지 형식 중에서 '-링잇가', '-닝잇가'와 같은 표현과 'ᄌᆞ겨'와 같은 호칭 등은 국어사 연구에 매우 귀중한 자료가 된다.

숙종(1661~1720)은 1667년 1월 왕세자에 책봉되고 1674년 8월에 즉위하였다. 현존하는 숙종의 한글편지는 8편이며 그 중에 6편이 숙휘공주에게 쓴 편지이다. 숙종 11년(1685년)에 아들마저 요절하여 슬픔에 빠져 숙환을 앓고 있는 숙휘공주에게 조문하는 편지부터 병환을 염려하여 문안하는 편지까지 당쟁으로 어려운 정치 현실에서도 고모를 위하는 마음을 엿볼 수 있다.

인현왕후(1667~1701)는 여양부원군 민유중의 딸이며 숙종의 계비이다. 숙종 7년(1681년)에 가례를 올리고 숙종의 계비가 되었다. 예의가 바르고 덕성이 높아서 국모로서 추앙을 받았으나 왕자를 낳지 못하여 왕의 총애를 잃게 되었다. 정쟁의 한 복판에서 폐서인이 되었다가 다시 복위되었으나 35세의 젊은 나이로 요절하였다. 현존하는 인현왕후의 편지는 5편인데 모두 숙휘공주에게 쓴 편지이다. 숙휘공주의 숙환을 염려하는 문안 편지가 대부분이나 평소 매우 가까이 지낸 사이임을 볼 수 있는 표현도 확인된다. 25세나 더 많은 숙휘공주에게 매우 친근하게 표현하는 내용이 눈에 띈다.

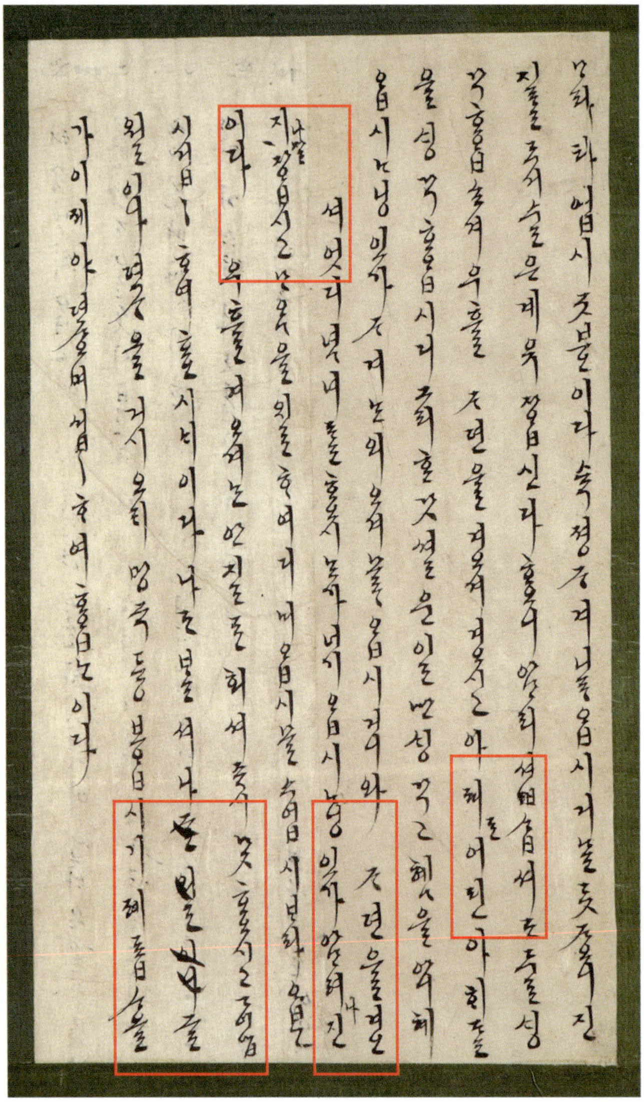

[그림 10] 명성왕후 편지

2.3. 편지 교정 방법

편지를 교정한 흔적이 여러 곳에서 확인된다. 그 교정 내용도 매우 다양한데 편지를 작성하고 나서 빠뜨린 글자를 나중에 추가로 새겨 넣거나, 작성하다가 몇 자를 지우고자 할 때는 붓으로 글자에 선을 긋기도 하였다.

[그림 10]에서 보면 '아래로'에서 '로'를 새겨 넣었고 '아ᄆᆞ려나'에서 '나'를 새겨 넣었다. '글월이나'에서는 글자를 지우려고 붓으로 그은 흔적도 확인할 수 있다.

한편, 글자를 삽입하는 과정에서 이를 표시하는 부호, 이른바 보입(補入) 부호가 확인된다.

[그림 11]에서 글자가 삽입되는 부분을 보면 동그라미 부호와 점 부호를 차례로 확인할 수 있다. 이처럼 빠뜨린 글자를 삽입할 때 부호로 표시해 두는 일은 다른 언간 자료에서도 확인되는데 동그라미나 점 부호 외에 다른 특수 형태의 부호도 나타난다.

편지의 여백을 활용하는 방식도 확인된다. 아래는 오른편 여백에 편지의 뒷부분이 들어간 편지이다. 『宸翰帖 坤』에서 편지 내용이 지면보다 많을 경우에는 지면의 윗부분에 새겨 넣었는데 아래 현종의 편지는 윗부분도 부족하여 오른쪽 여백에 남은 부분을 새겨 넣었다.

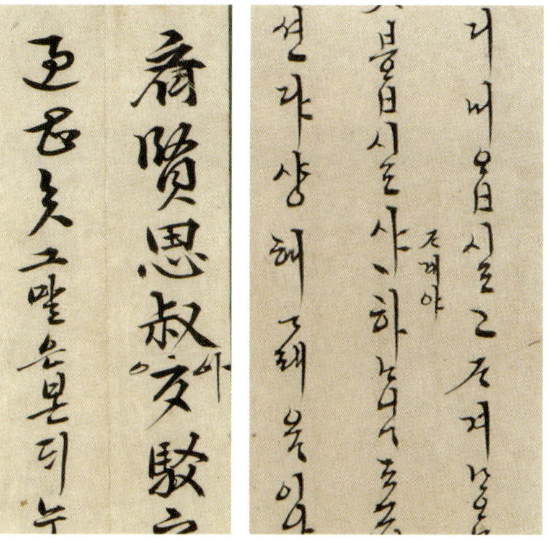

[그림 11] 명성왕후 편지

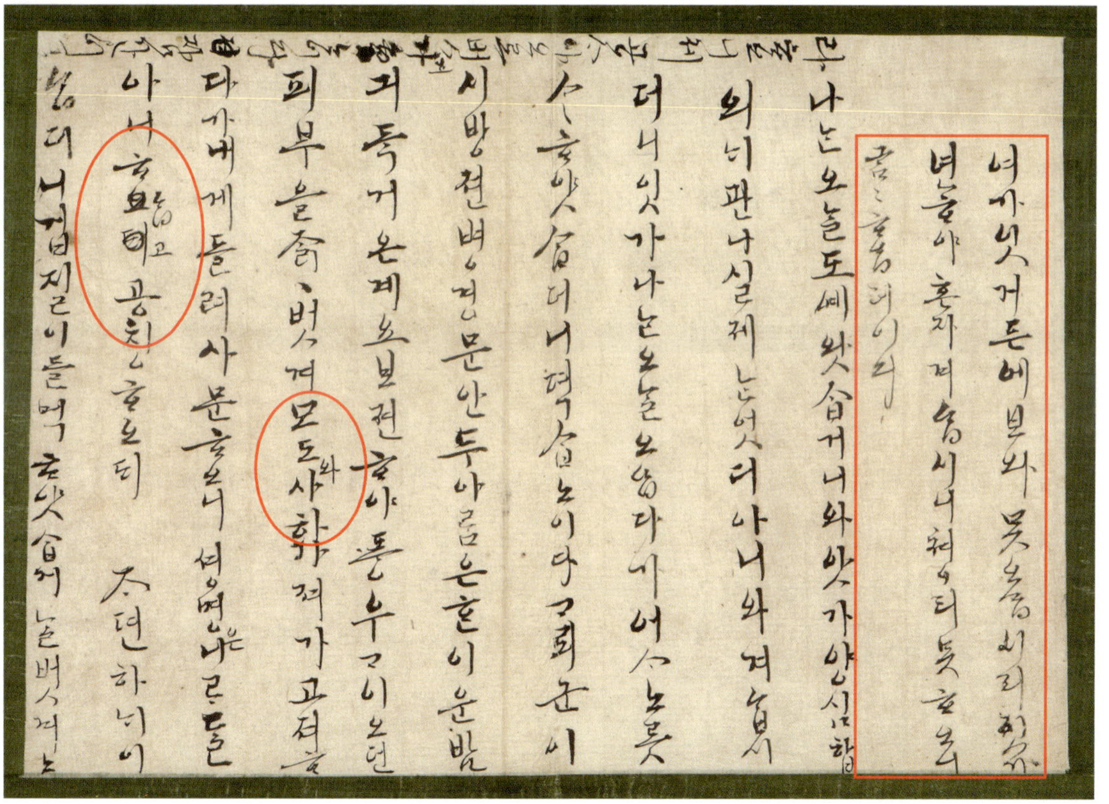

[그림 12] 현종의 두 번째 편지

아래 [그림 13]은 편지 중간에 '–' 부호가 표시된 부분을 보인 것이다.

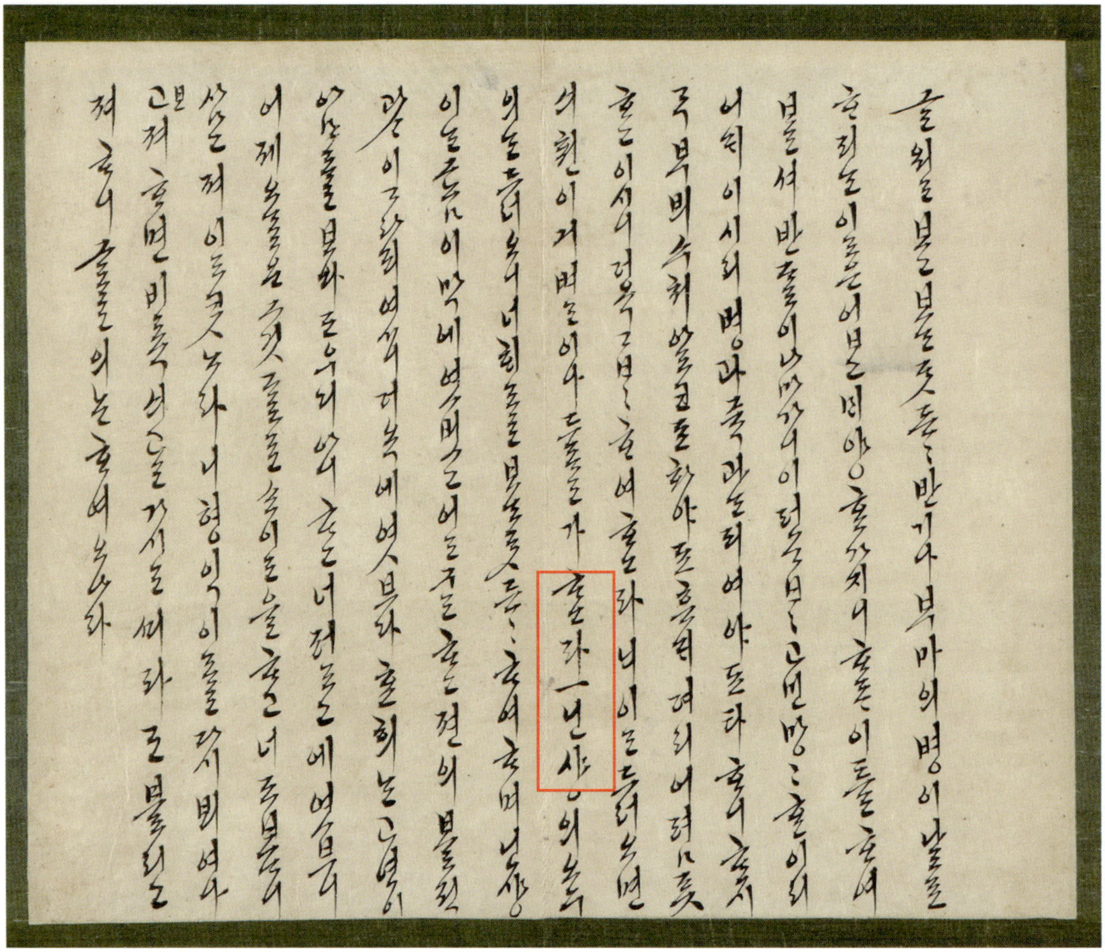

[그림 13] 인선왕후의 열다섯 번째 편지

위 그림처럼 편지 중간에 '–'가 표시된 부호는 현대의 단락 나눔과 유사하다. 위 편지에서 '–'의 앞뒤는 다른 내용을 담고 있다. '–'의 앞은 부마의 병을 걱정하는 내용을 담고 있고, '–'의 뒷부분은 숙휘공주의 자녀인 닌샹의 오누이(즉 닌상과 효희를 말함)가 찾아와 반가웠던 이야기를 담고 있다.

3. 국어학적 특징

3.1. 표기 및 음운

주지하는 바와 같이, 음소적 · 음절적 원리를 기반으로 한 15세기의 정제된 표기는 근대 국어에 들어서면서 혼란을 겪게 된다. 연철, 분철, 중철 표기의 혼재가 대표적인 경우인데 『宸翰帖 坤』에서도 이를 확인할 수 있다. 그런데 중철 표기는 연철 표기나 분철 표기에 비하여 매우 드물게 나타난다.

(1) 가. 됴히〈효종 1〉, 세히〈효종 2〉, 업스니〈효종2〉, 거ᄉᆞ로〈현종 3〉, 프러〈숙종 5〉, 드러와〈장렬 1〉, 업ᄉᆞᆯ가〈장렬 1〉, 업서도〈인선 3〉, 알ᄒᆞ니〈인선 12〉

나. 뎍어시니〈효종 2〉, 말은〈현종 1〉, 식음을〈숙종 1〉, 먹어도〈장렬 1〉, 밤의〈인선 2〉, 뎍으리〈인선 3〉

다. 노ᄅᆞᆺ술〈현종 2〉, 굿ᄐᆡ〈숙종 1〉, 밧ᄭᅴ〈인선 5〉, 압픠〈인선 3〉

위 (1 가~다)는 연철, 분철, 중철 표기를 차례로 보인 것이다. 이 외에도 '압ᄒᆡ'〈숙종 2〉와 같이 재음소화 표기도 확인된다.

병서 표기는 'ㅅ'계 합용병서와 'ㅂ'계 합용병서가 확인된다.

(2) 가. ᄭᅮᆷ의나〈인선 3〉, ᄯᅳᆷ〈인선 4〉, ᄯᅩᆯ네〈인선 9〉, ᄯᅩ〈인현 3〉, ᄲᅳᆫ〈인선 7〉

나. ᄡᅩ여〈인선 4〉, ᄡᅳ려〈인선 6〉, ᄣᅢ〈현종 3〉, ᄠᅳᆺ을〈숙종 5〉, ᄠᅥ날〈인선 12〉, ᄡᅳᆫᄒᆞᄋᆞᆸ고〈명성 1〉

다. ᄧᅡ 머기는〈인선 4〉 ᄧᅥ디는〈인선 7〉

위 (2 가)는 'ㅅ'계 합용병서의 예이고 (2 나, 다)는 'ㅂ'계 합용병서의 예이다. 기왕의 연구에서 된소리 표기가 'ㅅ'계 합용병서와 'ㅂ'계 합용병서로 서로 혼용되는 일이 많다고 지적하였는데, 이 문헌에서는 'ㄱ' 된소리 표기는 'ㅺ'으로, 'ㄷ' 된소리 표기는 'ㅼ'과 'ㅲ'으로 표기되며, 'ㅅ' 된소리 표기는 'ㅄ', 'ㅂ' 된소리는 'ㅽ'으로, 'ㅈ' 된소리는 'ㅶ'로 표기되는 경향을 보인다. 즉, 『宸翰帖 坤』에서는 'ㄷ' 된소리와 'ㅅ' 된소리만 'ㅅ'계 합용병서와 'ㅂ'계 합용병서로 혼용되어 표기되고 'ㄱ' 된소리와 'ㅂ' 된소리는 'ㅅ'계 합용병서로, 'ㅈ' 된소리 표기는 'ㅂ'계 합용병서로 일정하게 표기되어 나타난다.

한편, (2 다)처럼 유기음 'ㅌ'가 'ㅂ'계 합용병서로 표기된 두 예가 있어 주목된다. (2 다)는 '타 먹이는'으로 해석되는 예와 '터지는'으로 해석되는 예인데 이때 'ㅀ'의 합용병서 표기는 유기음으로 해석된다. 한편, 'ᄒᆞᆷᄭᅴ'〈인현 3〉의 표기도 주목되는데 이 단어는 중세 국어 'ᄒᆞᆫᄢᅴ'가 현대국어의 '함께'로 변화한 중간 형태의 모습을 보여준다는 점에서 특징적이다.

종성 표기에서 'ㅅ'과 'ㄷ'은 근대 국어에서 혼기되어 나타나는데 이 자료에서는 'ㅅ'으로 통일되어 나타난다.

(3) 가. ᄠᅳᆺ을〈숙종 5〉, 밧ᄌᆞᆸ셔〈숙종 5〉, 일ᄏᆞᆺ고〈인선 12〉, 듯ᄌᆞ오니〈명성 1〉, ᄀᆞᆺ잡고〈명성 1〉

나. 닛ᄌᆞᆸ디〈숙종 2〉, 닛디〈숙종 2〉, ᄎᆞᆺ고〈인선 6〉

위 (3 가)의 'ᄠᅳᆺ', '밧-', '일ᄏᆞᆺ-', '듣-', 'ᄀᆞᆺ-'는 중세 국어에서 'ᄠᅳᆮ', '받-', '일ᄏᆞᆮ-', '듣-', 'ᄀᆞᇀ-'로 'ㄷ'이나 'ㅌ'이 받침이었던 형태인데 종성이 모두 'ㅅ'으로 표기되었다. 종성에 'ㄷ'으로 표기된 예는 나타나지 않는다. (3 나)의 '닛-', 'ᄎᆞᆺ-'은 중세 국어에서 '닞-', 'ᄎᆞᆽ-'으로 'ㅈ'과 'ㅊ'이 받침이었던 형태인데 이 형태들도 모두 'ㅅ'으로 표기되어 있다. 이처럼 한 자료 안에서, 그것도 발신자가 다른 상황에서 종성의 'ㅅ'과 'ㄷ'이 혼기되지 않고 'ㅅ'으로 통일되어 나타난 것은 특징적이다.

그런데 종성의 'ㄷ', 'ㅅ', 'ㅈ'이 'ㅅ'으로 통일된 표기는 형태 교체 조건에 큰 영향을 미치지 않은 것으로 보인다. 중세 국어에서 '-ᄉᆞᇦ/ᅀᆞᇦ/ᄌᆞᇦ-'은 선행하는 음에 따라 교체를 달리하였는데 그 중에서 '-ᄉᆞᇦ-'과 '-ᄌᆞᇦ-'은 선행음이 'ㅅ'이냐 'ㄷ'이냐에 따라 교체를 달리하였다. 그런데 아래 예는 종성 표기가 'ㅅ'으로 통일되는 것과 달리 중세 국어의 교체 조건을 그대로 따르고 있다.

(4) 가. 밧ᄌᆞᆸ셔〈숙종 5〉, ᄀᆞᆺᄌᆞ오면〈명성 1〉

나. 잇ᄉᆞ오링잇가〈명성 1〉, 잇ᄉᆞᆸᄂᆞᆫ〈인현 1〉

위 (4)는 어간의 종성 표기가 'ㅅ'인 것은 동일하지만 (4 가)는 '-ᄌᆞᆸ-'이 후행하고 (4 나)는 '-ᄉᆞᆸ-'이 후행하고 있다는 점에서 차이를 보인다. 이 '-ᄌᆞᆸ-'과 '-ᄉᆞᆸ-'의 통합 양상은 중세 국어의 이형태 교제 조건과 동일한 것으로, 종성에서 'ㄷ', 'ㅈ', 'ㅅ'이 'ㅅ'으로 통일되어 표기되는 것과 달리 이형태의 교체는 원형태를 인식하고 있는 언어 직관이 반영되고 있다 하겠다.

근대 국어에서 종성의 'ㅅ'이 간혹 탈락하는 일이 있는데 이 문헌에서도 나타난다.

(5) 가. ᄒᆞ여ᄉᆞᆸ다〈인현 3〉, ᄒᆞ와ᄉᆞ오니〈인현 5〉, 엿ᄌᆞ와ᄉᆞᆸ더니〈현종 3〉, 아와ᄉᆞ오니〈숙종 4〉, 아녀ᄉᆞ오니〈숙종 2〉

나. 거ᄌᆞ〈명성 1〉

위 (5 가)의 예들은 'ᄒᆞ여ᄉᆞᆸ다'(ᄒᆞ-+-엿-+-ᄉᆞᆸ-+-다), 'ᄒᆞ와ᄉᆞ오니'(ᄒᆞ-+-오-+-앗-+-ᄉᆞ오-+-니), '엿ᄌᆞ와ᄉᆞᆸ더니'(엳-+-ᄌᆞ오-+-앗-+-ᄉᆞᆸ-+-더-+-니), '아와ᄉᆞ오니'(알-+-오-+-앗-+-ᄉᆞ오-+-니), '아녀ᄉᆞ오니'(아니-+-엇-+-ᄉᆞ오-+-니) 정도로 분석되는 경우인데 모두 종성의 'ㅅ'이 탈락되었고, (5 나)는 '거ᄌᆞᆺ'의 종성 'ㅅ'이 탈락된 형태인데 이 경우는 '거ᄌᆞ 일'에서 'ㅅ'이 탈락된 것이다.

한편, 종성의 'ㅅ'이 'ㄴ'으로 나타난 예들도 있다.

(6) 몬내〈인선 12〉

위 (6)은 15세기에 '못내' 형태가 후행하는 비음에 동화된 '몬내'를 표기에 그대로 반영한 예이다. 이 '몬내'는 인선왕후 편지뿐 아니라 인현왕후, 숙종 편지에서도 두루 확인되는데 당시의 비음화 현상을 표기에 자연스럽게 반영한 것이 아닌가 하다. 그런데 '낫ᄂᆞᆫ가'〈장렬 2〉처럼 동화되지 않은 형태의 표기도 존재한다. 한편, 위 (6)의 '몬내'와는 다른 차원의 문제이지만 '즌시 ᄂᆞ자'〈인선 4〉의 '즌시'처럼 종성의 'ㄱ'이 'ㄴ'으로 표기된 일도 존재한다. 이 '즌시'는 '즉시'〈현종 3, 명종 1〉로도 나타난다. 또한 '알ᄅᆞᆫ다'〈인선 2〉처럼 유음화된 표기가 나타난 것도 주목된다.

다음은 '앒'과 '알ᄑᆞ-'의 'ㄹ' 탈락이 차이를 보이는 예이다.

(7) 가. 압ᄑᆡ〈인선 3〉

나. 알ᄑᆞᆫ ᄃᆡ〈인선왕후 7〉

위 (7 가)는 15세기 '앒'에서 'ㄹ'이 탈락된 표기 형태이고, (7 나)는 15세기 '알ᄑᆞ-'가 그대로 표기된 형태이다. '앒'과 '알ᄑᆞ-'는 근대 국어를 거치면서 '앞', '아프-'로 재구조화되는데, 17세기에 'ㄹ' 탈락형과 'ㄹ' 유지형이 공존하면서 18세기 이후 'ㄹ' 탈락형이 지속 표기되는 경향을 보이는 것과 유사한 변화 양상으로 이해된다(전광현 1999).

구개음화 현상과 어두 'ㄴ'의 탈락 현상은 이 자료에서는 찾기 어렵다.

(8) 가. 뎍노라〈효종 1〉, 아디 못ᄒᆞ야〈현종 1〉, 디내ᄂᆞᆫ고〈인선 14〉

나. 녀겨〈효종 1〉, 녯날〈숙종 1〉, 닛디〈숙종 2〉, 념녀〈숙종 5〉, 니ᄅᆞ고〈인선 11〉

마지막으로 흥미로운 예가 있어 제시한다.

(9) 가. 우으며〈인선 1〉

나. 즐겁은〈인선 9〉

다. 모도와〈현종 2〉

위 (9 가)는 "글월 보고 무ᄉᆞ히 이시니 깃거ᄒᆞ며 보ᄂᆞᆫ 듯 든〻 반기노라 ᄉᆞ연도 보고 우으며 ᄉᆡ모의게 뎌리 ᄉᆞ랑을 바티거든"〈인선 1〉에 해당하는 예로서 밑줄 친 부분이 '웃으며'로 해석되는 예이다. '웃다'는 15세기에서 '웃고', '우ᅀᅳ며'로 활용된다. 이때 '우ᅀᅳ며'는 16세기 초 'ㅿ'의 소실로 '우ᅀᅳ며>우으며'로 나타나는데, 위 (9 가)는 '우ᅀᅳ며'의 'ㅿ' 탈락으로 나타난 표기인 것이다. 즉, 근대 국어 시기 'ㅿ'의 탈락으로 '웃-'는 '웃고, 우으며'와 같이 불규칙 활용이 발생하게 되었다. 그런데 현대 국어에 와서는 '웃고, 웃으며'처럼 규칙 활용을 보이는 것을 볼 때 '우으며'와 '웃으며' 사이에 어떤 음운 작용이 있었던 것으로 추정된다. 이에 대하여 김완진(1973)에서는 '웃다'의 규칙 활용을 방언형의 영향이라고 설명할 수밖에 없지만 '웃다'에만 일어난 것은 '울다'의 활용과 일치되어 이를 피하기 위해 '웃다'가 규칙 활용을 취하게 된 것이라고 설명하고 있다. 그런데 '우스며'와 같은 규칙 활용은 "우스며 춤 처셔"〈杜重15:53a〉처럼 근대 국어의 여러 문헌에서도 확인되는 것을 고려하면, '웃다'의 경우는

‘우으며’와 ‘우스며’가 함께 공존하였다고 볼 수 있으므로 ‘우스며’와 ‘우으며’가 서로 경쟁 관계에 있다가 현대 국어에서는 ‘우스며’의 활용만 남게 된 것이 아닌가 하는 추정도 가능하다.

(9 나)는 “요ᄉᆞ이ᄂᆞᆫ <u>즐겁은</u> ᄯᅳᆯ네 업ᄉᆞ니 실로 답々ᄒᆞ고 섭々ᄒᆞ니”에 해당하는 예이다. 이때 밑줄 친 ‘즐겁은’은 ‘반가와’〈인선 8〉을 고려하면 ‘즐거우-+-ㄴ’(즐거운)으로 실현되어야 하는 형태이나 어간이 변형되지 않고 ‘즐겁은’으로 실현된 것이 흥미롭다. 아마도 형태를 밝혀 적고자 하는 의식이 반영된 것이 아닌가 하다. (9 다)는 어간이 ‘모도-’이어서 연결어미 ‘-아/어’가 통합하면 ‘모도아’ 정도로 활용되어야 하나 ‘모도와’로 실현되어 눈에 띈다.

3.2. 문법

3.2.1. 곡용

『宸翰帖 坤』의 조사 특징 중에서 우선 주격 조사 ‘-가’의 출현이 주목된다.

(10) 가. <u>니광하가</u> 통네 막혀 압히 인도ᄒᆞ올 제 보ᄋᆸ고〈숙종 2〉
나. <u>두드럭이가</u> 불의예 도다 브어 오ᄅᆞ니〈인선 4〉

위 (10 가)는 “이광하가 통례 맡기어 앞에 인도할 때 보고” 정도로 해석되고 (10 나)는 “두드러기가 불의에 돋아 부어오르니” 정도로 해석된다. 선행 체언의 모음 뒤에 나타난 경우로 이른 시기의 ‘-가’를 확인할 수 있는 자료이다. ‘니광하가’는 ‘ㅣ’ 모임이나 하향이중모음이 아닌 모음 뒤에 ‘-가’가 나타난 경우라는 점에서 특징적이다. 주격 조사 ‘-가’가 초기에는 ‘ㅣ’ 모음이나 하향이중모음 뒤에 나타나다가 근대 국어 후기에 오면서 통합 양상이 확장되는데(이기문 1972), 위 (10 가)는 ‘-가’의 확장된 분포를 보여주는 이른 시기의 예이므로 주목할 필요가 있다.

그런데 『宸翰帖 坤』의 주격 조사 체계는 15세기 국어와 유사하게 선행 체언이 모음으로 끝날 때는 ‘-ㅣ’가, 자음으로 끝날 때는 ‘-이’가 나타나는 교체가 우선한다.

(11) 가. <u>상시</u> 나오니〈숙종 1〉, 뎐되 그리ᄃᆞ록 무디ᄒᆞ실샤〈명성 1〉
나. <u>집이</u> 다 뷘 ᄃᆞᆺᄒᆞ고〈인선 10〉

다음은 주어가 존칭일 때 주로 붙는 조사 형태이다.

(12) 가. 아ᄌᆞ마님겨오셔 편티 못ᄒᆞ오신ᄃᆡ〈숙종 2〉
나. ᄌᆞ뎐으로겨오셔 엇디 념녀를 ᄒᆞ오시ᄂᆞᆫ가 너기ᄋᆞᆸ시ᄂᆞ닝잇가〈명성 1〉

위 (12)처럼 주어가 존칭일 때는 '-겨오셔', '-으로겨오셔'를 써서 높이고 있다. 이 '-겨오셔'는 다른 문헌에서는 '-겨셔'로도 실현되고 후대에는 '-겨ᄋᆞᆸ셔', '-겨옵셔'로도 나타난다. 그런데 (12 나)처럼 '-으로'가 '-겨오셔' 앞에 나타난 것을 홍윤표(2002)에서는 기원적으로 '겨오셔'가 활용형이라는 점을 보여주는 것이라고 설명하였다.

다음으로 보조사를 살펴보기로 한다. 보조사는 선행 체언에 붙어서 의미를 더해 주는데 중세 국어와 비교할 때 변형된 형태도 확인되고 중세 국어와 다른 의미 특성을 보이는 형태도 확인된다.

(13) 가. ᄂᆡ일 드러오기란 네 긔운을 보와가며 ᄒᆞ여라〈인선 7〉
나. 너ᄅᆞᆯ사 큰사ᄅᆞᆷ만 너겨 ᄒᆞᆫ 시만 업서도 섭〻ᄒᆞ야〈인선 3〉
다. 뎡 셔방은 초시ᄅᆞᆯ ᄒᆞ온가 시브오니 어ᄂᆞ만 깃ᄉᆞ오시거뇨〈인현 1〉
라. 흉ᄃᆡᄂᆞᆫ 경영ᄒᆞ여 ᄒᆞᆫ 거시 지극디 못ᄒᆞ니 ᄒᆞ여 주ᄂᆞᆫ 보람이 업서 서운ᄒᆞ여 ᄒᆞ더니 인ᄉᆞ조차 ᄒᆞ여시니 몬내 웃노라〈인선 11〉
마. 더욱 닛디 못ᄒᆞ여 밤ᄀᆞᆺ 아젹ᄀᆞᆺ 모다 니ᄅᆞ고 잇노라〈인선 11〉

위 (13 가)의 '-란'은 목적어 성분에 붙어서 주제의 의미를 더해주는 대제격조사이다. 15세기에 활발히 쓰이다가 근대 국어에 오면서 점차 세력을 잃어 버렸는데 『宸翰帖 坤』에서는 한 예가 확인된다. (13 나)의 '-ᄅᆞᆯ사'는 '-ᄅᆞᆯ'에 강세 보조사 '-사'('-ᅀᅡ')가 통합한 형태로서 대상을 강조하고 있다. 그런데 (13 나)의 '큰사ᄅᆞᆷ만'은 눈여겨 볼 필요가 있다. 이때 조사 '-만'이 '큰사ᄅᆞᆷ'을 한정하는 것으로 보면 (13 나)는 '너를 큰사람으로만 여겨'로 해석해야 한다. 그런데 인선왕후가 딸들을 많이 의지하고 있었던 편지 내용(숙명공주 편지와 숙휘공주의 편지 내용)을 고려하면 숙휘공주뿐만 아니라 다른 두 명의 딸들도 많이 의지한 것으로 보이므로 '너를 큰사람으로(큰사람 정도로) 여겨'로 해석하는 것이 더 자연스럽게 해석된다. 즉, (13 나)에서의 '-만'을 '한정'보다는 '정도'의 의미로 해석하는 것이 바람직해 보인다. (13

다)의 '어ᄂᆞ만'은 '얼마만큼' 정도로 해석되어 이때 '-만'도 정도를 나타내는 의미로 해석된다. (13 라)에서 '인ᄉᆞ조차'는 '인사까지' 정도로 해석된다. '-조차'와 '-까지'의 의미가 유사하기는 하지만 '-조차'가 주로 부정문에 쓰인다는 점에서 위 (13 라)도 주목된다. (13 마)에서 '-긋'은 '밤긋 아젹긋 니ᄅᆞ-/일ᄏᆞᆺ-' 문장 형식으로 나타나는데 "밤새긋 아젹긋 일ᄏᆞᆺ고"〈인선 12〉, "밤새긋 일ᄏᆞᆺ고 잇노라"〈인선 10〉에서 '밤새긋'의 '긋'은 출발의 '-에서'로 해석되고 '아젹긋'의 '긋'은 도착의 '-까지'로 해석되는 것이 특징적이다. 형태적 혹은 의미적 유사성으로 볼 때 중세 국어의 'ᄭᆞ지'(ᄭᆞᆺ)의 후대형으로 보인다.

다음으로 'ᄌᆞ겨'의 쓰임을 검토하기로 한다. 'ᄌᆞ겨' 형태는 명성왕후 편지에서만 나타나는데 그 쓰임이 흥미롭다.

(14) 가. 아ᄆᆞ리 ᄉᆡᆼ각ᄒᆞ와도 거ᄌᆞᆺ 일 ᄀᆞᆺᄌᆞᆸ고 ᄌᆞ겨 ᄆᆞ음이나 인평위 ᄆᆞ음이나 그저 그리ᄃᆞ록 ᄂᆞᆷ의 업ᄉᆞᆫ 용ᄒᆞᆫ 인심을 가지고셔 뎌리 되어니〈명성 1〉

나. ᄌᆞ겨 ᄆᆞ음을 ᄉᆡᆼ각ᄒᆞ오면 목이 메ᄋᆞᆸ고〈명성 1〉

여기에서 'ᄌᆞ겨'는 형태적으로 중세 국어 재귀대명사 '자기'의 높임말 'ᄌᆞ겨'와 유사하지만 재귀대명사 '자기'와는 다른 쓰임을 보인다. 위 (14 가)는 '아무리 생각해도 거짓 일 같고 자기 마음이나 인평위 마음이나 그저 그리도록 남에게 없는 용한 인심을 가지고서 저리 되오니' 정도로 해석되고 (14 나)는 '자기 마음을 생각하면 목이 메고' 정도로 해석된다. 여기에서 '자기'는 청자이자 수신자인 숙휘공주를 가리킨다.

다음은 'ᄌᆞ겨'가 주어 자리에 나타난 경우이다.

(15) 가. ᄌᆞ겨ᄂᆞᆫ 외오셔 모ᄅᆞᄋᆞᆸ시거니와 ᄌᆞ뎐으로겨오셔 엇디 념녀ᄅᆞᆯ ᄒᆞ오시ᄂᆞᆫ가 너기ᄋᆞᆸ시ᄂᆞ닝잇가〈명성 1〉

나. ᄌᆞ계 뎌리되ᄋᆞᆸ시니 ᄉᆞᆯᄃᆞ리 못 닛치ᄋᆞᆸ고〈명성 1〉

위 (15 가)의 앞부분은 '자기가 따로 떨어져서 모르시겠지만' 정도로 해석되고 (15 나)는 '자기가 저리되시니' 정도로 해석된다. 이때 'ᄌᆞ겨'는 주어로서 기능하고 있으며 숙휘공주를 가리킨다. 이처럼 주어로서 기능하는 'ᄌᆞ겨'는 앞서 언급한 재귀대명사의 기능과는 아주 상이하다.

아래 예는 ‘ᄌᆞ겨’가 호칭 표현으로 사용된 경우이다.

(16) ᄌᆞ계야 하ᄂᆞ님도 그대도록 늠의 인싱도 셜이도 ᄆᆡᆫᄃᆞᄅᆞ션댜〈명성 1〉

위 ‘ᄌᆞ계야’는 ‘숙휘공주여’ 정도로도 바꿀 수 있다. 즉 수신자인 숙휘공주를 부르는 장면으로서 ‘ᄌᆞ겨’가 2인칭 대명사임을 보여준다. 일종의 2인칭 대명사로 쓰이는 ‘당신’과 같은 용법으로 쓰인 것이다.

언간 자료에 나타난 ‘ᄌᆞ겨’에 대해서 김일근 · 이종덕(2000)에서는 이 ‘ᄌᆞ겨’는 ‘自家’의 백화문 표기로서 공주나 왕자를 호칭하는데 그 어원은 중세 국어 ‘ᄌᆞ갸’와 같으나 용법은 다르다고 기술하고 있다. 그런데 ‘ᄌᆞ겨’를 단순히 공주나 왕자를 호칭하는 궁중 용어로 보는 것 또한 문제가 있어 보인다. 가령, “공쥬 ᄌᆞ겨ᄂᆞᆫ 무ᄉᆞ 일고 그저 ᄯᆞᆯ이라 ᄒᆞ여라”〈서궁 61a〉와 같은 경우는 ‘공쥬’와 ‘ᄌᆞ겨’가 함께 출현한 예인데 ‘ᄌᆞ겨’가 공주를 지칭한다면 굳이 ‘공쥬 ᄌᆞ겨’를 함께 사용할 필요가 없기 때문이다. 또한 “당 적 믈근 신엣 녀량씨ᄂᆞᆫ......미리 ᄌᆞ겨 아디 몯ᄒᆞ야셔 뵈 다ᄋᆞ니〈권념 27b〉에서 ‘ᄌᆞ겨’는 ‘녀량씨’를 지칭하고 있기 때문에 ‘ᄌᆞ겨’를 공주나 왕자를 지칭하는 궁중 용어로 처리하는 것 또한 그리 합리적 방법이 아닐 듯싶다. 또한 ‘ᄌᆞ겨’가 명성왕후의 편지에서만 사용된 것도 주목할 만하다. 만약 ‘ᄌᆞ겨’가 공주나 왕자를 호칭하는 것이라면 다른 편지에서도 한 두 예가 나타날 법하나 한 예도 발견되지 않는다. 단지 명성왕후의 편지에서만 발견되므로 공주나 왕자를 호칭하는 논지로는 설명력이 부족한 부분이 있다.

‘ᄌᆞ겨’의 쓰임과, 해당 편지의 발신자와 수신자 관계를 고려할 때 필자는 이 문헌에 쓰인 ‘ᄌᆞ겨’를 중세 국어의 ‘ᄌᆞ갸’의 변형된 형태로서 상대를 매우 친근히 부를 때 사용하는 현대 국어 ‘자기’의 용법(2인칭 기능과 3인칭 기능)과 매우 유사한 기능으로 보고자 한다. 명성왕후는 현종의 부인으로서 숙휘공주에게는 손위 올케이다. 그런데 “어려셔부터 동갑동갑ᄒᆞᄋᆞᆸ고 각별이 ᄒᆞᄋᆞᆸ다가 ᄌᆞ계 뎌리되ᄋᆞᆸ시니 ᄉᆞᆯᄃᆞ리 못 닛치ᄋᆞᆸ고 에엿브ᄋᆞᆸ시니 ᄎᆞᆯ히 ᄆᆞᄋᆞᆷ이 사오나온 사람 ᄀᆞᆺᄌᆞ오면 낫ᄌᆞ올 ᄃᆞᆺ 시브오이다”〈명성 1〉을 보면 숙휘공주와 명성왕후는 어렸을 때부터 매우 각별히 지내온 것으로 보인다. 이러한 관계에 있는 명성왕후가 숙휘공주를 친밀히 부르고자 할 때 ‘ᄌᆞ겨’를 사용한 것이 아닌가 하다.

3.2.1. 활용

활용에서 우선 눈에 띄는 것은 종결어미이다. 주지하는 바와 같이, 종결어미는 15세기 이후 많은 변화를 겪는데 이 『宸翰帖 坤』에서도 근대 국어의 변화 형태를 확인할 수 있다.

(17) 가. ᄂᆡ일면 볼 거시니 잠 뎍노라〈효종 1〉

나. 글월 보고 무ᄉᆞ히 이시니 깃거ᄒᆞ며 보ᄂᆞᆫ ᄃᆞᆺ 든々 반기노라〈인선 1〉

다. 나ᄂᆞᆫ 오ᄂᆞᆯ 오ᄋᆞᆸ다가 어ᄉᆞ 노릇ᄉᆞᆯ ᄒᆞ얏ᄉᆞᆸ더니 뎍ᄉᆞᆸ노이다〈현종 2〉

위 (17)의 '-노라', '-노이다'에서 '-노-'는 기원적으로 '-ᄂᆞ-+-오-'로 분석되는 어미로서 주어 1인칭과 호응 관계를 보이는 종결 표현이다. 이 자료에서도 (17)과 같이 중세 국어의 1인칭 용법을 유지하는 경향을 보인다. 그런데 "누우님이 부러 思叔을 욕ᄒᆞ노라"〈현종 1〉처럼 주어가 3인칭인 경우에도 사용되는 예가 있다. '-노라'의 1인칭 용법은 현대 국어에까지 이어지는 경향이 있으나 그 용법이 근대 국어에 와서 약화되어 주어가 1인칭이 아닐 때도 쓰이는 일이 있는데 "욕ᄒᆞ노라"는 '-노라'에서 '-오-'가 약화된 것을 보여주는 예라 하겠다.

감탄법 종결어미도 주목할 만하다.

(18) 가. 목이 메ᄋᆞᆸ고 에엿브ᄋᆞᆸ실샤〈명성 1〉

나. 뎐되 그리ᄃᆞ록 무디ᄒᆞ실샤〈명성 1〉

다. 더욱 보ᄂᆞᆫ ᄃᆞᆺ 닛디 못ᄒᆞᆯ쇠〈장렬 2〉

라. ᄌᆞ계야 하ᄂᆞ님도 그대도록 ᄂᆞᆷ의 인ᄉᆡᆼ도 셜이도 ᄆᆡᆫᄃᆞᄅᆞ션댜〈명성 1〉

위 (18 가, 나)의 '-ㄹ샤'는 15세기 국어 '-ㄹ쎠'에서 기원한 것으로 근대 국어에 일어난 어말어미 양성화 현상에 따른 것이다. 이 어미는 주로 형용사와 통합하여 감탄문을 이루는 것이 특징적이다.[8] (18 다)에서 '못ᄒᆞᆯ쇠'의 '-ㄹ쇠'는 이현희(1994)의 지적처럼 '-리로소이다'에서 '-다'의 절단과 어말어미 간소화 현상에 의해서 형성된 것이다. 위 (18 다)처럼 동사

---

8 15세기 '-ㄹ쎠'와 근대 국어 '-ㄹ셔'의 형태적 특징과 의미 기능에 대해서 이승희(1996), 정재영(2000), 장요한(2009)를 참고할 수 있다.

나 형용사에 통합된 경우는 감탄의 표현과 함께 미래 혹은 추정의 의미가 나타난다. (18 라)의 '-ㄴ댜'는 15세기 '-ㄴ뎌'가 양성화 현상으로 인해 변형된 형태이다.

종결 표현 중에서 〈명성왕후〉의 편지에 나타난 '-링잇가', '-닝잇가' 형태도 흥미롭다.

(19) 가. 어이 ᄒᆞ오링잇가〈명성 1〉
　　나. 악사온 거시 이ᄉᆞ오링잇가마는〈명성 1〉
　　다. 그리 ᄒᆞᆫ갓 셜운 일만 ᄉᆡᆼ각고 혬을 아니 혜ᄋᆞᆸ시ᄂᆞ닝잇가〈명성 1〉
　　라. ᄌᆞ뎐으로겨오셔 엇디 념녀ᄅᆞᆯ ᄒᆞ오시ᄂᆞᆫ가 너기ᄋᆞᆸ시ᄂᆞ닝잇가〈명성 1〉

유독 명성왕후 편지에서만 확인되는 '-링잇가', '-닝잇가' 형태는 16세기 자료인 『소학언해』에서 몇 예가 확인된다. 『소학언해』의 "可히 두 번 남진 븓트리잇가 말링잇가"〈小學 5:67b〉처럼 '-링잇가'의 예에서도 동일한 사태, 동일한 청자에 대해서 '-리잇가'와 '-링잇가'를 함께 사용하고 있는 사실을 미루어 볼 때 '-리잇가', '-링잇가'의 높임 등급이나 종결 기능은 모두 동일하다고 볼 수 있다. 또한 '-링잇가', '-닝잇가' 형태가 명성왕후 편지의 'ᄇᆞ라ᄋᆞᆸ노이다'나 'ᄒᆞᄋᆞᆸ노이다'와 어울리는 사실을 고려할 때도 이 형태가 'ᄒᆞ쇼셔'체 높임 기능을 지니고 있는 것을 알 수 있다.

그런데 이 '-링잇가'와 '-닝잇가' 형태의 받침 표기 'ㅇ'에 대해서 좀 더 살펴볼 필요가 있다. 현재로서는 두 가지의 가능성을 고려해 볼 수 있는데, 하나는 청자 대우 '-잇-'이 15세기에 '-ᅌᅵᆺ-'(즉, '-ㆁ-'이 두음)이기 때문에 이 두음 '-ㆁ-'을 선행 음절의 받침으로 발음한 것을 표기에 반영한 것으로 생각해 볼 수 있다. 가령, "너기ᄋᆞᆸᄂᆡᆼ이다"〈捷解初 2:5b〉처럼 구어체적 표현을 표기에 그대로 반영한 것으로 여기는 것이다. 다른 하나는 단순히 'ㅇ'을 첨가하여 발음한 것으로 생각할 수 있는데 음운론 동기는 보이지 않으나 현대 국어 '할려고'처럼 'ㄹ'을 첨가하여 표현적 효과를 보고자 하는 현상과 같은 표기로 볼 수 있다. 이 편지가 친분관계가 두터운 명성왕후와 숙휘공주 사이에 작성된 점에서 그 가능성을 생각할 수 있다.

소위 절단 구성의 종결어미도 확인된다.

(20) 가. ᄯᅩ 수이 볼 일만 기다리고 잇ᄂᆡ〈장렬 1〉
　　나. 먹기도 샹시나 다ᄅᆞ디 아녀 디내ᄂᆡ〈장렬 1〉
　　다. 더욱 섭〻ᄒᆞ와ᄒᆞᄋᆞᆸᄂᆡ〈현종 3〉

라. ᄯᅩ 더 믜이게 ᄒᆞ여ᄉᆞᆸ다 근심이ᄋᆞᆸ〈인현 3〉

(20 가, 나, 다)의 '-ᄂᆡ'는 '-ᄂᆞ이다'에서 '-ᄂᆞ이-'가 축약되고 종결어미 '-다'가 절단된 종결 표현이고, (20 라)의 '-ᄋᆞᆸ'은 '근심이ᄋᆞᆸᄂᆞ이다' 정도에서 '-ᄂᆞ이다'가 절단된 종결 표현이다. 이와 같은 어말어미 간소화 현상은 종결어미가 종결의 기능뿐 아니라 시제와 높임의 기능까지 부담하는 현상을 낳게 하였고, 높임의 강도가 조정되어 높임 등급 체계가 세분화되는 현상을 가져오게 하였다. 가령, 종결의 '-ᄋᆞᆸ'은 시제 선어말어미와 통합하지 않고 높임 등급도 하오체 정도의 중간 등급으로 조정되어 쓰였다.

활용 형식에서 흥미로운 현상 중의 하나는 {-ᄉᆞᆸ-}의 중복 표현이다.

(21) 가. 념녀 ᄀᆞ이 업ᄉᆞ와ᄒᆞ오며〈숙종 1〉
나. 요ᄉᆞ이ᄂᆞᆫ 퍽 낫ᄌᆞ오신가 시브오니 깃브와ᄒᆞᄋᆞᆸᄂᆞ이다〈숙종 2〉
다. ᄉᆞ연은 ᄌᆞ시 아와ᄉᆞ오니〈숙종 4〉
라. 긔운 엇더ᄒᆞ오시거뇨 아ᄋᆞᆸ고져 ᄇᆞᄅᆞ오며〈숙종 5〉
마. 념녀 브리ᄋᆞᆸ디 못ᄒᆞ와ᄒᆞᄋᆞᆸᄂᆞ이다〈숙종 5〉

위 (21 가, 나)는 형용사 어간에 '-어ᄒᆞ-'가 결합된 경우인데 이때 '-ᄉᆞᆸ-'이 앞뒤에 모두 통합된 예이다.[9] (21 다)는 '알-+-오-+-앗-+-ᄉᆞ오-+-니'와 같이 분석되는데 이때는 한 어간에 '-ᄉᆞᆸ-'이 두 번 통합된 경우로 매우 이례적이다. (21 라)는 연속된 두 용언에 '-ᄉᆞᆸ-'이 모두 통합된 예이다. (21 마)에서 밑줄 친 부분은 '-ᄉᆞᆸ-'이 세 번 통합된 예이다. 이와 같이 '-ᄉᆞᆸ-'이 과도하게 중복 표기된 것은 궁중 자료에서 흔히 볼 수 있는 일이지만 이러한 중복 표기는 '-ᄉᆞᆸ-'의 기능 변화와 관련된다. 주지하는 바와 같이 '-ᄉᆞᆸ-'은 15세기에 존칭의 객체에 대한 주어·화자 겸양으로 사용되었으나 근대 국어에 오면서 '-ᄉᆞᆸ-'은 화자 겸양으로 의미가 간소화되어 청자와 주어에 대한 높임 표현으로 사용되었다. '-ᄉᆞᆸ-'을 주어 높임,

9 '업ᄉᆞ와ᄒᆞ오며'는 '없-'와 '-어ᄒᆞ-' 사이에 '-ᄉᆞᆸ-'이 개입한 구성인데 이때 '-어ᄒᆞ-'를 파생으로 보면 '없어ᄒᆞ-'의 어기('없-')와 접미사('-어ᄒᆞ-') 사이에 '-ᄉᆞᆸ-'이 개입하여 일종의 불연속 형태를 야기하는 문제점이 발생하므로 '-어 # ᄒᆞ-'와 같은 통사 구성으로 보아 처리할 수도 있으나 '깃브와ᄒᆞᄋᆞᆸᄂᆞ이다'도 '-어 # ᄒᆞ-'와 같은 통사 구성으로 처리할 수 있는지 의문이다. 품사 정보가 바뀐 경우는 통사 구성보다 형태 구성에서 기술하는 것이 바람직하다고 생각하기 때문이다.

청자 높임, 객어 높임에 덧붙여 사용하면 더 높이는 효과를 얻게 되는데[10] 이러한 '-ᄉᆞᆸ-'의 중복 표기가 궁중 자료에 많이 나타나는 것도 이러한 높임의 효과 때문이다.

높임과 관련해서 종결어미 '-거뇨'도 흥미롭다. '-거뇨'는 15세기에서 ᄒᆞ라체 종결어미로 사용된 형태인데 이 문헌에서는 '-(으)시-'와 어울려 ᄒᆞ쇼셔체와 함께 사용되고 있다.

(22) 가. 어ᄂᆞ만 새로이 망극ᄒᆞ야 ᄒᆞ오시거뇨......죠젼으로 디내ᄋᆞᆸᄂᆞ이다〈숙종 2〉
　　나. 귀운 엇더ᄒᆞ오시거뇨......ᄒᆞᄋᆞᆸᄂᆞ이다〈숙종 5〉
　　나. 어ᄂᆞ만 깃ᄉᆞ오시거뇨 깃브오미 아ᄆᆞ라타 업ᄉᆞ와 ᄒᆞᄋᆞᆸ노이다〈인현 1〉

위 (22)는 '-시거뇨'가 ᄒᆞ쇼셔체와 함께 어울려 사용된 예이다. 일반적인 대화 상황에서 쓰인 '-거뇨'의 대우 등급을 고려하면 위 (22)의 '-시거뇨'는 대우 등급이 두 단계 이상 상승한 경우로서 매우 특이한 현상이라 하겠다. 현재로서는 단언하기 어렵지만 주체 높임 '-(으)시-'의 높임 대상이 청자(수신자)와 일치하고 있어 상대 높임의 효과를 얻게 된 것이 아닌가 하다.

그런데 '-(으)시-'의 높임 대상인 주체가 청자와 동일인이 아닐 때는 위와 같은 현상은 나타나지 않는다. 아래 예가 이를 보여준다.

(23) 셜운 날이 다ᄃᆞ라 오시거뇨......눈믈ᄲᅮᆫ이로다〈인선 7〉

위 (23)은 인선왕후의 편지 용례인데 딸인 숙휘공주가 수신자(청자)이고 효종의 소상(小祥)이 주어인 예이다. 이때 '-시-'는 주어와 호응을 이루고 '-거뇨'는 청자와 호응을 이루는 경우로서 '-거뇨'의 높임 등급은 후행하는 절의 '-로다'의 안높임 등급과 어울리는 사실에서 알 수 있듯이 'ᄒᆞ라'체에 해당한다.

위 (22)와 (23)을 통하여 '-거뇨'의 높임을 정리하면, '-거뇨'는 'ᄒᆞ라'체(혹은 '해라'체)의 성격을 지닌 종결어미이나 주어와 청자가 동일인인 경우 '-시-'가 결합되면 높임 등급이 상향 조정되어 '-ᄋᆞᆸᄂᆞ이다'와 호응을 이루는 효과를 가진다 하겠다. 하지만 높임의 기능으로는 매우 독특한 현상으로 다른 어미들도 함께 검토하여 보다 정밀히 살펴볼 필요가 있다.

---

10 황문환(2002) 참고.

마지막으로 명사형 어미 '-기'의 분포적 특징을 살펴보고자 한다.

(24) 가. 훌혀 나가니 <u>섭々ᄒᆞ기</u> 아므라타 업서 오던 ᄢᅢ를 ᄉᆡᆼ각고〈장렬 1〉
나. ᄉᆞ연을 보니 더옥 참혹 <u>잔잉ᄒᆞ기</u> 아ᄆᆞ라타 못ᄒᆞ여〈인선 5〉

근대 국어에서 '-음'과 '-기'는 동명사를 형성한다는 점에서는 동일하지만 빈도의 변화 측면에서는 차이를 보인다. 주지하는 바와 같이 '-기'는 근대 국어에 오면서 '-음'의 자리를 점차 차지하게 되어 현대국어에서는 우세한 자리를 차지하게 되었다(채완 1979). 이러한 변화의 과도기적 단계의 모습을 『宸翰帖 坤』의 '-음'과 '-기'의 빈도에서도 확인할 수 있는데 무엇보다 '-기'의 경우 위 (24)처럼 '섭섭ᄒᆞ기', '잔잉ᄒᆞ기', '반갑기', '그립기' 등과 같은 형용사에 주로 통합한 예가 많다는 것이 특징적이다.

4. 결론

본 논문에서는 『宸翰帖 坤』의 서지적 특징과 국어학적 특징을 살펴보았다. 서지적 특징으로는 『宸翰帖 坤』의 장첩 시기와 장첩 구성 방식을 검토하고, 국어학적 특징으로는 표기와 음운, 문법으로 구분하여 검토하였다. 특히 국어학적 특징은 15세기 국어 및 근대 국어와의 차이점이나 근대 국어의 두드러진 점을 부각하여 기술하였다. 이를 정리하고 연구의 기대 효과를 제시하는 것으로 결론을 대신하고자 한다.

2장에서는 우선 『宸翰帖 坤』의 '언서텹' 내용을 다루었다. '언셔텹'에는 장첩 시기와 『宸翰帖』의 편성(乾과 坤), 발신자의 정보 등이 수록되어 있다. 그런데 『宸翰帖 坤』의 초기 연구에서는 '언서텹'의 내용을 근거로 '효종', '현종', '숙종', '인선왕후', '명성왕후', '인현왕후'가 발신자로 알려졌는데 이 후에 '장렬왕후' 편지가 속해 있고, 수신자 또한 숙휘공주만이 아니라 숙휘공주의 남편 '정제현'과 '인선왕후'가 포함되어 있는 사실이 밝혀졌다. 이 점을 자형과 문장 형식을 통해 재검토하였다. 이와 함께 『宸翰帖 坤』의 장첩 방법을 살펴보았다. 『宸翰帖 坤』은 앞부분에 '언서텹'을 두고 '효종대왕 언찰 어필', '현종대왕 언찰 어필', '숙종대왕 언찰 어필', '인선왕후 언찰 어필', '명성왕후 언찰 어필', '인현왕후 언찰 어필'로 구분하여 제시하고 낱장의 편지 크기에 따라 편지를 한 면에 3편까지 배치하였다. 다음으로 글자를 수정하는 방법, 빠뜨린 글자를 새겨 넣은 방법과 여백을 활용하는 방법에 대해서도 살펴보았다. 글자를 새겨 넣을 때는 해당 자리에 보입 부호를 표시하고 글자를 새겨 넣었다. 수정할 때는 글자 가운데에 획을 그어 다시 적는 방법을 취하였다. 글자가 넘칠 때는 우선 상단 여백을 채우고 이도 부족하면 오른쪽 여백을 활용하여 새겨 넣었다. 또한 한 편지 안의 사연이 다를 때는 필요에 따라 이 '−' 부호를 사용하였다.

3장에서는 표기와 음운, 곡용과 활용으로 구분하여 살펴보았다. 중철 표기는 소수의 몇 예만 보이고 연철과 분철 표기가 상대적으로 많은 사실을 지적하였다. 또한 종성에서 'ㅅ'과 'ㄷ'이 혼동된 표기는 보이지 않고 'ㅅ'으로 통일된 표기만 보이는 사실을 확인하였다. 이와 함께 종성의 'ㅅ'이 생략된 표기나 'ㄴ'으로 동화된 표기도 확인하였다. 이어서 합용병서 표기 중에서는 'ㅅ'계열 합용병서와 'ㅂ'계열 합용병서 표기가 음가에 따라 일정하게 나타나는 것을 확인하였고 'ㅂㅌ'이 유기음을 나타내는 예도 확인하였다.

곡용에서는 주격 조사 '-가'의 출현과, 15세기와 비교할 때 변형된 보조사의 출현 등을 중심으로 검토하였다. 이 과정에서 주격 조사 '-가'의 분포 환경이 이른 시기의 양상을 보여주는 사실과 보조사의 경우 중세 국어의 쓰임을 유지하되 다소변형된 예가 존재하는 사실을 확인하였다. 이어서 'ᄌᆞ겨'가 2인칭 대명사와 같은 기능을 하고 있는 예를 확인하였다.

활용에서는 우선 '-노라'가 주어가 3인칭일 때도 나타난 예를 검토하였다. '-노라'의 '-노-'는 기원적으로 1인칭의 '-오-'를 가지고 있어 근대 국어 시기에서도 주로 1인칭 주어와 호응 관계를 이루나 그의 출현 양상과 달리 주어가 3인칭일 때 나타난 예를 확인하였다. 이어서 감탄법 종결어미를 검토하였는데 15세기 이후에 어미의 양성화나 간소화 등으로 변형된 형태를 중심으로 살펴보았다. 그리고 종결어미 '-링잇가'와 '-닝잇가'의 받침 표기 'ㅇ'이 어떤 의미가 있는지를 살펴보았다. 받침의 'ㅇ'이 후행하는 '-잇-'의 기원형에서 비롯된 것인지 화용론적 효과에서 비롯된 것인지는 현재로서 알 수 없으나 대화 장면이나 화계 등을 고려할 때 후자일 가능성이 크다. 이 밖에도 '-ᄉᆞᆸ-'의 중가 표현과 '-거뇨'의 높임 등급, '-음'과 '-기'의 교체 등도 국어사 관점에서 검토하였다.

이상으로 『宸翰帖 坤』을 서지 및 국어사 관점에서 볼 때, 『宸翰帖 坤』은 언간 자료에서 보이는 편지 형식과 교정 방법은 유사하나 왕실의 편지로서 다양한 발신자와 수신자의 관계를 확인할 수 있다는 점, 그리고 그 관계에 따라서 편지의 형식이나 언어 표현에 차이를 보인다는 점, 마지막으로 근대 국어 시기의 언어 변화, 즉 과도기적 언어 현상을 확인할 수 있다는 점에서 매우 귀중한 조선 왕실의 자료이자 근대 국어 자료라고 볼 수 있다. 이와 관련해서 특정 사회 계층에서 사용한 언어라는 측면에서 사회언어학적인 접근을 면밀히 시도해 볼 만하다. 즉, 궁중 언어가 일반 사회 언어와 어떠한 차이를 보이는지 언어의 변화 관점에서 궁중 언어는 어떤 변화 과정을 보이고 그 변화 시기는 어떠한지 등은 추후 확대 연구할 수 있는 부분이라고 생각한다.

비운의 공주, 숙휘공주의 사연이 담긴 조선 왕실의 한글 편지첩

『宸翰帖 坤』의 연구 및 역주

Ⅱ

『宸翰帖 坤』의 원문과 역주

일러두기

1. 원문의 순서는 『宸翰帖 坤』의 순서를 따르되, 수신자와 발신자가 원본의 분류와 다른 경우가 있기 때문에 각 편지마다 수신자와 발신자를 제시하였다.
2. 원본은 사진 파일을 제공하고, 원문의 판독문은 원문의 줄을 그대로 옮겨 적되 띄어쓰기를 반영하였다.
3. 원문에서 빠뜨린 글자를 끼워 넣기 위해서 해당 자리 옆에 쓴 글자는 판독문에서는 끼워 넣은 상태로 제시하였다.
4. 원문에서 글자를 수정하기 위해서 삭제 표시한 경우는 판독문에서는 수정한 글자를 제시하였다.
5. 내용의 이해를 돕기 위해서 판독문에 각주를 달고 형태의 의미와 분석 등의 내용을 기술하였다.
6. 현대어역은 원문의 내용을 그대로 반영하되 이해를 돕기 위해서 풀어 적기도 하였다.
7. 편지 내용에 도움이 될 만한 내용은 '언간취지'에 별도로 정리하여 제시하였다.

언셔텹

<판독문>

언셔텹

공손히 ᄉᆡᆼ각ᄒᆞᄂᆞᆫ디 이 두 텹이 건인즉

ᄉᆞ조[1] 어필이시오 곤인즉

뉵셩[2] 언찰이시라 혹 도위ᄅᆞᆯ[3]

명ᄒᆞ여 주오심이오 혹 공쥬ᄅᆞᆯ[4]

은혜로 뭇ᄌᆞ오심이니 이르히

슉묘[5] 어졔 ᄒᆞᄋᆞ옵신[6] 시뉼[7]과

영고[8] 친찬ᄒᆞᄋᆞ옵신[9] 발문[10] ᄀᆞᆺ틈은[11] 더욱이

춍으로[12] 주오심이라 가장ᄒᆞᆫ[13] 구본이[14] 크며 젹음이 가ᄌᆞᆨ지[15] 아니ᄒᆞ여 편안히

뫼시올 도리에 편치 못ᄒᆞᆫ 배 잇ᄂᆞᆫ 고로 이제 고처 쟝ᄒᆞ며[16] 합ᄒᆞ여 부쳐 두

권을 ᄆᆡᆼᄀᆞ라

언셔텹 ᄉᆞᆺ히 공경히

인현왕후 친히 ᄆᆡᆼᄀᆞᄋᆞ옵신 비단으로 부친 션낭[17] 쌍몸을 부쳐 ᄒᆞ여곰 길히

ᄃᆡ로 젼홈을 딧노니 이거시 이에 ᄌᆞ손이 되야ᄂᆞᆫ 다ᄒᆡᆼᄒᆞᆷ이오 인신이[18] 이

심앤 영홰라 가히 후곤으로 하여곰 셕실과 금궤의 감초고 호위ᄒᆞ여 쟝

ᄎᆞᆺ 뼈 텬디와 더블며

국가와 ᄒᆞᆫ가지로 그 오림을 ᄀᆞᆺ치 ᄒᆞᆯ 거시니 엇디 감히 심샹ᄒᆞᆫ[19] 즁보로만[20] 뼈

의논ᄒᆞ리오

댱져[21] 이년임슐[22] 즁츄[23]의 외예신[24] 진셕황공경지[25]

<원문>

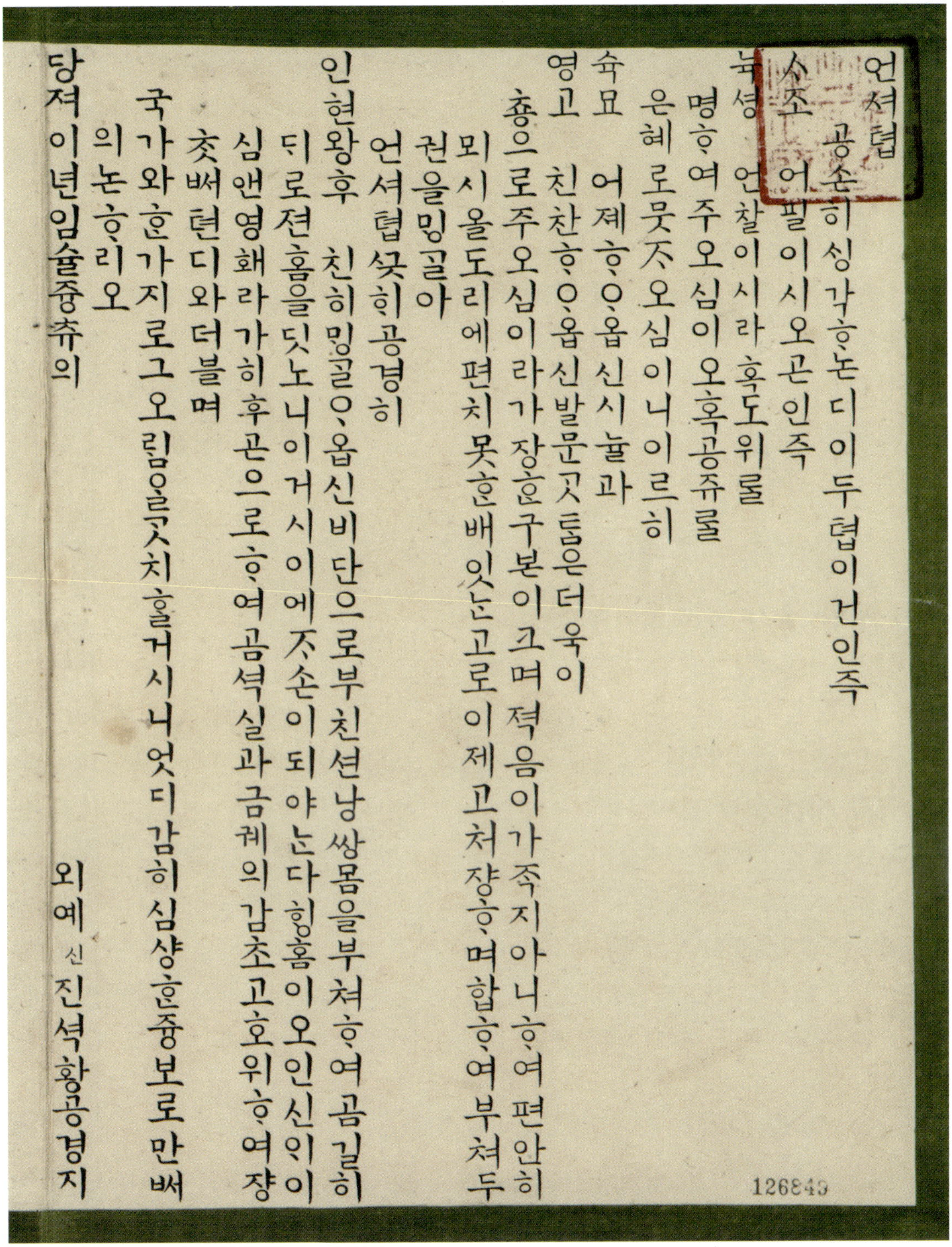
언셔텹 공손히싱각ᄒᆞ논디이두텹이건인즉
슉조 어필이시오곤인즉
뉵셩 언찰이시라혹도위ᄅᆞᆯ
명ᄒᆞ여주오심이오혹공쥬ᄅᆞᆯ
은혜로뭇ᄌᆞ오심이니이르히
슉묘 어졔ᄒᆞᄋᆞ옵신시뉼과
영고 친찬ᄒᆞᄋᆞ옵신발문ᄀᆞᆺ틈은더욱이
춍으로주오심이라가장ᄒᆞᆫ구본이크며젹음이가죽지아니ᄒᆞ여편안히
뫼시올도리에편치못ᄒᆞᆫ배잇는고로이제고처쟝ᄒᆞ며합ᄒᆞ여부쳐두
권을ᄆᆡᆼ골아
언셔텹ᄉᆞᆺ히공경히
인현왕후 친히ᄆᆡᆼ골ᄋᆞ옵신비단으로부친션낭쌍몸을부쳐ᄒᆞ여곰길히
디로젼홈을딧노니이거시이에ᄌᆞ손이되야는다힝홈이오인신의이
심앤영홰라가히후곤으로ᄒᆞ여곰셕실과금궤의감초고호위ᄒᆞ여쟝
ᄎᆞᆺ뻐뎐디와더블며
국가와ᄒᆞᆫ가지로그오림을ᄀᆞᆺ치ᄒᆞᆯ거시니엇디감히심샹ᄒᆞᆫ즁보로만뻐
의논ᄒᆞ리오
당져이년임슐즁츄의 외예 신 진셕황공경지

126849

<현대역>

언서첩

공손히 생각하는데 이 두 첩이 건인즉 사조 어필이시고 곤인즉 육성 언찰이시다. 혹은 도위에게 명하여 주신 것이고 혹은 공주에게 은혜로 물으신 것이니 숙종께서 어제하신 시율과 영조께서 친히 찬하신 발문 등에 이르러서 더욱이 은총으로 주심이다. 가장한 구본이 크고 적음이 가지런하지 아니하여 편안히 모실 도리에 편치 못한 바 있는 고로 이제 다시 장정하며 합하여 붙여 두 권을 만들어 언서첩 끝에 공경히 인현왕후께서 친히 만드신 비단으로 붙인 선낭 쌍 몸을 붙여서 길이 대대로 전함을 짓노니 이것이 이에 자손이 되어서는 다행인 것이고 인신으로 있어서는 영화이다. 가히 후손으로 하여금 석실과 금궤에 감추고 호위하여 장차 천지와 더불어 국가와 한가지로 그 오램을 같이 할 것이니 어찌 감히 예사로운 중보로만 여겨 의논하리오.

당저 이년 임술 중추에 외손이며 신하인 진석이 황공하옵게도 받들어 적는다.

<언간 취지>

이 '언셔텹'은 『宸翰帖 坤』의 첫 장에 실려 있는 내용으로 정진석(鄭晋錫)이 편지를 장정하면서 직접 써 넣은 것이다. '언셔텹'에는 장정의 경위, 목적, 방법, 시기 등이 실려 있다. 한편, 책의 표제와 달리 '언셔텹'이라 쓴 것은 왕이나 왕비, 공주 등이 쓴 한글편지라는 것을 강조하기 위함으로 보인다. '언셔텹'의 앞부분에 보면, 당시 이 책이 '건'(乾)과 '곤'(坤)으로 나뉘어 있는 사실을 알 수 있는데 'ᄉᆞ조', 즉 효종, 현종, 숙종, 영조 4대의 편지가 '건'(乾)이고 'ᄋᆠᆨ셩', 즉 효종, 현종, 숙종, 인선왕후, 명성왕후, 인현왕후의 편지가 '곤'(昆)인 사실을 알 수 있으며 계명대학교 소장본 『宸翰帖 坤』은 이 '곤'(坤)에 해당한다. 물론 이 책에는 'ᄋᆠᆨ셩' 외에 장렬왕후의 편지도 있다. 한편, '건'(乾)과 '곤'(坤)을 각각 '어필'과 '언찰'로 달리 명칭하였는데 김일근 · 이종덕(2000)에 따르면 '건'(乾)은 한문으로 작성된 편지로 추정된다. '언셔텹'의 말미에 있는 "당져이년임슐즁츄의 외예신진셕황공경지"(當宁二年壬戌仲秋 外裔臣晋錫惶恐敬識)을 통해 간행자(정제현의 5대손인 정진석(鄭晋錫))와 간행 시기(순조 2년(壬戌) 중추(仲秋))를 알 수 있다.

<주석>

1) ᄉᆞ조: 사조(四祖). 효종, 현종, 숙종, 영조.

2) 뉵셩: 육성(六聖). 효종, 현종, 숙종, 인선왕후, 명성왕후, 인현왕후.

3) 도위: 도위(都尉). 부마도위(駙馬都尉)의 준말로 임금의 사위를 지칭한다.

4) 공쥬ᄅᆞᆯ: 공주에게. '공쥬ᄅᆞᆯ'의 조사 '-ᄅᆞᆯ'은 여격어 '공쥬'에 통합한 경우로 현대 국어에서는 '-에게'가 쓰일 자리에 통합한 예에 해당한다. 앞의 문장 '도위ᄅᆞᆯ'도 이와 같은 경우이다.

5) 슉묘: 숙묘(肅廟). 숙종.

6) 어졔 ᄒᆞᄋᆞ옵신: 어제(御製)하옵신. 임금이 몸소 지으신. ᄒᆞ-+-ᄋᆞ옵시-+-ㄴ. '-ᄋᆞ옵시-'에서 'ᄋᆞ옵'이 매우 특이한데 이 'ᄋᆞ옵'은 중세 국어 선어말어미 '-ᅀᆞᄫᆞ-'의 변화 형태 'ᅀᆞᄫᆞ>ᄋᆞ오>오(옵,읍,압)'에서 비롯된 과도기적 형태이다.

7) 시뉼과: 시율과(詩律).

8) 영고: 영고(英考). 영조.

9) 친찬ᄒᆞᄋᆞ옵신: 친찬(親撰)하옵신. 임금이 시문을 몸소 지음.

10) 발문: 발문(跋文).

11) ᄀᆞᄐᆞᆫ: 같은 것은. 등등은.

12) ᄎᆞᆼ으로: 은총으로.

13) 가장ᄒᆞᆫ: 가장(家藏)한. 소장한.

14) 구본: 구본(舊本).

15) 가즉지: 가지런하지. 가즉ᄒᆞ-+-지. 축약되는 과정에서 'ᄒᆞ'가 탈락하였다. 어간 '가즉ᄒᆞ-'는 중세 국어에서는 확인되지 않고 근대 국어 언간 자료에서 몇 예가 확인된다. 본 『宸翰帖 坤』의 명성왕후 편지에서도 한 예가 확인된다. 이들 예에서는 '가깝다' 정도로 해석되는데 이를 고려하면 이 편지에서 '가즉ᄒᆞ-'는 의미가 다소 변화된 것이 아닌가 하다.

16) 쟝ᄒᆞ며: 장(裝)하며. 장정(裝幀)하며.

17) 셤냥: 미정. 김일근·이종덕(2000)에서는 귀인용(貴人用) 주머니의 일종으로 본 바 있으며 백두현(2015)에서는 비단 주머니로 기술한 바 있다.

18) 인신: 인신(人臣). 신하(臣下).

19) 심샹ᄒᆞᆫ: 심상(尋常)하다. 대수롭지 않고 예사롭다.

20) 즁보: 중보(重寶). 귀중한 보배.

21) 당져: 당저(當宁). 지금의 임금(순조).

22) 임슐: 임술(壬戌). 1802년.

23) 즁츄: 중추(仲秋). 가을이 한창인 때(음력 8월).

24) 외예 신: 외예(外裔) 신(臣). 외손이며 신하.

25) 황공 경지: 황공(惶恐) 경지(敬識)

효종대왕 언찰 어필

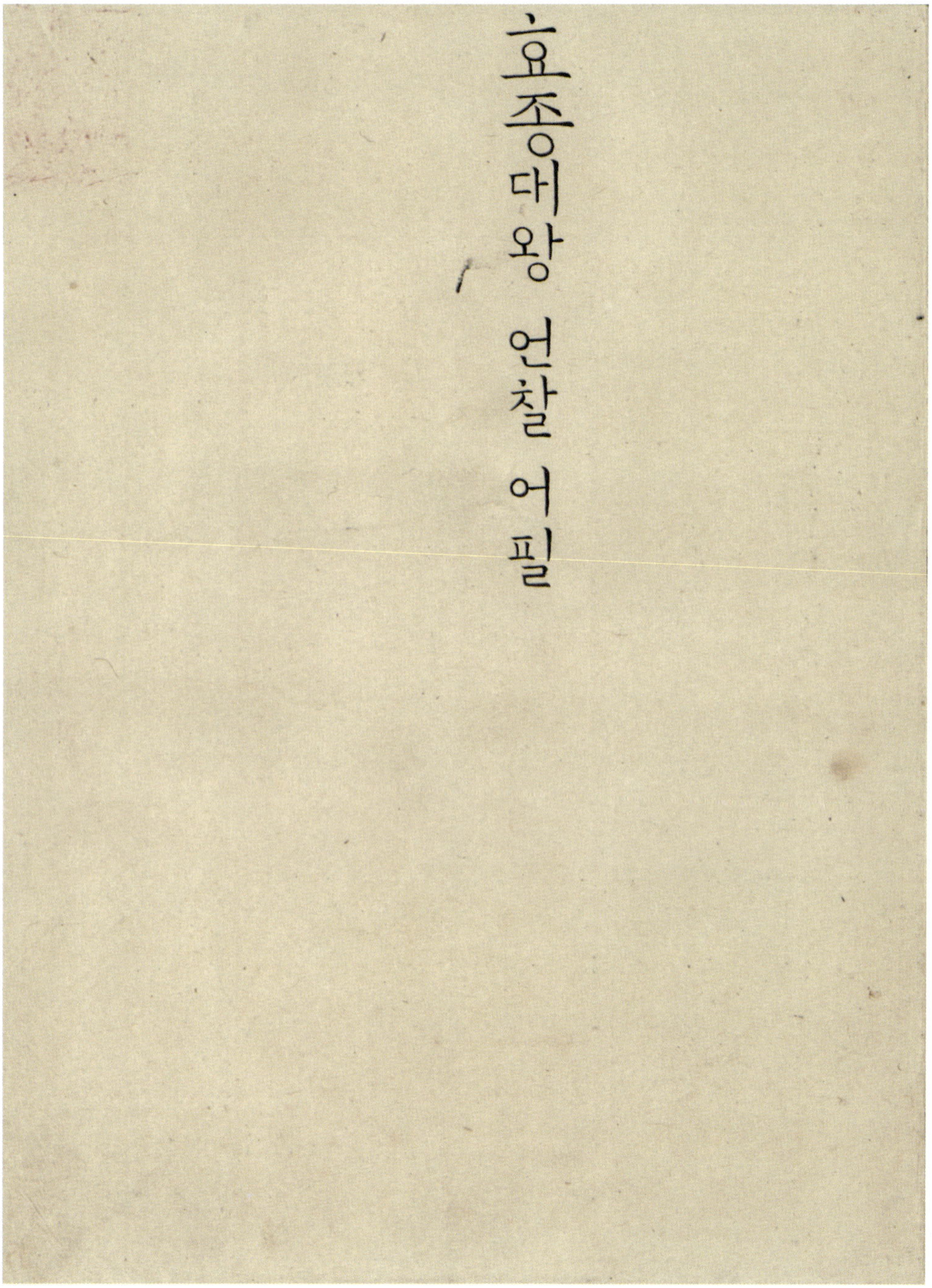
효종대왕 언찰 어필

효종대왕 언찰 어필 01

보내는 이　효종

받는 이　(女) 숙휘공주

<판독문>

글월 보고 됴히 이시니[1] 반가와ᄒᆞ노라[2]

ᄂᆡ일면[3] 볼 거시니 잠 뎍노라

문[4]

<원문>

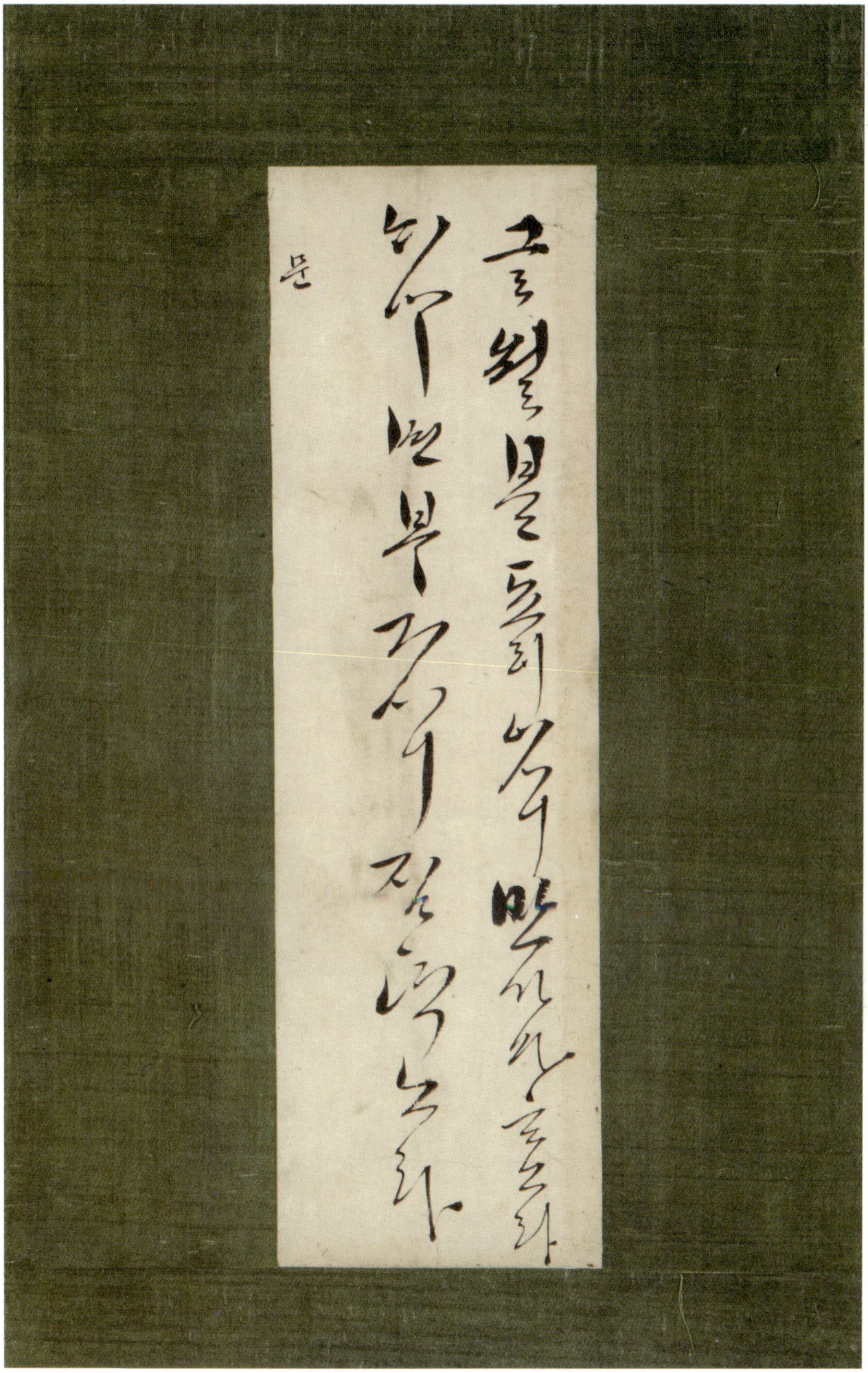

<현대역>

글을 보고, 좋게 있으니(잘 지내고 있다고 하니) 반갑구나. 내일이면 볼 것이니 잠깐(짧게) 적는다.

<언간취지>

효종이 숙휘공주에게 쓴 답장으로, 숙휘공주가 쓴 문안 인사 편지에 간단히 답장한 것이다. 편지의 왼쪽 상단의 "문"과 왼쪽 면이 오른쪽 면에 비해 비스듬하고 고르지 않은 것으로 보면 숙휘공주가 보낸 편지의 오른쪽 여백을 활용하여 답신한 것으로 추정된다. 이 편지의 작성 시기는 숙휘공주가 출가한 이후로 보이므로 효종 4년(1653) 이후가 될 것이다.

<주석>

1) 글월 보고 됴히 이시니: '글월 보고'의 주체와 '이시니'의 주체가 다르다. '글월 보고'의 주체는 효종이고 '됴히 이시니'의 주체는 숙명공주로서 '글을 보니, (네가) 좋게 있다 (하니)' 정도로 해석된다.
2) 반가와ᄒᆞ노라: 반가워하노라.
3) ᄂᆡ일면: 내일이면. ᄂᆡ일+-(이)면. '-이면'의 '-이'가 생략되었다.
4) 잠: 잠깐. '잠'은 '잠간'에서 후행 음절이 생략된 형태이다. 여기에서 '잠'은 '잠깐'이라는 시간의 의미로도 해석되고 글 크기, 즉 '짧게'로도 해석된다. 단어의 한 음절이 생략되는 현상에 대해 황문환(2015)에서는 언간에서 보이는 구어적 표현이라고 기술한 바 있다.
5) 문: 언찰의 세 번째 줄 위에 적힌 '문'은 '문안'의 줄음말로 숙휘공주가 써 놓은 것인데 효종이 편지의 여백을 활용하여 답장을 적어 보내면서 답장 편지에 남겨진 것이다. 이 표식은 『숙명공주신한첩』에서도 확인된다.

효종대왕 언찰 어필 02

보내는 이　효종
받는 이　(女) 숙휘공주

<판독문>

너희ᄂᆞᆫ 세히[1] 마치 ᄒᆞᆫ 말 [슉휘공쥬]
로 글월을 뎍어시니 ᄀᆞ장 졍셩 업ᄉᆞ니[2]
후에 또 이리 ᄒᆞ면 아니 바들 거시니
말라

<원문>

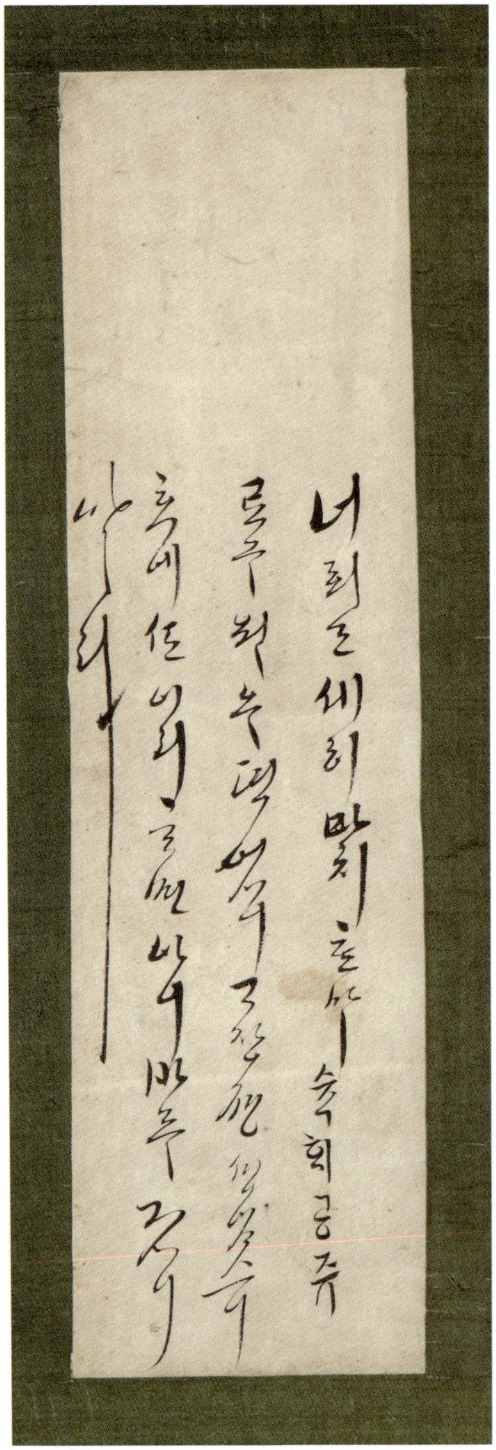

<현대역>

너희는 셋이 마치 한 말로 글을 적었으니 가장 정성이 없으므로 후에 또 이리하면 받지 않을 것이니 (그리) 말라.

<언간취지>

효종이 숙휘공주에게 쓴 답장으로, 공주들이 모두 비슷한 형식으로 작성하여 보낸 편지에 대해서 정성이 없다고 꾸짖는 내용이 실려 있다. 이 꾸짖는 장면은 매우 일상적이고 인간적인 효종을 모습을 잘 드러내고 있다. 한편, 이 편지의 오른쪽 하단 부분에 '슉휘공쥬'라고 써져 있는 것은 숙휘공주가 보낸 편지에 효종이 답장을 써 보내는 과정에서 남겨진 것이다.

<주석>

1) 세히: 셋이. 셓+-이. 'ㅎ'이 종성 체언 형태가 유지되고 있으며 여기에서 '셋'은 '숙휘공주', '숙안공주', '숙명공주'를 말한다.
2) ᄀᆞ장 정셩 업스니: 전혀 정성이 없어 보이므로. 이 문장에 쓰인 'ᄀᆞ장'은 '전혀'로 해석하는 것이 자연스럽다.

현종대왕 언찰 어필

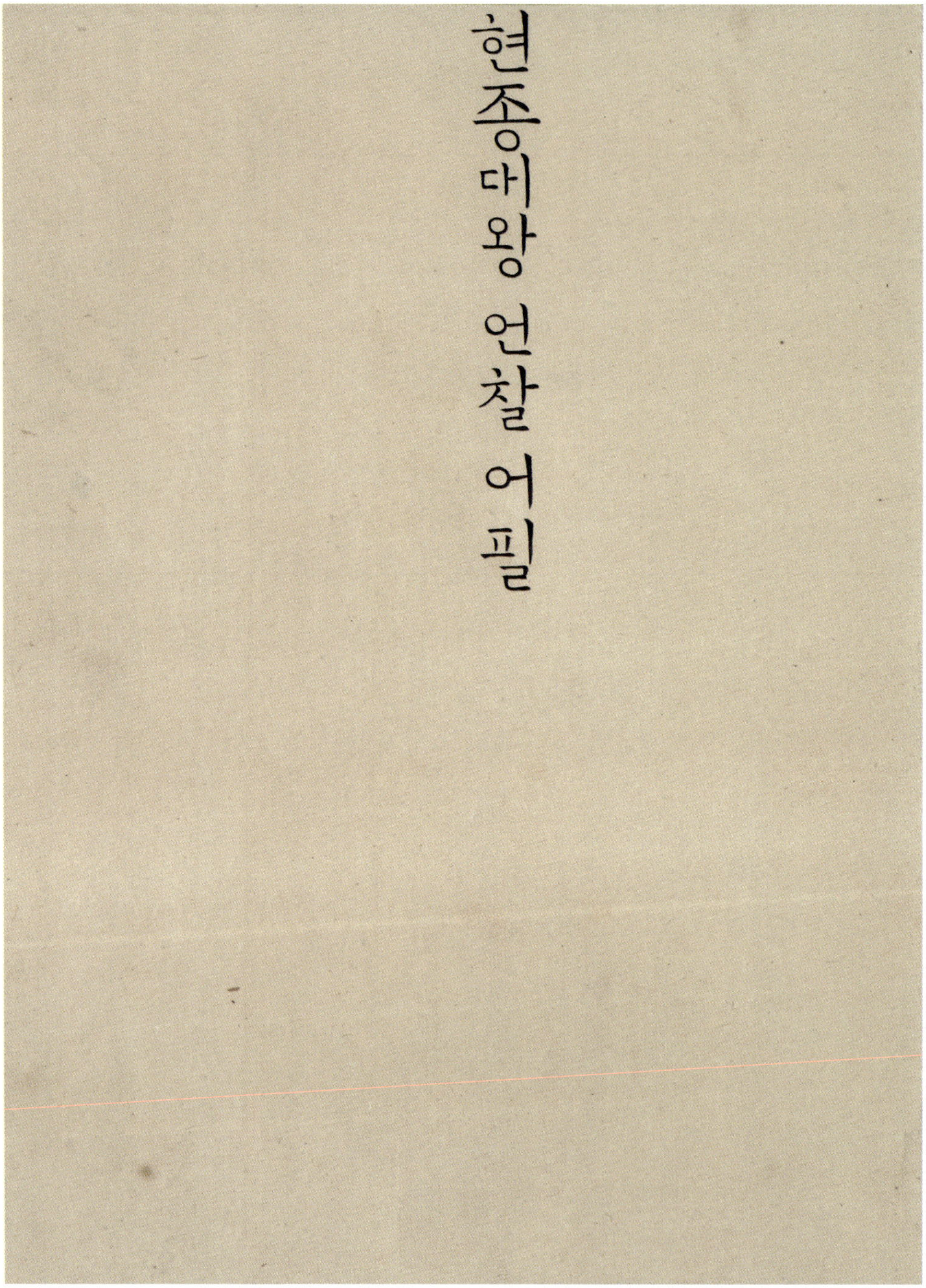

현종대왕 언찰 어필

현종대왕 언찰 어필 01

보내는 이 현종

받는 이 (妹夫) 정제현[1]

<판독문>

齊賢 思叔[2]아 反駁之說 極爲
過甚矣 그 말은 본ᄃᆡ 누우님이 그 ᄎᆡᆨ 일
홈[3]을 아디 못ᄒᆞ야 그 일홈을 써 달라ᄒᆞ
거ᄂᆞᆯ 내 므이[4] 녀겨 그리 써 주니 누우
님이 부러 思淑을 욕ᄒᆞ노라[5]
보내엿거를 齊賢은 아디 못
ᄒᆞ며 감히 反駁 二字 써시니
그 ᄉᆞᆯ펴 못ᄒᆞᆫ[6] 죄를 후일의
블무기벌이니 디지ᄒᆞ라[7]

<원문>

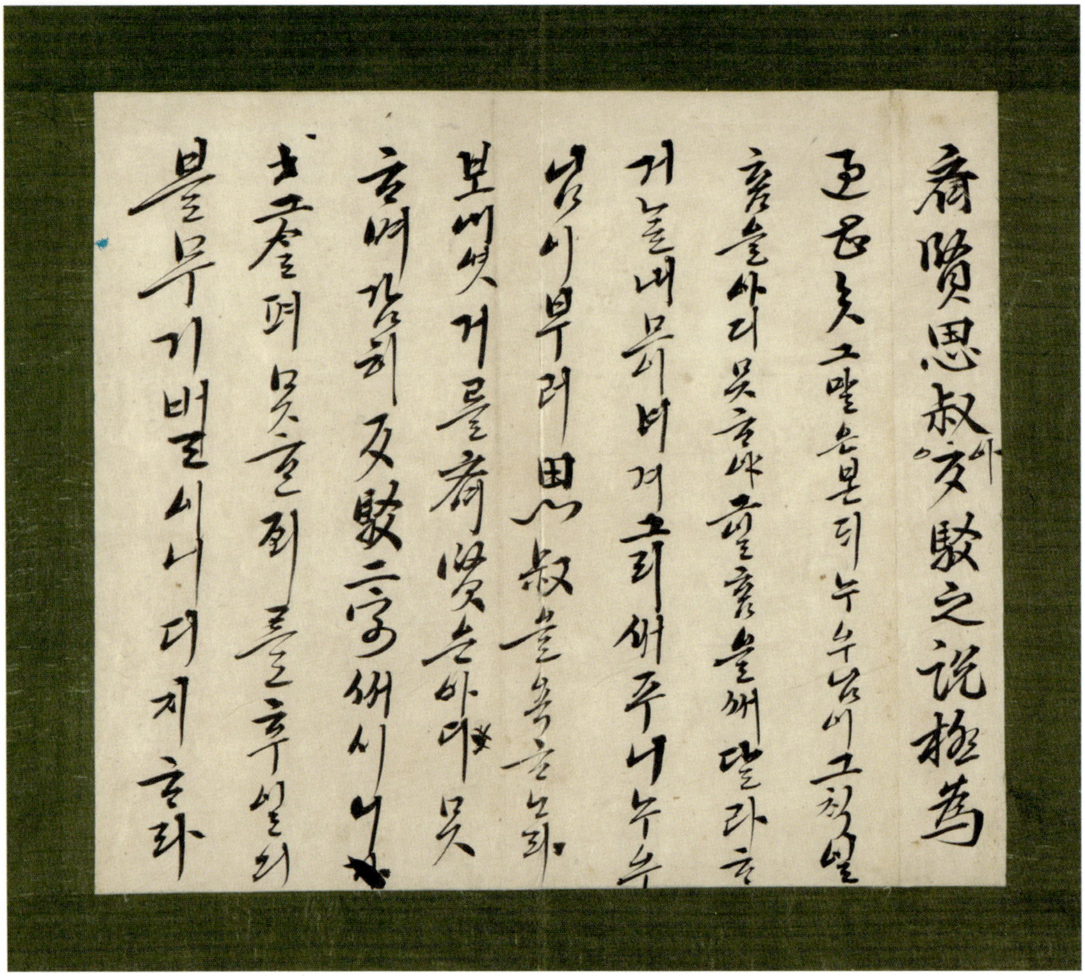

<현대역>

제현 사숙아 反駁之設 極爲過甚矣(반박하는 말은 극히 심하였다.). 그 말은 본래 누님이 그 책 이름을 알지 못하여 그 이름을 써 달라하였거늘 내가 대수롭지 않게 여겨 그리 써 주었는데 누님이 일부러 사숙을 욕한다 보내었거늘 제현은 알지 못하여 감히 '反駁' 두 자를 썼으니 그 살피지 못한 죄를 후일에 불무기별(不無其罰, 불손한 언동에 대한 벌)할 것이니 알아두어라.

<언간취지>

현종이 부마 정제현에게 쓴 편지이다. 왕이 매부(왕실의 부마)에게 보낸 편지라는 점에서 왕실의 한글편지로는 매우 희귀한 자료이다. 왕이 왕실의 부마에게 보낸 한글편지의 내용이 궁금한데 왕과 누이(공주), 정제현 사이에 일어난 사사로운 오해에 대해 현종이 농담조로 겁박하는 장면이 실려 있다. 언어 형식도 한글과 한문을 함께 쓰고 있는데 "감히 反駁 二字... 블무기벌이니 디지ᄒᆞ라"와 같은 한글과 한문의 혼용 표현은 군신(君臣)의 관계이자 부마인 정제현에 대한 친밀감과 임금의 위엄을 함께 느낄 수 있도록 한 효과를 만들어 내고 있다. 물론 겁박 내용을 농담으로 받아들일지는 모를 일이지만 손아래 처남에게 처벌할 것을 미리 알려주지는 않았을 터이다. 이 편지는 현종이 부마 정제현에게 보낸 편지이므로 현종의 즉위년(1660)과 정제현의 졸년(1662년) 사이에 작성된 것으로 보인다.

<주석>

1) 정제현: 정제현(鄭齊賢)의 생몰은 '1642~1662년'이고 정몽주의 9대손인 우의정 정유성(鄭維城)의 손자로 효종의 부마(駙馬)이다. 1653년에 인평위(寅平尉)가 되어 숙휘공주에게 장가들었다.
2) 思淑: 정제현의 字.
3) 일홈: 이름.

4) 므이 너겨: 대수롭지 않게. '므이'의 의미는 정확하지 않으나 전후 맥락을 고려할 때 '대수롭지 않게' 혹은 '쉽게', '밉게' 등과 같이 해석할 수 있다. 이 '므이'는 다른 언간 자료에서는 찾아보기 어렵다.

5) 욕ᄒᆞ노라: 욕한다. 욕ᄒᆞ-+-노라. '-노라'는 중세 국어의 '-ᄂᆞ-+-오-+-라'가 통합된 형식으로 1인칭 형태가 화석화된 어미이다. 이 '-노라'는 근대 국어에서도 1인칭 주어와 호응을 이루는 경향을 보이나 이 예에서는 3인칭 주어와 호응을 이루고 있어 특징적이다.

6) ᄉᆞᆯ펴 못ᄒᆞᆫ: 살피지 못한. ᄉᆞᆯ피-+-어#못ᄒᆞ-+-ㄴ. 이 구성은 '살피지 못한' 정도로 해석되는 장형 부정의 문형이다. 그런데 'ᄉᆞᆯ피지 못ᄒᆞᆫ'으로 실현되지 않고 'ᄉᆞᆯ피-'에 연결어미 '-어'가 통합되어 장형 부정으로 쓰이고 있는 점이 특이하다.

7) 디지ᄒᆞ라: 명심하여라. 그것을 알아라. 디지ᄒᆞ-+-라. 어간 '디지ᄒᆞ-'는 '知之하-의 뜻으로 구개음화가 반영되지 않은 표기이다.

현종대왕 언찰 어필 02

보내는 이　현종
받는 이　(母) 인선왕후

<판독문>

나ᄂᆞᆫ 오ᄂᆞᆯ도 예 왓ᄉᆞᆸ거니와[1] 앗가 양심합[2]
의 ᄂᆡ관 나실 제ᄂᆞᆫ 엇디 아니와 겨ᄋᆞᆸ시
더니잇가[3] 나ᄂᆞᆫ 오ᄂᆞᆯ 오ᄋᆞᆸ다가 어ᄉᆞ 노ᄅᆞᆺ
ᄉᆞᆯ ᄒᆞ얏ᄉᆞᆸ더니[4] 뎍ᄉᆞᆸ노이다[5] ᄀᆞ뢰군[6]이
시방 젼 병경문[7] 안 두 아ᄅᆞᆷ은 ᄒᆞᆫ 이운 밤
긔[8] 둑거온 계요[9] 보젼ᄒᆞ야 풍우 ᄀᆞ이오던[10]
피부을 ᄌᆞᆷ〻 벗겨 모도와 사하 가져 가고져 ᄒᆞ
다가 내게 들려[11] 사문ᄒᆞ오니 셩명은 니ᄅᆞ딜[12]
아니ᄒᆞᄋᆞᆸ고 공칭ᄒᆞ오ᄃᆡ[13] ᄌᆞ뎐[14] 하 ᄂᆡ이
ᄋᆞᆸ더니[15] 겁질이 들먹ᄒᆞ얏ᄉᆞᆸ거ᄂᆞᆯ[16] 벗겨노
라 ᄒᆞ오니 제 공ᄉᆞ 아오로[17] 벗겨 가노이다 잠간 일
여가 잇거든 에 보와 못 오ᄋᆞᆸ시리잇가
년ᄒᆞ야 혼자 겨ᄋᆞᆸ시니 쳥티 못ᄒᆞ오니
굼〻ᄒᆞᄋᆞᆸ더이다[18]

<원문>

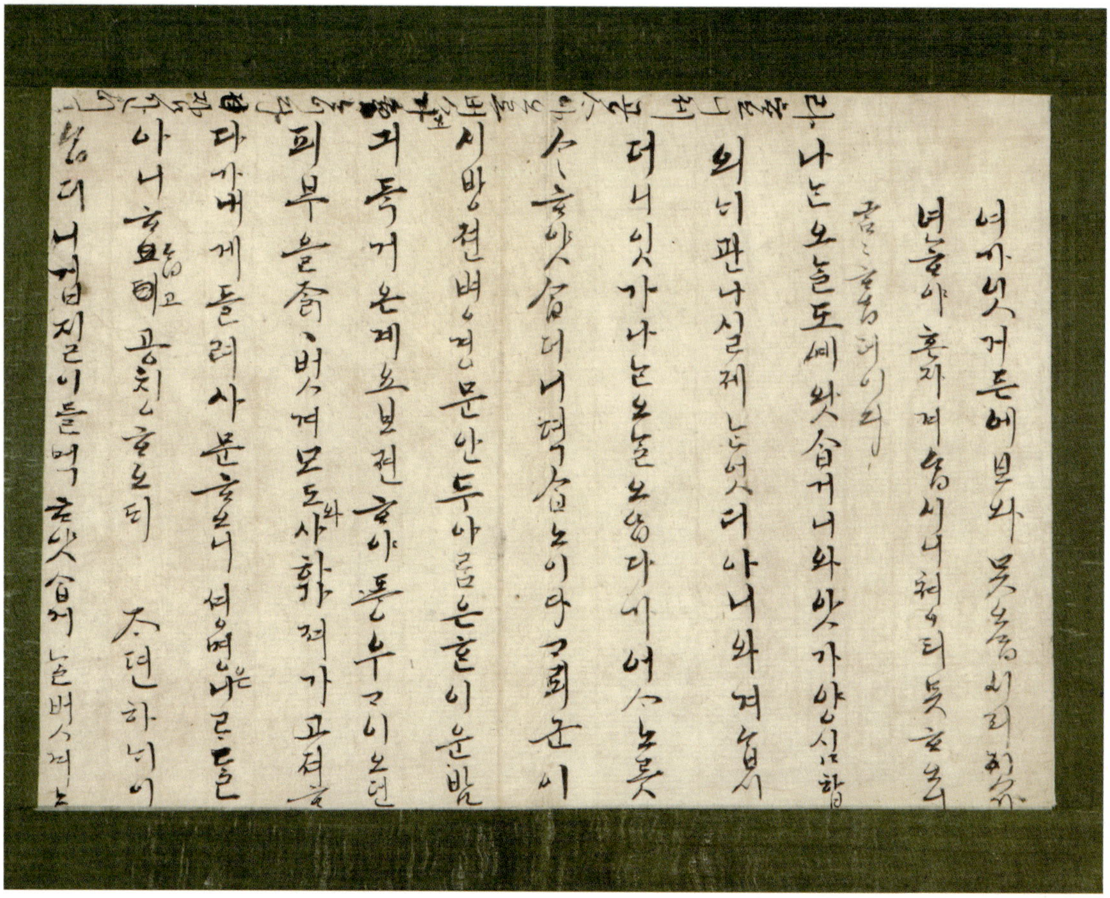

<현대역>

나는 오늘도 여기에 왔었는데 아까 양심합의 내관에 나갈 때는 어찌 아니 와 계셨습니까? 나는 오늘 왔다가 어사 노릇을 하였는데 (이를) 적습니다. 가뢰군이 지금 전의 병경문 안 두 아름은 한 이운 밤나무의 두꺼운 것을 겨우 보전하여 풍우 가리오던 껍질을 잘게 잘게 벗겨 모아서 싸서 가져 가고자 하다가 내게 들키어 사문하오니 성명은 말하지 아니하고 공칭하되 자전 하 내의이더니 껍질이 들먹거려 벗겼다고 하오니 제 공사 함께 벗겨 갑니다. 잠깐 일 있거든 틈을 보아 못 오시겠습니까? 연하여 혼자 계시니 청하지 못하오니 궁금합니다.

<언간취지>

"ᄌᆞ뎐"에서 보듯이 이 편지는 현종이 모후 인선왕후에게 보낸 편지이다. 이 편지를 어떻게 정진석이 보관하게 되었는지는 알 수 없으나 인선왕후에게 보낸 편지라는 점은 문장의 "겨ᄋᆞᆸ시더니잇가", "뎍ᄉᆞᆸ노이다", "못 오ᄋᆞᆸ시리잇가", "굼〱ᄒᆞᄋᆞᆸ더이다"와 같은 종결 표현에서도 알 수 있다. 궁궐 안의 밤나무의 껍질을 벗겨 가던 자를 사문하였는데 모후의 내의인 사실을 알고서 이 내용을 중심으로 모후에게 안부를 묻는 사연이 실려 있다. 조정의 바쁜 업무로 모후를 뵙지 못한 안타까움에 잠깐 들려 주기를 바라는 글귀에서는 어머니에 대한 아들의 그리움이 느껴진다.

<주석>

1) 왓ᄉᆞᆸ거니와: 왔었는데. 오-+-앗-+-ᄉᆞᆸ-+-거니와. 이때 선어말어미 '-ᄉᆞᆸ-'은 높임 대상(인선왕후)에 대한 화자(현종)의 겸양을 나타낸다. 이와 같이 연결어미 앞에 통합한 '-ᄉᆞᆸ-'은 근대 국어 후기 이후에 점차 사라져 현대 국어에서는 찾아보기 어렵다.

2) 양심합: 양심합(養心閤). 창덕궁 대조전 남쪽 별각으로 필요에 따라 다양한 용도로 사용되었다. 왕이 신하를 소대하고 경연하는 장소, 책을 보관하는 서고, 왕이 치료를 받는 장

소, 대비 승하 후 왕이 삼가하며 지내는 장소 등으로 사용되었다.

3) 겨ᄋᆸ시더니잇가: 계시었습니까. 겨ᄋᆸ시-+-더-+-니-+-잇-+-가. 어간 '겨ᄋᆸ시-'는 단독으로 쓰인 '겨-'를 확인할 수 없고 항상 '겨시-', '겨옵시-' 정도로 나타나기 때문에 하나의 어간으로 분석한 것인데 중세 국어의 '겨시-'를 고려하면 '겨시-'에 '-옵-'이 끼어 들어간 것으로도 분석할 수 있다.

4) ᄒᆞ얏ᄉᆞᆸ더니: 하였는데. ᄒᆞ-+-얏-+-ᄉᆞᆸ-+-더니. '-더니'는 과거의 사태나 행동에 뒤이어 일어난 상황을 이어주는 연결어미로 분석된다. 시기적으로 볼 때 연결어미 '-더니'의 쓰임을 보인 초기의 예로 추정된다.

5) 뎍ᄉᆞᆸ노이다: 적습니다. 뎍-+-ᄉᆞᆸ-+-노-+-이-+-다. '-노-'는 기원적으로 '-ᄂᆞ-'와 '-오-'가 통합한 형식으로 중세 국어에서 보인 1인칭 주어 제약을 유지하고 있으나 '-오-'를 근대 국어 선어말어미 형태로 분석하기는 어렵다.

6) ᄀᆞ뢰군: 미상. 'ᄀᆞ뢰군'의 지시 대상이 분명하지는 않으나 문맥을 고려할 때 'ᄀᆞ뢰군'이 '보젼ᄒᆞ야'의 주어로 판독되는 것이 자연스러우므로 궁중에서 천한 일을 하는 일꾼으로 추정된다.

7) 병경문: 미상. 궁궐 내 문의 이름으로 추정된다.

8) 이운 밤긔: 시둔 밤나무에. 이울-+-ㄴ#밤ㄱ+-의. 명사 '밤ㄱ'는 '밤+낡'에서 '남'이 탈자된 것으로 보는 논의가 있다(김일근 · 이종덕 2000). 이를 따라 '밤나무'로 해석하였는데 현재로서는 가장 자연스럽게 보인다.

9) 계요: 겨우.

10) ᄀᆞ이오던: 가리던. ᄀᆞ이오-+-던. 어간 'ᄀᆞ이오-'는 형태로만 보면 무엇을 지시하는지 명확하지 않으나 맥락을 고려할 때 '가리던' 정도로 해석된다.

11) 들려: 들키어. 들리-+-어. "내게 들려"를 '내게 들리어'로 해석 가능하지만 후행절의 "사문ᄒᆞ오니"와의 의미 관계를 고려하면 '내게 들키어'로 해석하는 것이 자연스럽다.

12) 니ᄅᆞ돌: 말하지를. 니ᄅᆞ-+-돌. 이때 '-돌'은 '-지를' 정도로 쓰이는 어말어미이다.

13) 공칭ᄒᆞ오ᄃᆡ: 공칭하되. 공칭ᄒᆞ-+-오ᄃᆡ. '공칭'은 '공적으로 일컫다'의 의미이다.

14) ᄌᆞ뎐: 자전(慈殿). 시작되는 부분에서 한 글자 정도의 칸을 비어둔 것을 확인할 수 있다. 이는 대우 격식의 하나로서 존자와 관련된 체언 바로 위에 한 글자의 간격만큼 빈칸을 두어 높이는 방식이다(간자법).

15) ᄂᆡ이ᄋᆸ더니: 내의이었더니. ᄂᆡ이+-ᄋᆸ-+-더-+-니. 'ᄂᆡ이'는 '내의'(內醫)로 추정된다.

16) 들먹ᄒᆞ얏솝더니: 들먹거렸더니. 들먹ᄒᆞ-+-얏-+-솝-+-더-+-니. 껍질이 들먹들먹한 상태를 이르는 것으로 해석된다.

17) 아오로: 아울러. 겸하여.

18) 굼굼ᄒᆞ옵더이다: 궁금합니다. 굼굼ᄒᆞ-+-옵-+-더-+-이-+-다. 어간 '굼굼ᄒᆞ-'는 '궁금하-'로 해석된다.

19) 이 편지에는 글자 삽입과 수정한 흔적이 여러 확인된다. 가령 '모도와'는 '모도사하'로 적었다가 '와'를 '모도'와 '사하' 사이 부분의 옆에 삽입하였고, '아니ᄒᆞ옵고'는 '아니ᄒᆞ요ᄃᆡ'로 적었다가 '요ᄃᆡ'를 지우고 그 옆에 '옵고'를 삽입하여 정정한 흔적이 확인된다.

20) 편지 공백을 활용하여 사연을 적은 방식도 확인된다. 이 편지는 위 공백과 지면의 앞 공백을 활용하여 사연을 적는 방식인데 공백의 활용 순서는 위 공백을 채우고 앞 공백을 채우는 순서를 따르고 있다.

현종대왕 언찰 어필 03

보내는 이　현종
받는 이　(母) 인선왕후

<판독문>

ᄉᆞ연 덜고[1] 거번 가실 제 셔
후힝의[2] 낮말[3]을 엿ᄌᆞ
와ᄉᆞᆸ더니[4] 슈〃 듕[5] 발락[6]
을 못 미처 아라와시니[7] 하
보채니 얌신저으니[8] 이때 즉
시 아라 회셔ᄒᆞᆸ쇼셔 다리
예 도든 거ᄉᆞ로[9] 약 ᄇᆞᄅᆞ고 산침
맛기로[10] 너머 못 가ᄂᆞ니 더욱 섭〃
ᄒᆞ와 ᄒᆞᆸᄂᆡ 이삼ᄉᆞ미[11] 일양 보
쇼셔

<원문>

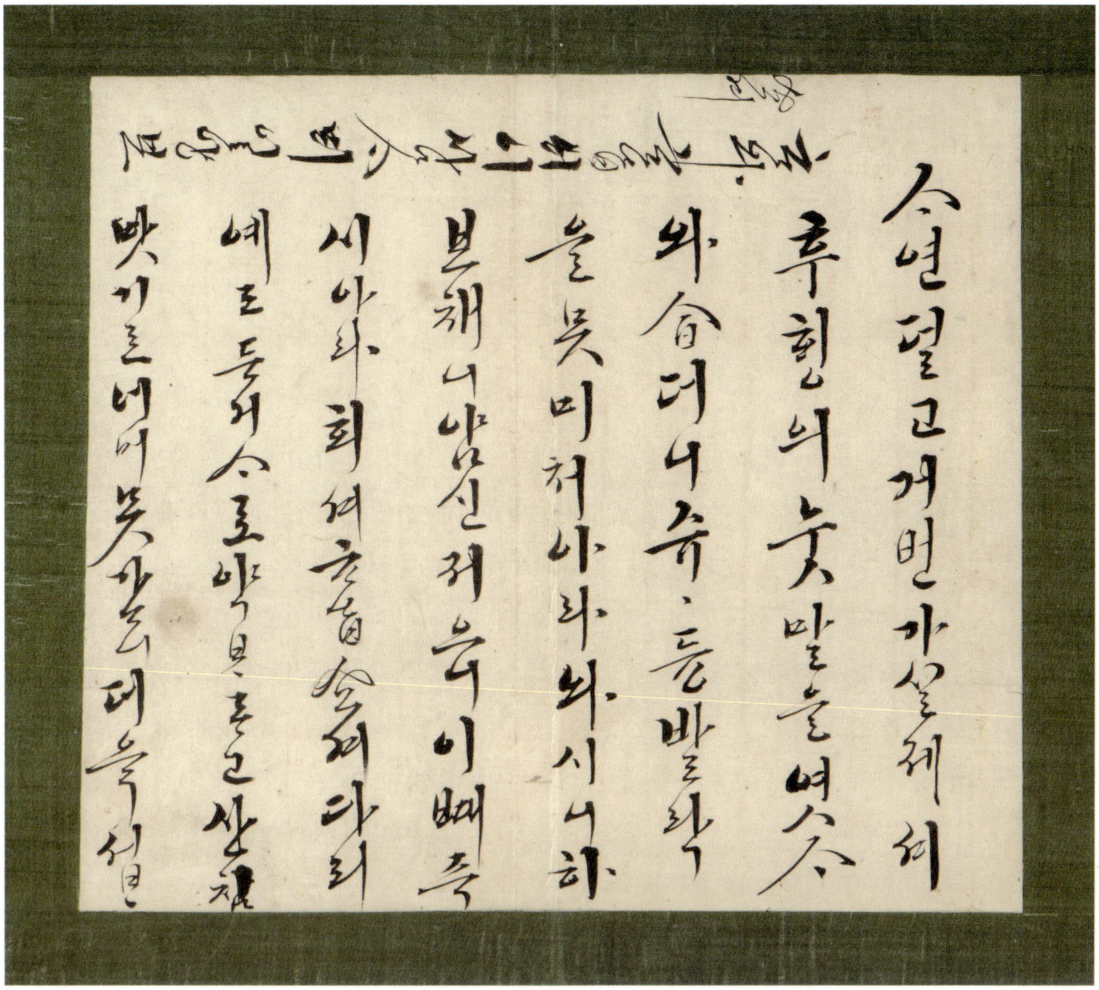

<현대역>

사연 덜고, 지난 번 가실 때에 서 후행이 전한 눗말을 여쭈었는데 수수한 가운데에 발락을 미처 알아오지 못했으니 많이 보채니 얌심스러우니 이때 즉시 알아 회서하옵소서. 다리에 돋은 곳에 약을 바르고 산침 맞아서 못 넘어가는데 더욱 섭섭하니 이삼사매 일양 보소서.

<언간취지>

현종이 모후인 인선왕후에게 쓴 편지이다. “하 보채니 얌신 저으니 이때 즉시 아라 회셔ᄒᆞᄋᆞᆸ쇼셔”의 내용을 보아 현종이 인선왕후에게 누이가 많이 보채는 이유가 어떤 어떤 상황인가를 알아보고 답장을 써 보내달라고 부탁하는 편지로 판단된다. 한편, “다리예 도든 거ᄉᆞ로 약 ᄇᆞᄅᆞ고 산침 맛기로”의 내용은 현종이 다리에 산침을 맞은 것을 보여주고 있는데, 『조선왕조실록』에도 현종이 산침을 맞은 기사가 여러 개가 있다. 현종실록 3권 현종 1년 6월 30일 기사 “上足部癢甚, 醫官尹後益請施散鍼”와 현종 1년 7월 18일 기사 “上御興政堂, 命醫官入診左邊足部, 受散鍼”, 현종 1년 7월 21일 기사 “上御興政堂, 閉前閤, 只命醫官入診, 散鍼左足跗瘡處”에서 현종이 발 부위에 가려움증이 심하여 왼쪽 발에 산침을 맞은 사실을 알 수 있다. 위 언간 내용과 『조선왕조실록』의 기사가 같은 내용이라면 이 언간 작성 시기는 현종 1년인 1660년이나 그 이후로 볼 수 있다.

<주석>

1) ᄉᆞ연 덜고: 편지의 서두에 흔히 나타난 양식으로 사연을 바로 적을 때 사용된다.
2) 셔 후행: 서(徐)씨 성을 가진 후행(後行)으로 보인다.
3) 눗말: 미상. 누+-ㅅ+말. ‘누’가 가리키는 의미가 분명하지 않으나 ‘누이의 말’ 정도로 추정된다.
4) 엿ᄌᆞ와ᄉᆞᆸ더니: 여쭈었는데. 엿ᄌᆞ오-+-아-+-ᄉᆞᆸ-+-더-+-니. “엿ᄌᆞ와ᄉᆞᆸ더니”에서 ‘-아-’는 ‘-앗-’의 오기이다.

5) 슈〻 듕: 수수한 중에. "슈〻"는 '수수한' 정도로 해석된다. '수수하다'는 '시끄럽고 떠들썩하여 뒤숭숭하고 정신이 어지럽다'의 의미를 뜻한다.

6) 발락: 발락(發落). 결정하여 끝냄.

7) 못 미처 아라 와시니: 미처 못 알아 왔으니.

8) 얌신저으니: 얌심스러우니. 얌신젓-+-으니. '얌신젓-'는 현대 국어 '얌심스럽-' 정도로 해석된다. '몹시 샘바르고 시기하는 마음이 있는 듯하다'로 해석된다(『조선시대 한글편지 어휘사전』 참고).

9) 거ᄉᆞ로: 곳으로. 것+-ᄋᆞ로. 명사 '것'은 '곳'으로 해석되고 조사 '-ᄋᆞ로'는 처격 '-에' 정도로 해석된다. '-ᄋᆞ로'가 조사 '-에'의 의미로 쓰인 점은 특징적이다.

10) 맛기로: 맞으므로. 맛-+-기로. 어말어미 '-기로'가 원인의 접속어미로 해석되는 점이 특징적이다.

11) 이삼ᄉᆞ미: 이삼사 매(二三四妹(숙명, 숙휘, 숙정 공주)).

숙종대왕 언찰 어필

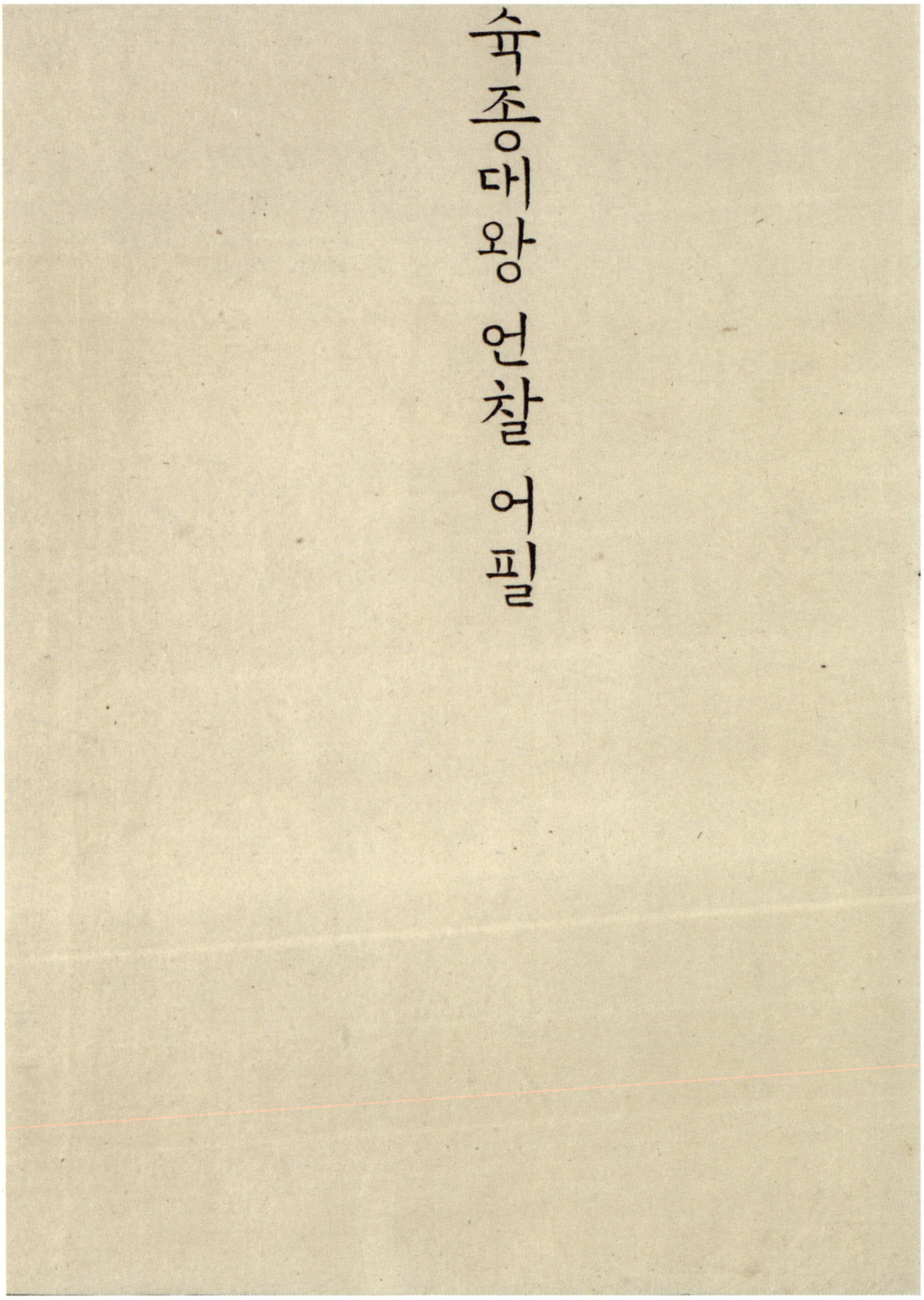

슉종대왕 언찰 어필

숙종대왕 언찰 어필 01

보내는 이　숙종

받는 이　(姑母) 숙휘공주

<판독문>

뎡 ᄃᆡᆨ당[1] 병환은 ᄆᆞᄎᆞᆷ내 믈약지효[2]를 엇디
못ᄒᆞ와 쳔만 의외예 상ᄉᆡᆨ[3] 나오니 경통 참
졀[4]ᄒᆞ오미 아므라타 업ᄉᆞ온[5] 듕 녯날 ᄒᆞᆫ ᄃᆡ셔 노
던 일을 ᄉᆡᆼ각ᄒᆞ오니 참도[6]ᄒᆞ온 ᄆᆞᄋᆞᆷ이 더옥
각별ᄒᆞ오이다　아ᄌᆞ마님겨오셔[7] 여러 ᄃᆞᆯ 쵸
젼[8]ᄒᆞ옵시던 긋ᄐᆡ[9] 이런 참쳑[10]을 만나옵셔
일야 ᄋᆡ통 곡읍으로 디내옵시니 젹패[11]ᄒᆞ옵신
긔력이[12] 더옥 올ᄉᆞᆸ시랴[13] 념녀 ᄀᆞ이 업ᄉᆞ와ᄒᆞ오
며[14] 졍ᄉᆡᆨ[15] 비록 망극ᄒᆞ옵시나 브ᄃᆡ 우리 민
망ᄒᆞ야 ᄒᆞᄂᆞᆫ 졍을 ᄉᆡᆼ각ᄒᆞ옵셔 식음을
ᄌᆞ로[16] 자옵시믈 쳔만 ᄇᆞ라옵ᄂᆞ이다

<원문>

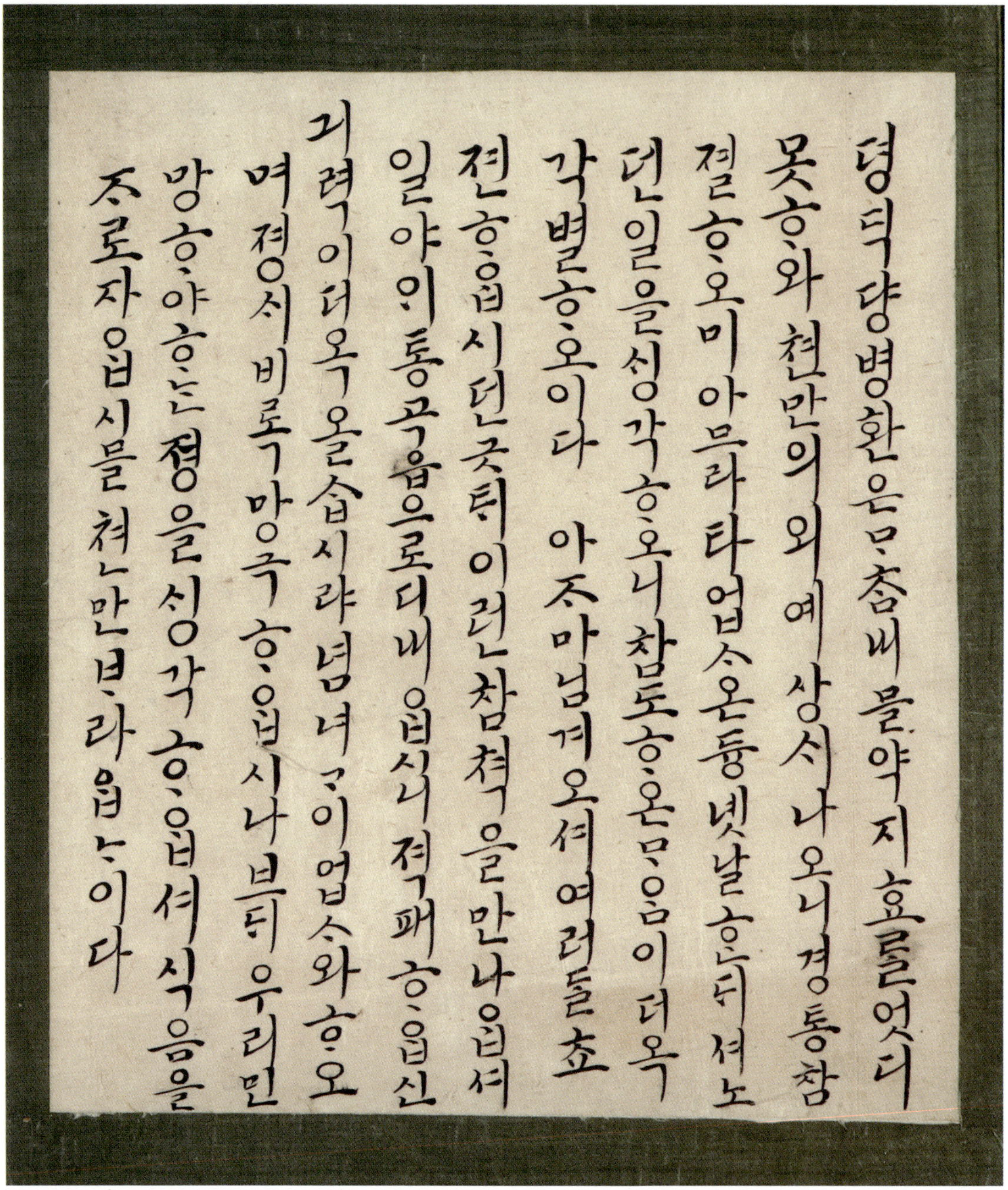

뎡ᄃᆡ댱병환은ᄆᆞᄎᆞᆷ내 믈약지효를엇디
못ᄒᆞ와 쳔만의외에 상ᄉᆞ나오니 경통참
졀ᄒᆞ오미아므라타업ᄉᆞ온듕 녯날ᄒᆞ던 셔노
던일을ᄉᆡᆼ각ᄒᆞ오니 참도ᄒᆞ온ᄆᆞ음이더옥
각별ᄒᆞ오이다 아ᄌᆞ마님겨오셔여러ᄃᆞᆯ쵸
젼ᄒᆞ옵시던굿ᄐᆡ이런참쳑을만나옵셔
일야의통곡읍으로디내옵시니 젹패ᄒᆞ옵신
긔력이더옥올습시라 념녀ᄀᆞ이업ᄉᆞ와ᄒᆞ오
여졍ᄉᆡ비록망극ᄒᆞ옵시나ᄇᆞ듸우리민
망ᄒᆞ야ᄒᆞᄂᆞᆫ졍을ᄉᆡᆼ각ᄒᆞ옵셔식음을
ᄌᆞ로자옵시믈쳔만ᄇᆞ라옵ᄂᆞ이다

<현대역>

정 직장 병환은 마침내 물약지효를 얻지 못하여 천만 의외의 상사가 났으니 경통참절하옴이 이루 말할 수 없는 중에 옛날 한 데에서 놀던 일을 생각하오니 참도하온 마음이 더욱 각별하오이다. 아주마님께서 여러 달을 초전하시던 끝에 이런 참척을 만나시어 일야로 애통곡읍으로 지내셨으니 적패하신 기력이 더욱 옳으시랴? 염려 가히 업사와하오며 정사가 비록 망극하오나 부디 우리 민망한 정을 생각하셔서 식음을 자주 자시기를 천만 바라옵니다.

<언간취지>

숙종이 고모 숙휘공주에게 쓴 편지로, "뎡 ᄃᆡᆨ당 ...... 상ᄉᆡ 나오니"의 내용으로 보아 이 편지는 숙종이 아들 정태일의 상사로 슬퍼하고 있는 고모 숙휘공주에게 쓴 편지로 추정된다. 일종에 조상(弔喪) 편지라 할 수 있다. 한편, "녯날 ᄒᆞᆫ ᄃᆡ셔 노 던 일을 ᄉᆡᆼ각ᄒᆞ오니 참도ᄒᆞ온 ᄆᆞᄋᆞᆷ이 더옥 각별ᄒᆞ오이다"의 내용을 보면 숙종과 정태일이 어린 시절에 가까이 보냈던 것도 알 수 있다. 이 편지는 정태일의 상사 직후에 작성된 것이므로 작성 시기는 정태일의 졸년(숙종 11년(1685년))으로 판단된다.

<주석>

1) 뎡 ᄃᆡᆨ당: 정 직장(鄭 直長). 숙휘공주의 둘째 아들 정태일(鄭台一)이다. 정제현과 숙휘공주 사이에 2남 1녀를 두었으나 첫째아들과 딸은 일찍 죽고 둘째 아들 정태일은 직장(直長)이 되었으나 아들 없이 요절하였다.
2) 믈약지효: 물약지효(勿藥之效). 약을 쓰지 않고 병이 저절로 낫다.
3) 상ᄉᆡ: 상사가(喪事). 상ᄉᆞ+-ㅣ. 이때 '-ㅣ'는 주격조사이다.
4) 경통참졀: 경통참절(驚慟慘絶). 더할 나위 없이 비참하다.
5) 아므라타 업ᄉᆞ온: 이루 말할 수 없는. 간찰 자료에서 '아므라타 없-' 형식으로 나타나는 문형이 자주 등장하는데 '이루 말할 수 없는' 정도로 해석된다.

6) 참도: 참도(慘悼). 비참하고 슬프다.

7) 아ᄌᆞ마님겨오셔: 아주머님께서. 아ᄌᆞ마님+-겨오셔. '-겨오셔'는 '-께서' 정도의 주격 존칭 표시로 쓰였다. '-겨오셔'와 함께 '-겨ᄋᆞᆸ셔', '-겨옵셔' 등과 같이 실현된다. '아ᄌᆞ마님겨오셔' 앞에 한 칸을 띄어 '아ᄌᆞ마님', 즉 고모 '숙휘공주'를 높이는 간자법을 사용하였다.

8) 쵸젼: 초전(焦煎). 마음을 졸이며 애태우다.

9) ᄀᆞᆺ틔: 끝에. ᄀᆞᆺ+-ᄋᆡ.

10) 참쳑: 참척(慘慽). 자손이 부모보다 먼저 죽는 일.

11) 젹패: 적패(積敗). 몸이 매우 지쳐 있음을 이르는 말.

12) 긔력이: 상단에 위치한 '긔'자를 다른 행의 글자보다 한 글자 높이 배자하여 숙휘공주에 대해 예를 표하였다. "긔력이"를 한 칸 올려 배자한 것은 숙휘공주의 건강을 염려한 마음을 강조하여 드러내고자 한 의도로 보인다.

13) 올ᄉᆞᆸ시랴: 옳으시랴. 옳-+-ᄉᆞᆸ시-+-랴. 이 문장을 문맥을 고려하여 '몸이 더욱 쇠약해지는 것이 당연할 것이다.' 정도로 해석된다. 밤낮으로 애통곡읍하는 고모를 안타깝게 여기는 숙종의 마음을 느낄 수 있다.

14) 념녀 가이 업ᄉᆞ와ᄒᆞ오며: 염려가 끝이 없어. 언간 자료에서 흔히 확인되는 문형으로 매우 걱정되는 마음을 나타낼 때 사용된다.

15) 졍ᄉᆡ: 정사가(情私). 친족 사이의 사사로운 정.

16) ᄌᆞ로: 자주. 다른 언간 자료에서는 'ᄌᆞ록', 'ᄌᆞ롭' 등으로 나타나기도 한다.

숙종대왕 언찰 어필 02

보내는 이　숙종
받는 이　(姑母) 숙휘공주

<판독문>

뎍ᄉᆞ오시니[1] 보ᄋᆞᆸ고 친히 뵈ᄋᆞᆸᄂᆞᆫ ᄃᆞᆺ 듣든[2] 반
갑ᄉᆞ와ᄒᆞ오며　아ᄌᆞ마님겨오셔[3] 편
티 못ᄒᆞ오신ᄃᆡ 요ᄉᆞ이 퍽 낫ᄌᆞ오신가 시
브오니 깃브와ᄒᆞᄋᆞᆸᄂᆞ이다 일월이 덧
업ᄉᆞ와 발인이 머디 아녀ᄉᆞ오니[4] 어ᄂᆞ만[5] 새로
이 망극ᄒᆞ야 ᄒᆞ오시거뇨 뵈ᄋᆞᆸᄂᆞᆫ ᄃᆞᆺ 닛ᄌᆞᆸ
디 못ᄒᆞ와ᄒᆞ오며 나ᄂᆞᆫ 요ᄉᆞ이 한ᄌᆡᆨ[6] 극
ᄒᆞ오니 일야 쵸젼으로 디내ᄋᆞᆸᄂᆞ이다
어제 거동의[7] 니광하[8]가 통녜[9] 막혀 압히
인도ᄒᆞ올 제 보ᄋᆞᆸ고 졍니[10]ᄅᆞᆯ ᄉᆡᆼ각ᄒᆞ오
니 새로이 참측ᄒᆞ오미[11] ᄀᆞ이 업ᄉᆞᆸ더이다
브ᄃᆡ 젼의 뎍ᄉᆞ온 말숨 닛디 마ᄋᆞᆸ시고
지졍을[12] 관억ᄒᆞᄋᆞᆸ셔[13] 과히 ᄋᆡ샹티[14]
마ᄋᆞᆸ쇼셔

<원문>

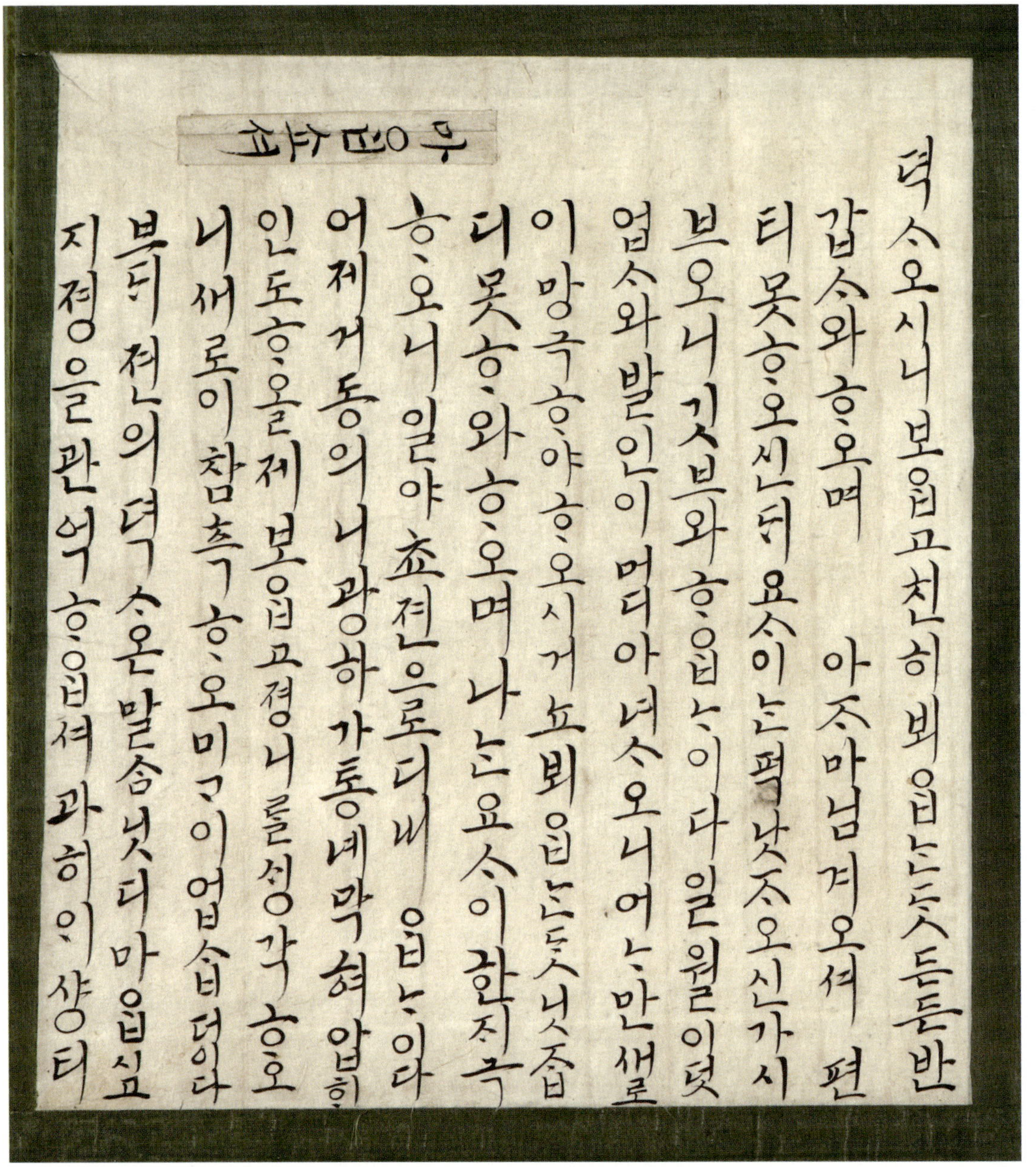

뎍ᄉᆞ오시니 보ᄋᆸ고 친히 뵈ᄋᆸᄂᆞᆫ ᄃᆞᆺ 든든반
갑ᄉᆞ와 ᄒᆞ오며 아조마님 겨오셔 편
티 못ᄒᆞ오신ᄃᆡ 요ᄉᆞ이는 퍽 낫ᄌᆞ오신가 시
브오니 깃브와 ᄒᆞᄋᆸᄂᆞ이다 일월이 덧
업ᄉᆞ와 발인이 머디 아녀ᄉᆞ오니 어ᄂᆞ만 샐로
이 망극ᄒᆞ야 ᄒᆞ오시거뇨 뵈ᄋᆸᄂᆞᆫ ᄃᆞᆺ ᄂᆡᆺ좁
ᄃᆡ 못ᄒᆞ와 ᄒᆞ오며 나는 요ᄉᆞ이 한직국
ᄒᆞ오니 일야 쵸젼으로 디내ᄋᆸᄂᆞ이다
어제 거동의 나 광하 가 통녜막혀 압희
인도ᄒᆞ올 제 보ᄋᆸ고 졍니를 ᄉᆡᆼ각ᄒᆞ오
니 새로이 참측ᄒᆞ오미 ᄀᆞ이 업ᄉᆞᆸ더이다
ᄇᆞ디 젼의 뎍ᄉᆞ온 말ᄉᆞᆷ ᄂᆡᆺ디 마ᄋᆸ시고
지졍을 관억ᄒᆞᄋᆸ셔 과히 이샹티

<현대역>

적으신 것을 보고 친히 뵙는 듯 매우 반가우며 아주머님께서 편치 못하신데 요사이는 좀 나으신가 싶으니 기쁩니다. 일월이 덧없어 발인이 멀지 아니하였으니 얼마나 새로이 망극하십니까? 뵙는 듯 잊지 못하며 나는 요사이 한재 극하오니 일야 초전으로 지냅니다. 어제 거동에 이광하가 통례를 맡아 앞에 인도하올 때 (그를) 보고 정리를 생각하니 새로이 참측하기가 없습니다. 부디 전에 적은 말씀 잊지 마시고 지정을 관억하시어 과히 애상치 마옵소서.

<언간취지>

숙종이 숙휘공주에게 쓴 답장이다. "요ᄉᆞ이 퍽 낫ᄌᆞ오신가 시브오니 발인이 머디 아녀ᄉᆞ오니"의 내용을 통해 볼 때 정태일 거상(居喪) 중에 숙종이 숙휘공주에게 보낸 편지로 보인다. 자식을 잃은 숙휘공주를 위로하기 위해 보낸 편지로서 정태일의 장인 이광하가 국사를 감당하는 모습을 볼 때 정태일의 죽임이 더욱 참혹하게 느껴지는 마음과 어려울 때일수록 힘을 내라는 숙종의 인정이 잘 나타나 있다("어제 거동의 니광하가 통녜 막혀 압ᄒᆡ 인도ᄒᆞ올 제 보ᄋᆞᆸ고 졍니ᄅᆞᆯ ᄉᆡᆼ각ᄒᆞ오니 새로이 참측ᄒᆞ오미"). 작성 시기는 정태일의 초상(숙종 11년 6월) 기간이므로 숙종 11년(1685년)으로 추정된다. 숙종실록 11년 7월 20일 4번째 기사문에 정태일의 장사와 관련된 내용이 실려 있다. "臣聞, 公主子鄭台一之喪, 竝賜內外梓宮, 傳曰親親之殺, 禮所生也"의 기사문은 좌의정 남구만이 상격(賞格)을 사양하며 정태일의 초상에 내재궁과 외재궁을 모두 준 것을 간언하는 장면이다.

<주석>

1) 뎍ᄉᆞ오시니: 적으신 것. 편지. 뎍-+-ᄉᆞ오-+-시-+-ㄴ # 이. 이와 같이 '뎍ᄉᆞ오시니', '뎌그니'처럼 서두에 쓰인 것은 편지에 대한 답장의 글로서 상대가 보내온 편지를 가리킨다. 발신자가 존자일 때와 존자가 아닐 때에 따라서 '뎍ᄉᆞ오시니'와 '뎌그니'는 구분되어 사용된다. 한편 위 편지에서 '뎍'자를 다른 글자보다 한 글자 올려 배자한 것은

숙휘공주의 편지에 대한 답장이므로 발신자 숙휘공주에 대한 높임을 드러내고자 한 것이다.

2) 든든: 매우. '든든 반갑-'와 같은 유형으로 나타나며 이때 '든든'은 부사 '매우' 정도의 의미로 해석된다.

3) 아ᄌᆞ마님겨오셔: 아주머님께서. 아ᄌᆞ마님+-겨오셔. 여기에서 '아ᄌᆞ마님'은 숙휘공주를 가리킨다.

4) 아녀ᄉᆞ오니: 아니하였으니. 아니(ᄒᆞ)-+-어-+-ᄉᆞ오-+-니. '아니ᄒᆞ-'가 후행하는 어미와 축약되는 과정에서 'ᄒᆞ-'가 탈락하여 '아니'로 나타나는 일은 근대 국어 문헌에서 종종 확인된다. 선어말어미 '-어-'는 '-엇-'에서 받침이 탈락한 것인데 이러한 탈락도 이 시기에 빈번히 일어난다.

5) 어ᄂᆞ만: 얼마나. 어ᄂᆞ+-만. '어ᄂᆞ'는 '얼마'로 해석되고 조사 '-만'은 정도가 높음을 강조하는 의미를 띠고 있다.

6) 한지: 한재(旱災). 가뭄으로 생기는 재난과 피해.

7) 거동의: 거동의(擧動). 임금의 나들이.

8) 니광하가: 이광하가. 니광하+-가. '이광하(李光夏)'는 정태일의 장인으로 본관은 덕수(德水)이고 좌승지, 함경도관찰사, 한성부판윤 등을 지냈다. 한편, 조사 '-가'가 쓰였는데 국어사적 측면에서 볼 때 아주 이른 시기에 'ㅣ'모음이나 반모음이 아닌 일반 모음에서 사용된 예라 하겠다.

9) 통녜: 통례(通禮). 조선 시대에, 통례원에 속한 정삼품 벼슬. 좌통례와 우통례가 있었다.

10) 졍니: 정리(情理). 인정과 도리.

11) 참측ᄒᆞ오미: 참측(慘惻). 참혹하고 슬프다.

12) 지졍: 지정(至情). 아주 가까운 정분.

13) 관억ᄒᆞᄋᆞᆸ셔: 관억(寬抑). 너그럽게 생각함.

14) ᄋᆡ샹티: 애상(哀喪). 상사를 당하여 슬퍼함.

숙종대왕 언찰 어필 03

보내는 이　숙종
받는 이　(姑母) 숙휘공주

<판독문>

뎍ᄉᆞ오시니 보ᄋᆞᆸ고 친히 뵈ᄋᆞᆸ
ᄂᆞᆫ ᄃᆞᆺ 든〻 몬내 알외와ᄒᆞ오며[1]
슉환이 채 ᄒᆞ리디[2] 못ᄒᆞᄋᆞᆸ신
ᄃᆡ 멀리 노동ᄒᆞᄋᆞᆸ시니 ᄒᆡᆼ혀
텸샹ᄒᆞᄋᆞᆸ실가[3] 념녀 아ᄆᆞ라
타 업ᄉᆞ와ᄒᆞ오며[4] 브ᄃᆡ 무ᄉᆞ히
ᄃᆞᆫ녀 오ᄋᆞᆸ심 ᄇᆞ라ᄋᆞᆸᄂᆞ이다

<원문>

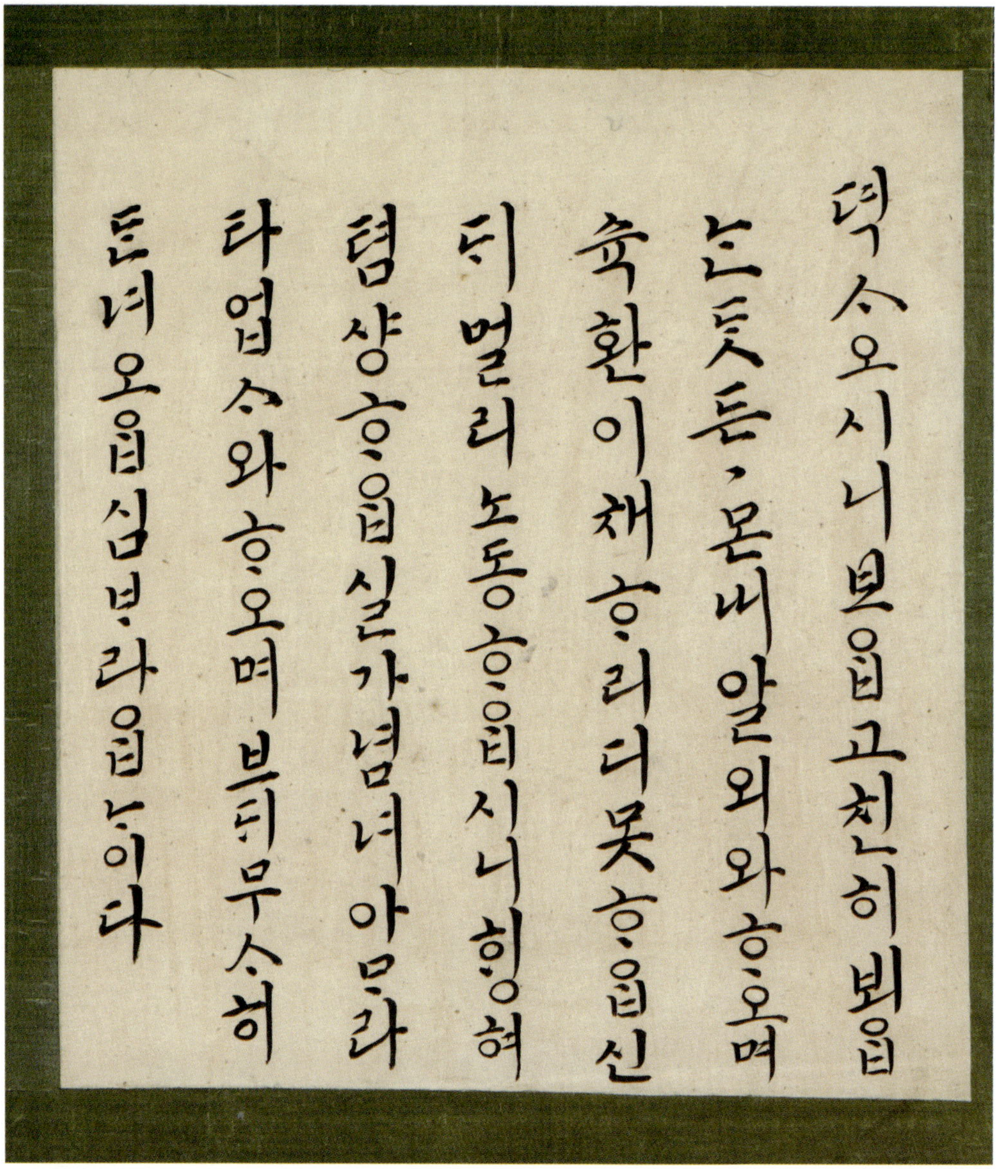

뎍ᄉᆞ오시니 보ᄋᆞᆸ고 친히 뵈ᄋᆞᆸ
ᄂᆞᆫᄃᆞᆺ 든든 몬내 알외와ᄒᆞ오며
슉환이 채 ᄒᆞ리디 못ᄒᆞᄋᆞᆸ신
뒤 멀리 노동ᄒᆞᄋᆞᆸ시니 힝혀
뎜샹ᄒᆞᄋᆞᆸ실가 념녀 아ᄆᆞ라
타 업ᄉᆞ와ᄒᆞ오며 브ᄃᆡ 무ᄉᆞ히
ᄃᆞᆫ녀오ᄋᆞᆸ심ᄇᆞ라ᄋᆞᆸᄂᆞ이다

<현대역>

적으신 것을 보고 친히 뵙는 듯 매우 이루 말할 수 없으며 숙환이 채 낫지 못하신데 멀리 노동하시니 행혀 첨상하실가 염려 뭐라고 이를 바 없으며 부디 무사히 다녀오시기를 바랍니다.

<언간취지>

숙종이 숙휘공주에게 쓴 답장으로, 숙휘공주가 아픈 몸을 이끌고 멀리 다녀오는 것을 걱정하는 숙종의 인정이 나타나 있다. 이 편지의 "멀리 노동ᄒᆞᄋᆞᆸ시니"와 관련된 사건을 숙종실록에서 찾아볼 수 있다. 숙종실록 17권(숙종 12년 7월 25일 첫번째 기사문)에 실린 "淑徽公主將往省墳山云, 給由馬澆奠床等事, 依淑明公主例擧行"(숙휘공주가 장차 분묘에 가서 성분하겠다고 하니 말미와 말, 요전상 등을 주되 숙명공주의 예에 따라 거행하도록 하라.) 기사문이 이 편지에서 언급한 '노동'과 관련된 것이 아닌가 하다. 이를 고려하면 이 편지의 작성 시기는 1682년 7월로 추정된다.

<주석>

1) 몬내 알외와ᄒᆞ오며: 이루 말할 수 없으며. 이와 같이 '몬내 알외-' 형식은 언간에 자주 등장하는 관용적 표현이다.
2) ᄒᆞ리디: 낫지. ᄒᆞ리-+-디. 어간 'ᄒᆞ리-'는 '낫다'를 뜻한다.
3) 텸샹: 첨상(添傷). 병세가 더해짐.
4) 아ᄆᆞ라타 업ᄉᆞ와ᄒᆞ오며: 뭐라고 이를 바가 없으며. '아ᄆᆞ라타 없-' 형식은 언간에 자주 등장하는 관용적 표현으로 '뭐라고 이를 바가 없다' 정도로 해석된다.

숙종대왕 언찰 어필 04

보내는 이　숙종
받는 이　(姑母) 숙휘공주

<판독문>

뎍ᄉᆞ오시니 보옵고 친히 뵈옵
ᄂᆞᆫ ᄃᆞᆺ 든든 반갑ᄉᆞ와ᄒᆞ오며[1]
나도 못 뵈완디[2] ᄃᆞᆯ포 되오니
섭〻ᄒᆞ오미 아ᄆᆞ라타 업ᄉᆞ와
ᄒᆞ옵ᄂᆞ이다 ᄉᆞ연은 ᄌᆞ시[3] 아
와ᄉᆞ오니 얼현이[4] ᄒᆞ오리잇가

<원문>

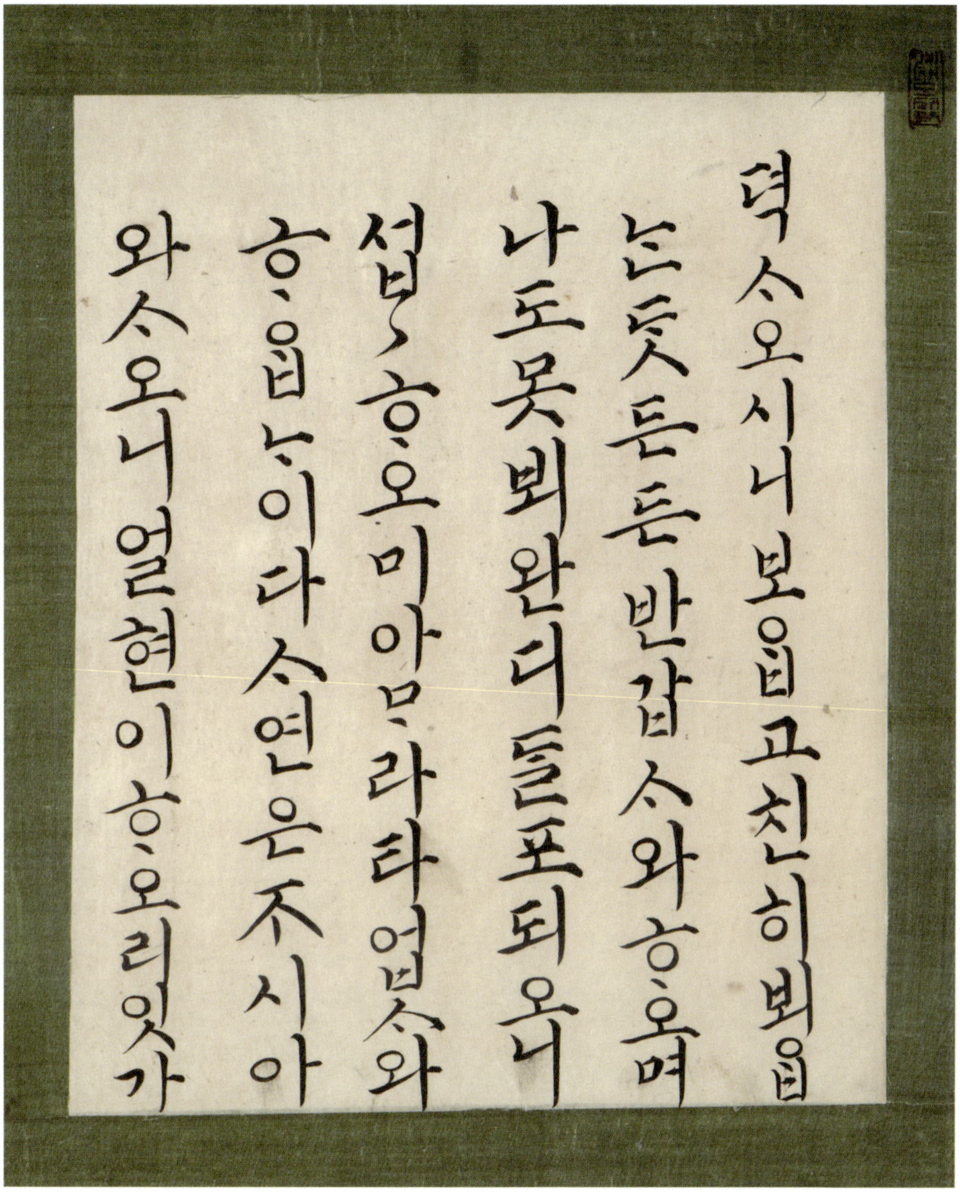

뎍ᄉᆞ오시니 보옵고 친히 뵈옵
ᄂᆞᆫᄃᆞᆺ 든든 반갑ᄉᆞ와 ᄒᆞ오며
나도 못 뵈완디 ᄃᆞᆯ포 되오니
섭섭ᄒᆞ오미 아므라타 업ᄉᆞ와
ᄒᆞ옵ᄂᆞ이다 ᄉᆞ연은 ᄌᆞ시 아
와ᄉᆞ오나 얼현이 ᄒᆞ오리잇가

<현대역>

적으신 것을 보고 친히 뵙는 듯 매우 반가우며 나도 못 뵌 지 달포가 되오니 섭섭함이 뭐라고 이를 바 없습니다. 사연은 자세히 알았으니 어련히 하지 않겠습니까?

<언간취지>

숙종이 숙휘공주에게 쓴 답장이다. “ᄉᆞ연이 ᄌᆞ시 아와ᄉᆞ오니 얼현이ᄒᆞ오리잇가”의 내용으로 볼 때 숙휘공주가 무엇인가를 청하기 위해 보낸 편지에 숙종이 그 일에 대해서는 따로 걱정하지 않아도 될 것이라는 내용이 주된 편지이다. 편지의 사연에 구체적인 사건이 없어서 편지의 작성 시기를 추정하기가 쉽지 않으나 대부분의 숙종 편지가 정태일의 죽음 이후라는 사실을 고려할 때 이 편지도 정태일의 이후 편지일 것으로 추정된다. 한편, “나도 못 뵈완디 ᄃᆞᆯ포되오니 섭〻ᄒᆞ오미 아ᄆᆞ라타 업ᄉᆞ와ᄒᆞᄋᆞᆸᄂᆞ이다”에서 고모 숙휘공주에 대한 숙종의 각별한 마음을 엿볼 수 있다.

<주석>

1) 반갑ᄉᆞ와ᄒᆞ오며: 반가우며. 반가워하며. 반갑-+-ᄉᆞ오-+-아#ᄒᆞ-+-오-+-며. 형용사 어간에 결합한 ‘-어#ᄒᆞ-’는 선행 어간의 의미를 강조하면서 품사를 동사로 바꾸는 기능을 한다. 한편, 이 ‘-어#ᄒᆞ-’의 앞뒤에 겸양의 ‘-ᄉᆞ오-’와 ‘-오-’가 모두 통합되었는데 이는 겸양의 의미를 한층 강조하여 숙휘공주를 높이고자 하는 의미로 해석되며 이와 같은 높임의 표현은 궁중 자료에서 주로 확인된다.
2) 뵈완디: 뵌 지. 뵈온 지. 뵈-+-오-+-아-+-ㄴ#디.
3) ᄌᆞ시: 자세히.
4) 얼현이: 어련히. 따로 걱정하지 아니하여도 잘될 것이 명백하거나 뚜렷하게, 혹은 대상을 긍정적으로 칭찬하는 뜻으로 쓰나, 때로 반어적으로 쓰여 비아냥거리는 뜻으로 쓰인다.

숙종대왕 언찰 어필 05

보내는 이　숙종
받는 이　(姑母) 숙휘공주

<판독문>

요ᄉᆞ이 일긔 고ᄅᆞ디 아니ᄒᆞ오니
긔운 엇더ᄒᆞ오시거뇨[1] 아ᄋᆞᆸ고져 ᄇᆞ라오며 젹
패ᄒᆞᄋᆞᆸ신[2] 그ᄐᆡ 병환이 ᄃᆞᆯ포 미류ᄒᆞᄋᆞᆸ
시니[3] 념녀 ᄀᆞ이〻 업ᄉᆞ와ᄒᆞᄋᆞᆸ더니 이제
ᄂᆞᆫ 대셰[4] 거의 다 차복ᄒᆞ여[5] 겨ᄋᆞᆸ시니 희
힝ᄒᆞᄋᆞᆸ기[6] 아므라타 업ᄉᆞ오ᄃᆡ 힝혀 병
이 나앗다 ᄒᆞᄋᆞᆸ셔 조심ᄒᆞᄋᆞᆸ시던 ᄆᆞᄋᆞᆷ을
프러 ᄇᆞ리ᄋᆞᆸ시고 ᄋᆡ샹곡읍을[7] 젼톄로[8]
ᄒᆞᄋᆞᆸ시면 약녁과[9] 됴보ᄒᆞᄋᆞᆸ신[10] 공뷔[11]
다 허일이 되올 거시니 도로혀 념녀 브리
ᄋᆞᆸ디 못ᄒᆞ와 ᄒᆞᄋᆞᆸᄂᆞ이다 브ᄃᆡ 내 이리
뎍ᄉᆞᆸᄂᆞᆫ 뜻을 밧ᄌᆞᆸ셔 쇼유지계ᄅᆞᆯ[12] 닛
디 마ᄋᆞᆸ시고 음식 긔거지절을[13] ᄇᆡ히 삼
가ᄋᆞᆸ셔 원긔 졈〻 더 츙실ᄒᆞᄋᆞᆸ시면 오
라디 아녀 든〻이 뵈올 거시오니 그만 ᄇᆞ라
ᄋᆞᆸ고 잇ᄉᆞᆸᄂᆞ이다

<원문>

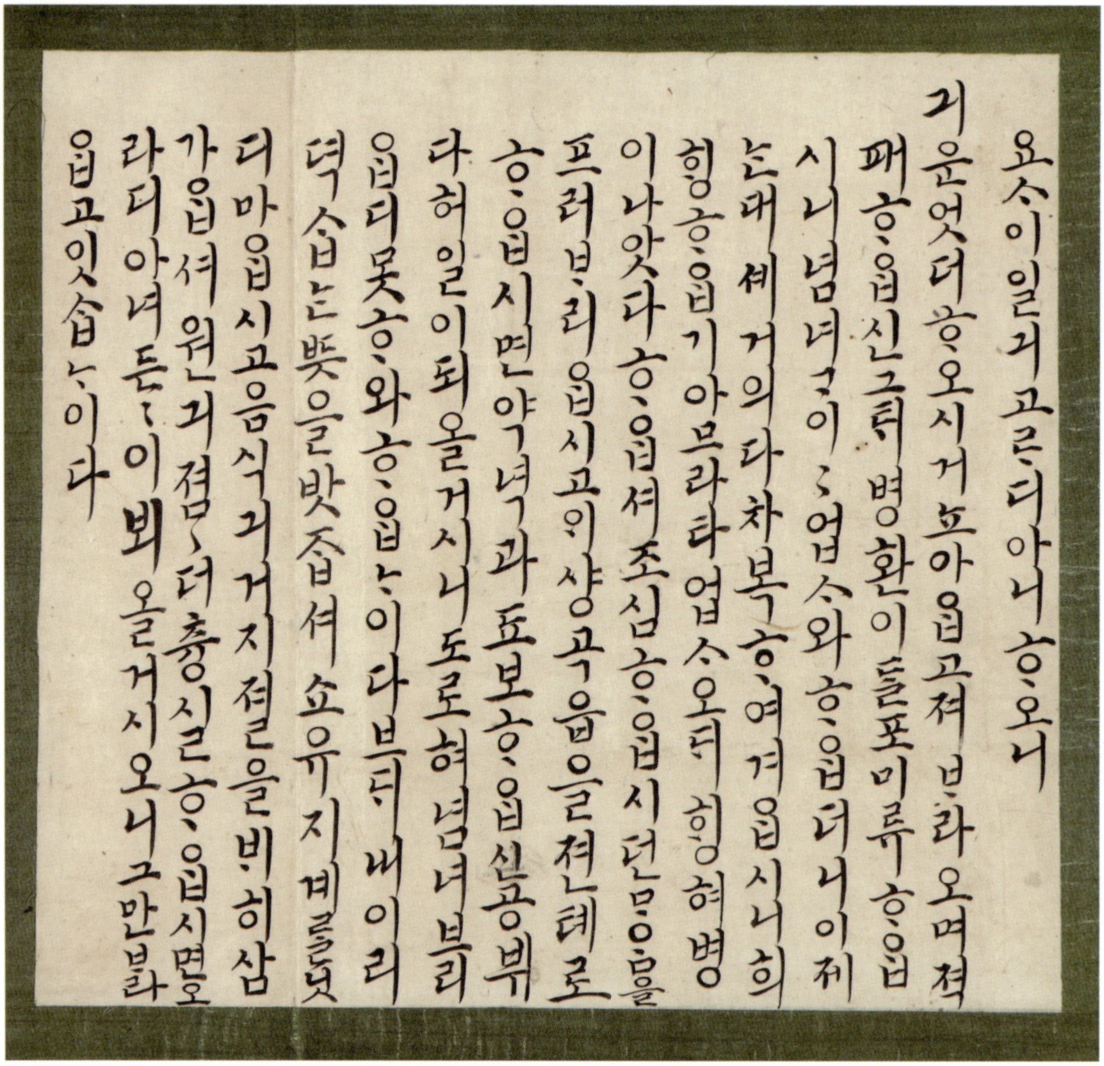

요ᄉᆞ이 일긔 고르디 아니ᄒᆞ오니
긔운 엇더ᄒᆞ오시거뇨 아ᄋᆞᆸ고져 ᄇᆞ라오며 쳑
패ᄒᆞᄋᆞᆸ신 그ᄐᆡ 병환이 틈포미류ᄒᆞᄋᆞᆸ
시니 념녀ᄀᆞ이ᄀᆞ업ᄉᆞ와ᄒᆞᄋᆞᆸ더니 이제
는 대셰 거의 다 차복ᄒᆞ여 겨ᄋᆞᆸ시니 희
항ᄒᆞᄋᆞᆸ기 아므라타 업ᄉᆞ오ᄃᆡ 항혀 병
이 나앗다 ᄒᆞᄋᆞᆸ셔 조심ᄒᆞᄋᆞᆸ시던 ᄆᆞᄋᆞᆷ을
프러ᄇᆞ리ᄋᆞᆸ시고 ᄋᆡ샹 과음을 젼테로
ᄒᆞᄋᆞᆸ시면 약녁과 됴보ᄒᆞᄋᆞᆸ신 공뷔
다 허일이 되올 거시니 도로혀 념녀ᄇᆞ리
ᄋᆞᆸ디 못ᄒᆞ와 ᄒᆞᄋᆞᆸᄂᆞ이다 브ᄃᆡ 내 이리
뎍ᄉᆞᆸᄂᆞᆫ 뜻을 밧ᄌᆞᆸ셔 쇼유지 계를 넛
디 마ᄋᆞᆸ시고 음식과 거지 졀을 비히 삽
가ᄋᆞᆸ셔 원긔 졈졈 더 츙실ᄒᆞᄋᆞᆸ시면 오
라디 아녀 든든이 뵈올 거시오니 그만 ᄇᆞ라
ᄋᆞᆸ고 잇ᄉᆞᆸᄂᆞ이다

<현대역>

요사이 일기가 고르지 아니한데 기운은 어떠하십니까? 알고자 바라오며 적패하신 끝에 병환이 달포나 미류하시니 염려가 이루 말할 수 없습니다. 이제는 대세가 거의 다 차복하여 있으시니 희행하기 뭐라 이를 바가 없습니다. 행여 병이 나앗다 하시어 조심하시던 마음을 풀어버리시고 애상곡읍을 전처럼 하시면 약력과 병을 애써 조리한 공이 다 헛일이 될 것이니 도리어 염려를 풀지 못하겠습니다. 부디 내가 이렇게 적는 뜻을 받잡아 소유지계를 잊지 마시고 음식 기거지절을 바이 삼가시어 원기가 점점 더 충실하시면 오래지 아니하여 든든히 뵈올 것이니 그만 바라옵고 있습니다.

<언간취지>

숙종이 숙휘공주에게 쓴 편지이다. 편지 내용으로 볼 때, 숙휘공주가 정태일의 상사 이후에 몸을 관리하지 않아 병이 지속되어 이를 숙종이 걱정하여 보낸 편지로 보인다. "요ᄉᆞ이 일긔 고ᄅᆞ디 아니ᄒᆞ오니 ...... 념녀 ᄀᆞ이〻 업ᄉᆞ와ᄒᆞᆸ더니"에서 알 수 있듯이 숙종은 숙휘공주의 병환을 매우 근심하는 안부로 시작하여 마지막까지 숙휘공주의 안위를 위해 염려하는 마음을 담고 있다. 한편, "ᄋᆡ샹곡읍을 전테로 ᄒᆞᆸ시면"에서 볼 수 있듯이 숙휘공주는 정태일의 죽음 이후에 슬픔에서 벗어나지 못하고 사가에서 매일 곡읍하며 지냈던 것으로 보인다.

<주석>

1) 엇더ᄒᆞ오시거뇨: 어떠하십니까. 엇더ᄒᆞ-+-오-+-시-+-거뇨. 종결의 '-거뇨'가 최상위 등급의 종결 어미와 어울리는 점이 특징적이다.
2) 젹패: 적패(積敗). 몹시 지쳐 있다.
3) 미류: 미류(彌留). 병이 오래 낫지 않다.
4) 대셰: 대세(大勢). 병이 위급하다.

5) 차복: 차복(差復). 병이 나아서 회복되다.

6) 희힝: 희행(喜幸). 기쁘고 다행스럽다.

7) ᄋᆡ샹곡읍: 애상곡읍(哀喪哭泣). 상사를 당하여 소리를 내어 슬피 우는 것을 의미한다.

8) 젼톄로: 전처럼. 전+-톄로. '톄로'는 '톄로>텨로>처로'로 변화하여 근대 국어 후기에 '처럼'으로 발달하였다.

9) 약녁: 약력(藥力). 약의 효력.

10) 됴보: 조보(調保). 병을 조리하다.

11) 공부: 미정. "약녁과 됴보ᄒᆞ옵신 공뷔 다 허일이 되올 거시니"의 앞뒤 맥락을 고려하면 '노력' 정도로 해석하는 것이 자연스럽다.

12) 쇼유지계: 미상. 의미는 분명하지 않으나 "소유지계(少幼之戒)"로 아랫사람의 충고나 경계하는 말을 의미하는 것으로 추정된다.

13) 긔거지졀: 기거지절(起居之節). 먹고 자는 따위의 일상적인 삶의 부분.

숙종대왕 언찰 어필 06

보내는 이　숙종

받는 이　(姑母) 숙휘공주

<판독문>

덕ᄉᆞ오시니 보ᄋᆞᆸ고 신셰예[1]

평안ᄒᆞᄋᆞᆸ신[2] 일 아ᄋᆞᆸ고 든든 몬내 알외와

ᄒᆞ오며 이번은 날포 든〻이 디내ᄋᆞᆸ다가 나

가ᄋᆞᆸ시니 섭섭ᄒᆞ오미 아므라타 업ᄉᆞ와

ᄒᆞ오며　아ᄌᆞ마님겨오셔 신년은 슉

병이 다 쾌차ᄒᆞᄋᆞᆸ시다 ᄒᆞ오니 깃ᄇᆞ와

ᄒᆞᄋᆞᆸᄂᆞ이다

<원문>

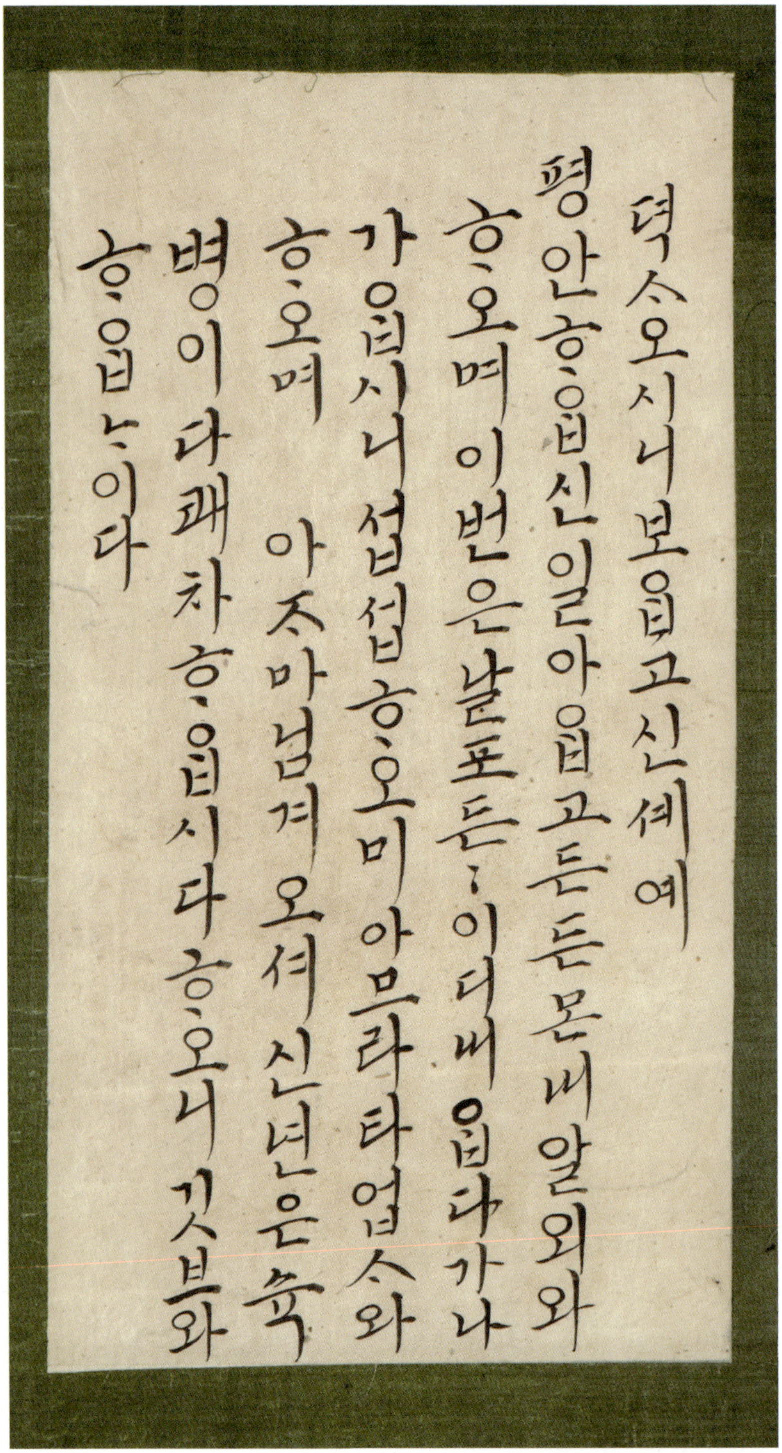
뎍ᄉᆞ오시니 보ᄋᆞᆸ고 신셰 여
평안ᄒᆞᄋᆞᆸ신 일 아ᄋᆞᆸ고 든든 몬내 알외와
ᄒᆞ오며 이번은 날포든ᄂᆞ이다ᄂᆡ ᄋᆞᆸ다가나
가ᄋᆞᆸ시니 섭섭ᄒᆞ오미 아므라타 업ᄉᆞ와
ᄒᆞ오며 아조 마님겨오셔 신년은 슉
병이 다 쾌차ᄒᆞᄋᆞᆸ시다 ᄒᆞ오니 기ᄉᆞ브와
ᄒᆞᄋᆞᆸᄂᆞ이다

<현대역>

적으신 것을 보고 새해에 평안하신 일 알고 이루 말할 수 없으며 이번은 날포 든든히 지내다가 나가시니 섭섭함이 뭐라고 이를 바가 없으며 아주머님께서 신년은 숙병이 다 쾌차하시다 하오니 기쁩니다.

<언간취지>

숙종이 고모 숙휘공주에게 쓴 답장이다. "뎍ᄉᆞ오시니 보ᄋᆞᆸ고", "아ᄌᆞ마님겨오셔 신년은 숙병이 다 쾌차ᄒᆞᄋᆞᆸ시다 ᄒᆞ오니 깃브와ᄒᆞᄋᆞᆸᄂᆞ이다"에서 볼 때 신년을 맞아 고모의 문안에 대한 답장으로 보인다. 숙휘공주가 궁에 들어와 날포 지내다가 사가로 다시 귀가한 것에 섭섭한 마음을 보이며 고모의 숙병이 좀 나아진 것에 기뻐하는 마음을 드러내고 있다.

<주석>

1) 신셰: 신세(新歲). 새해.
2) 평안ᄒᆞᄋᆞᆸ신: 평안하신. 평안ᄒᆞ-+-ᄋᆞᆸ시-+-ㄴ. '평안ᄒᆞ-'의 주어가 고모 숙휘공주이어서 대두법을 사용한 것인데 "뎍ᄉᆞ오시니"보다 한 글자 더 높이 배자한 것은 오랜 숙병을 앓고 있는 숙휘공주가 오랜만에 평안한 일이 있는 사실에 숙종이 반가워하는 마음을 배로 드러내고자 하는 의도로 해석된다.

장렬왕후의 언찰 어필

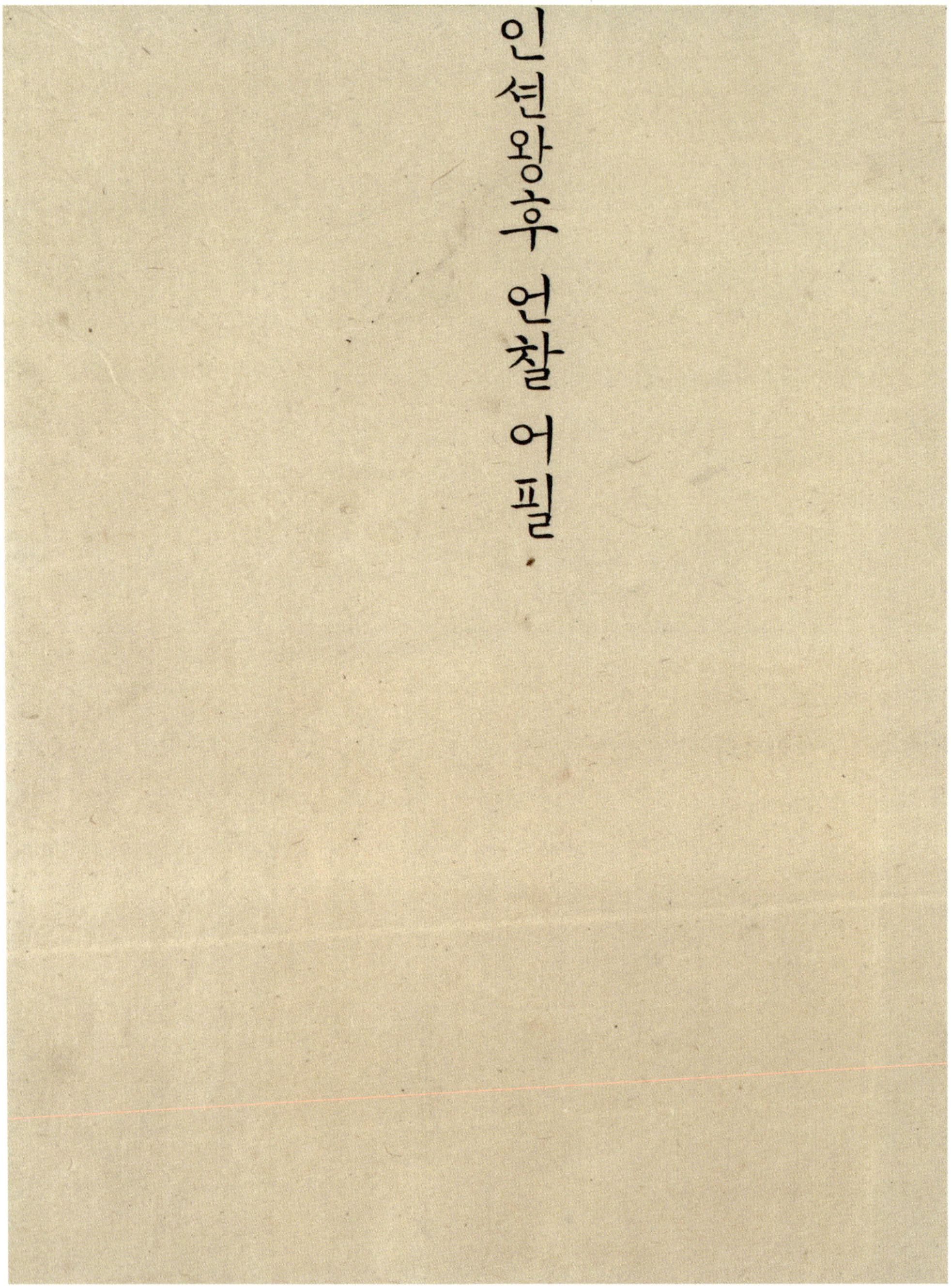

인션왕후 언찰 어필

장렬왕후 언찰 어필 01

보내는 이　장렬왕후

받는 이　(孫女) 숙휘공주

<판독문>

글월 보고 야간[1] 됴히 이시니 깃브며 날
포 드러와 든〻이 디내다가 훌혀[2] 나가
니 섭〻ᄒᆞ기 아므라타 업서 오던 빼
ᄅᆞᆯ ᄉᆡᆼ각고[3] 더옥 섭〻ᄒᆞ니 슈라나 먹
어도 마시 업ᄉᆞᆯ가 일ᄏᆞᄅᆞ며[4] ᄯᅩ 수이
볼 일만 기ᄃᆞ리고 잇ᄂᆡ[5]

<원문>

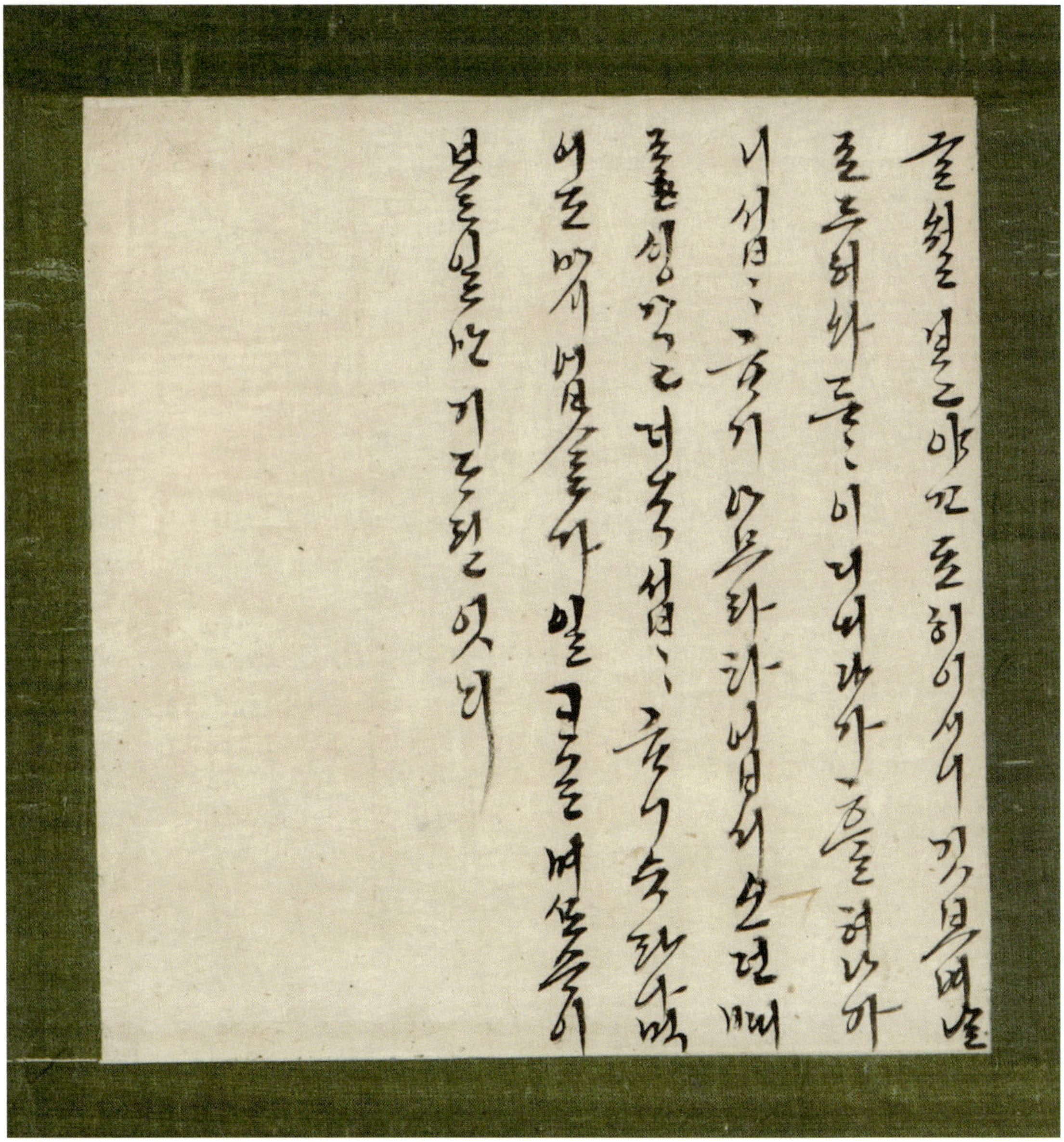

<현대역>

글을 보고 밤새 잘 있으니 기쁘며, 날포 들어와 든든히 지내다가 훌쩍 나가니 섭섭하기 뭐라 말할 수 없어, 오던 때를 생각하니 더욱 섭섭하여 ‘수라나 먹어도 맛이 없을까’ 일컬으며 또 쉬이 볼 일만 기다리고 있네.

<언간취지>

장렬왕후가 숙휘공주에게 쓴 답장이다. 서두의 “글월 보고”에서 숙휘공주의 편지에 대한 답장인 것을 알 수 있다. 그런데 이 언간은 “인션왕후 언찰 어필”에 묶여 있어 초기 연구에서는 발신자가 인선왕후의 편지로 알려졌으나 글자체나 종결어미 등을 통해 인조의 계비인 장렬왕후가 쓴 편지로 밝혀졌다(김일근 1991, 김연희 2003, 장요한 2017). 장렬왕후는 인조의 계비로서 숙휘공주의 조모(祖母)이다. 이 편지에서 장렬왕후는 숙휘공주에게 궁에 들어와 있다가 출궁한 사실을 언급하며 효종의 말을 인용하여 숙휘공주에 대한 애정을 드러내고 있다. 한편, 다른 발신자의 편지와 달리 편지의 크기가 매우 작은데 숙휘공주가 보낸 편지의 여백 부분을 잘게 잘라 답장을 쓴 것으로 추정된다.

<주석>

1) 야간: 야간(夜間).
2) 훌혀: 미상. 맥락을 볼 때 부사 ‘훌쩍’의 ‘거침 없이 가볍게 떠나는 모양’을 뜻으로 해석되는데 다른 언간 자료에서는 ‘훌처’, ‘훌텨’ 등과 같이 나타난다(『조선시대 한글편지 어휘사전 6』).
3) ᄉᆡᆼ각고: 생각하고. ᄉᆡᆼ각ᄒᆞ-+-고.
4) 슈라나 먹어도 마시 업ᄉᆞᆯ가 일ᄏᆞᄅᆞ며: 수라를 먹어도 맛이 없을까 일컬으며. 이 문장은 인용 구성 형식을 갖추고 있는데 “슈라나 먹어도”에서 ‘슈라’를 보면 현종의 말을 인용한 것으로 생각된다.
5) 잇ᄂᆡ: 있네. 잇-+-ᄂᆡ. 발신자이자 화자인 장렬왕후는 손녀이자 청자인 숙휘공주에게 ᄒᆞᄂᆡ체를 사용하였다. 장렬왕후의 두 편지에서 모두 ᄒᆞᄂᆡ체를 사용하였는데 인선왕후가 딸인 숙휘공주에게 ᄒᆞ라체를 사용하는 것과 비교된다.

장렬왕후 언찰 어필 02

보내는 이　장렬왕후
받는 이　(孫女) 숙휘공주

<판독문>

글월 보고 친히 본 ᄃᆞᆺ 든〻 몬내 깃
브며 더위병이[1] 낫ᄂᆞᆫ가 시브니 위연[2]
민망 고로오랴[3] 내 디내여시니 더옥
보ᄂᆞᆫ ᄃᆞᆺ 닛디 못ᄒᆞᆯ쇠[4] 나ᄂᆞᆫ 이제ᄂᆞᆫ
복듕 거복던[5] 것도 다 ᄒᆞ리고 먹
기도 샹시나[6] 다ᄅᆞ디 아녀 디내ᄂᆡ

<원문>

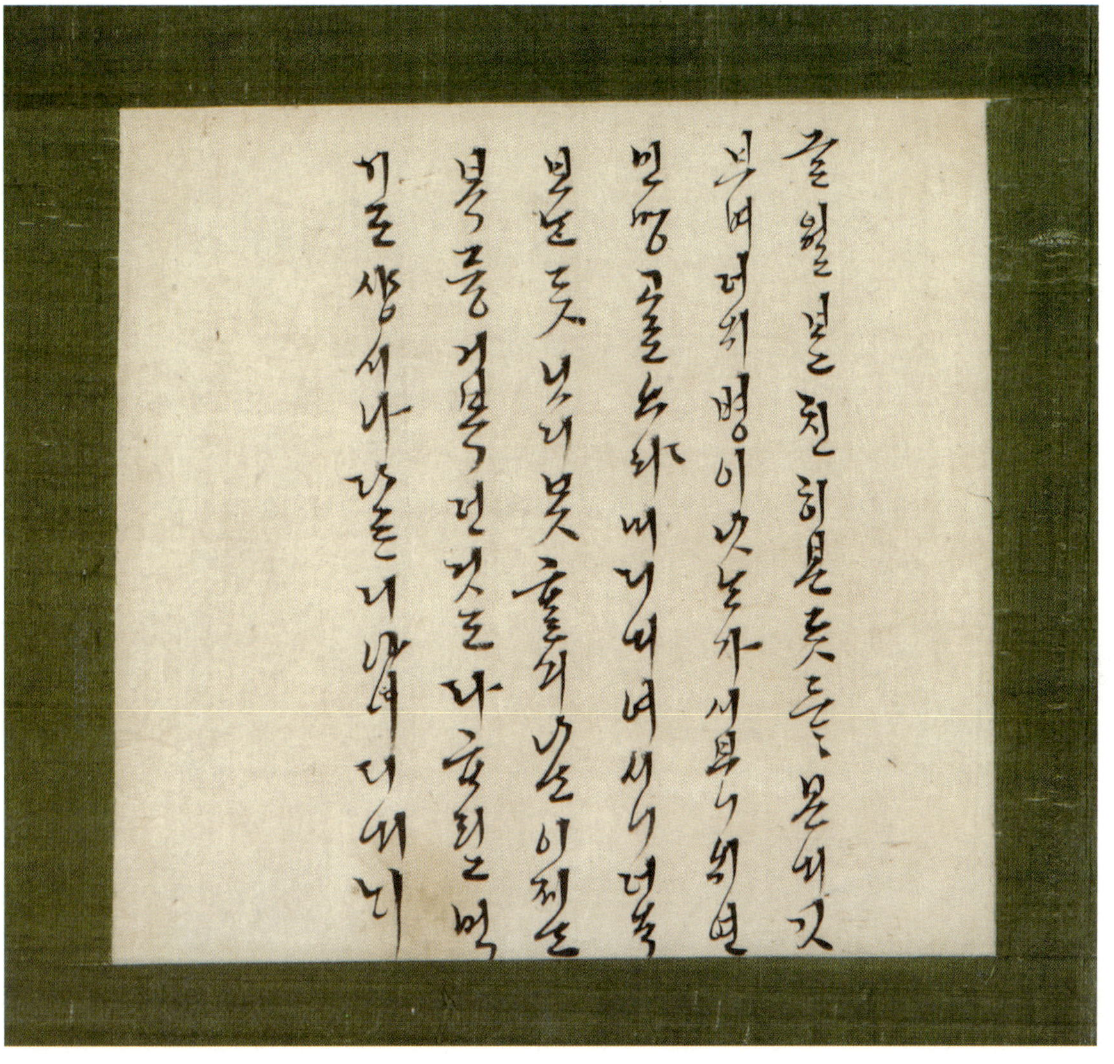

<현대역>

글을 보고 친히 본 듯 든든 못내 기쁘며, 더위병(暑症)이 낫는가 싶으니 얼마나 민망 괴로우랴. 내 지내였으니 더욱 보는 듯 잊지 못하겠구나. 나는 이제는 복중(腹中) 거북하던 것도 다 낫고 먹기도 평상시나 다르지 않게 지내네.

<언간취지>

장렬왕후가 숙휘공주에게 쓴 답장이다. 이 언간도 “인셴왕후 언찰 어필”에 포함되어 있어서 초기 연구에서는 인선왕후의 편지로 알려졌으나 인조의 계비인 장렬왕후가 쓴 편지로 밝혀졌다. 이 편지에서는 숙휘공주의 더위병을 걱정하는 내용과 장렬왕후 자신의 거북한 증상도 이제는 다 나아서 잘 지낸다는 내용이 담겨져 있다.

<주석>

1) 더위병: 서증(暑症). 몹시 더운 여름에 생기는 병.
2) 위연: 미상. 맥락을 볼 때 ‘얼마나’ 정도로 해석되는데 『조선시대 한글편지 어휘사전 4』에서는 이 ‘위연’이 ‘우연’(偶然)에서 발달한 것으로 보고 있다.
3) 고로오랴: 괴로우랴.
4) 못ᄒᆞᆯ쇠: 못하겠구나. 못ᄒᆞ-+-ㄹ쇠. 종결어미 ‘-ㄹ쇠’는 중세 국어의 ‘못ᄒᆞ리로소이다’에서 ‘-리로소이-’가 축약된 형태로서 근대 국어 시기에서는 감탄의 종결어미로 쓰였다.
5) 거복던: 거북하던. 거북ᄒᆞ-+-던. 김일근(1959)에서는 ‘거복’을 ‘자라배’로 해석하고 ‘던’을 ‘들다’의 활용형으로 제시한 바 있으나 더위병을 고려하면 더위병과 관련된 증상으로 해석하는 것이 자연스럽다.
6) 샹시: 상시(常時). 평상시.

인선왕후 언찰 어필 01

보내는 이　인선왕후

받는 이　(女) 숙휘공주

<판독문>

글월 보고 무ᄉᆞ히 이시니 깃거ᄒᆞ며[1] 보ᄂᆞᆫ ᄃᆞᆺ 든〻 반기노라 ᄉᆞ연도 보고 우으며[2] 싀모의게 뎌리 ᄉᆞ랑을 바티거든[3] 우리ᄅᆞᆯ 더옥 ᄉᆡᆼ각ᄒᆞᆯ가 시브냐 부마도 드러와시니 든〻 ᄒᆞ다

<원문>

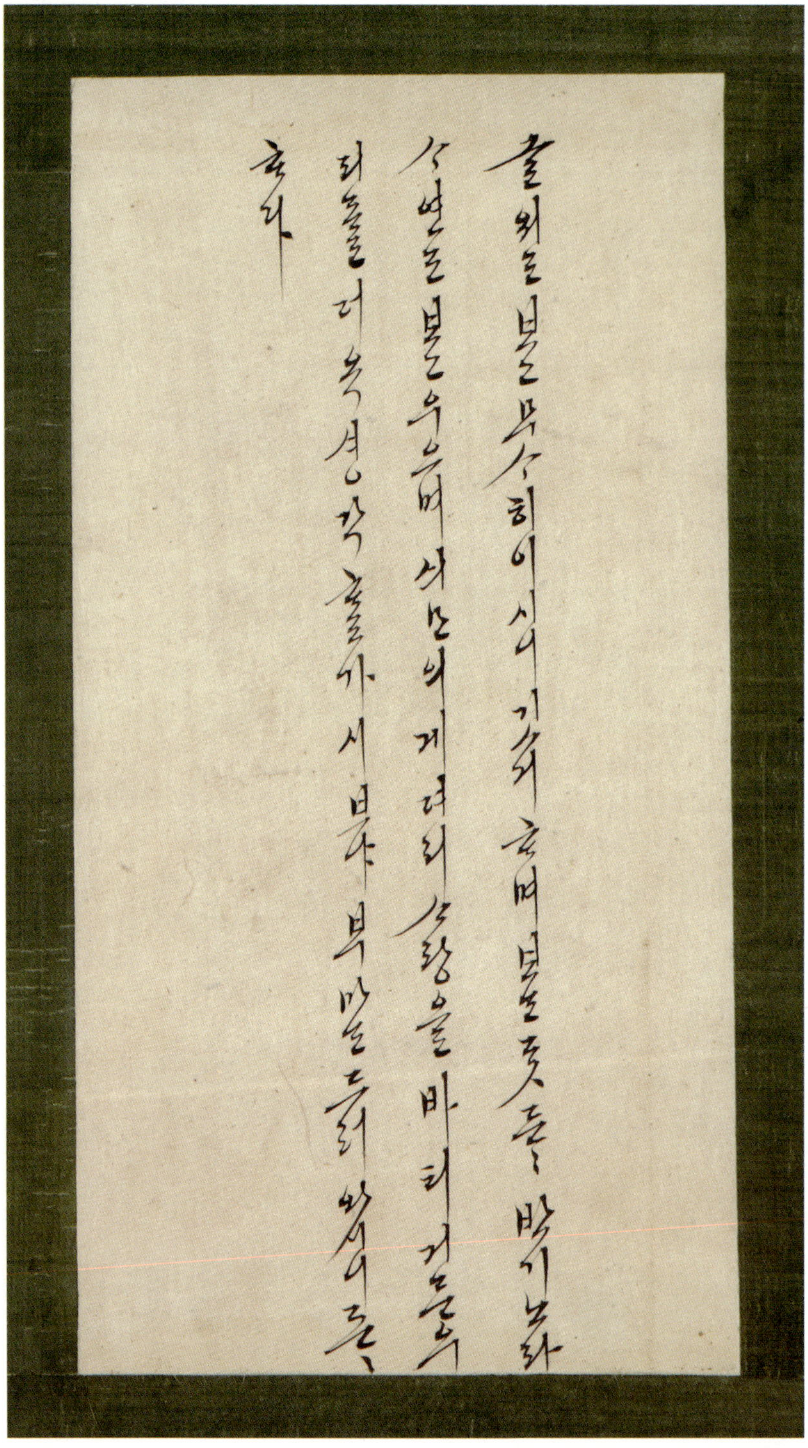

<현대역>

글을 보고, 무사히 있으니 기뻐하며 보는 듯 든든 반기노라. 사연도 보고 웃으며 시모에게 저리 사랑을 바치는데 우리를 더욱 생각할까 싶으냐. 부마도 들어왔으니 든든하다.

<언간취지>

인선왕후가 숙휘공주에게 쓴 답장이다. 『宸翰帖 坤』에 실린 인선왕후의 편지 중에서는 가장 이른 시기의 편지로 추정된다. 하가한 숙휘공주가 시모에게 사랑을 받는 내용을 보고 기뻐하며 친정 사람을 생각하겠느냐며 농담을 던지는 편지의 내용에서 사랑하는 딸에 대한 모성애를 느낄 수 있다. 작성 시기는 숙휘공주가 하가한 직후가 아닐까 하다.

<주석>

1) 깃거ᄒᆞ며: 기뻐하며. ᄀᆡᇧ-+-어#ᄒᆞ-+-며. 어간 '깃거ᄒᆞ-'는 형용사 'ᄀᆡᇧ-'에 '-어ᄒᆞ-'가 결합하여 동사로 파생된 형태이다.
2) 우으며: 웃으며. 우-+-으며. 중세 국어 '우ᅀᅳ며'에서 'ㅿ'의 소멸로 나타난 활용형이다.
3) 바티거든: 바치는데. 바티-+-거든. 접속어미 '-거든'이 조건으로 쓰이지 않고 선행절을 배경으로 하는 기능으로 쓰인 점이 특징적이다.

인선왕후 언찰 어필 02

보내는 이　인선왕후
받는 이　(女) 숙휘공주

<판독문>

글월 보고 무양히 이시니 깃거ᄒᆞ며 든〻 반기나 부마ᄂᆞᆫ
어제ᄂᆞᆫ 새로이[1] 듕히 알ᄅᆞᆫ다[2] ᄒᆞ여ᄂᆞᆯ 념녜 ᄀᆞ이 업
서ᄒᆞ더니 밤의 ᄌᆞᆷ은 됴히 자다 ᄒᆞ니 깃ᄇᆞ되 병이 진
퇴ᄒᆞᄂᆞᆫ가 시브니 민망ᄒᆞ다 아마도[3] 조심ᄒᆞ여라[4]

<원문>

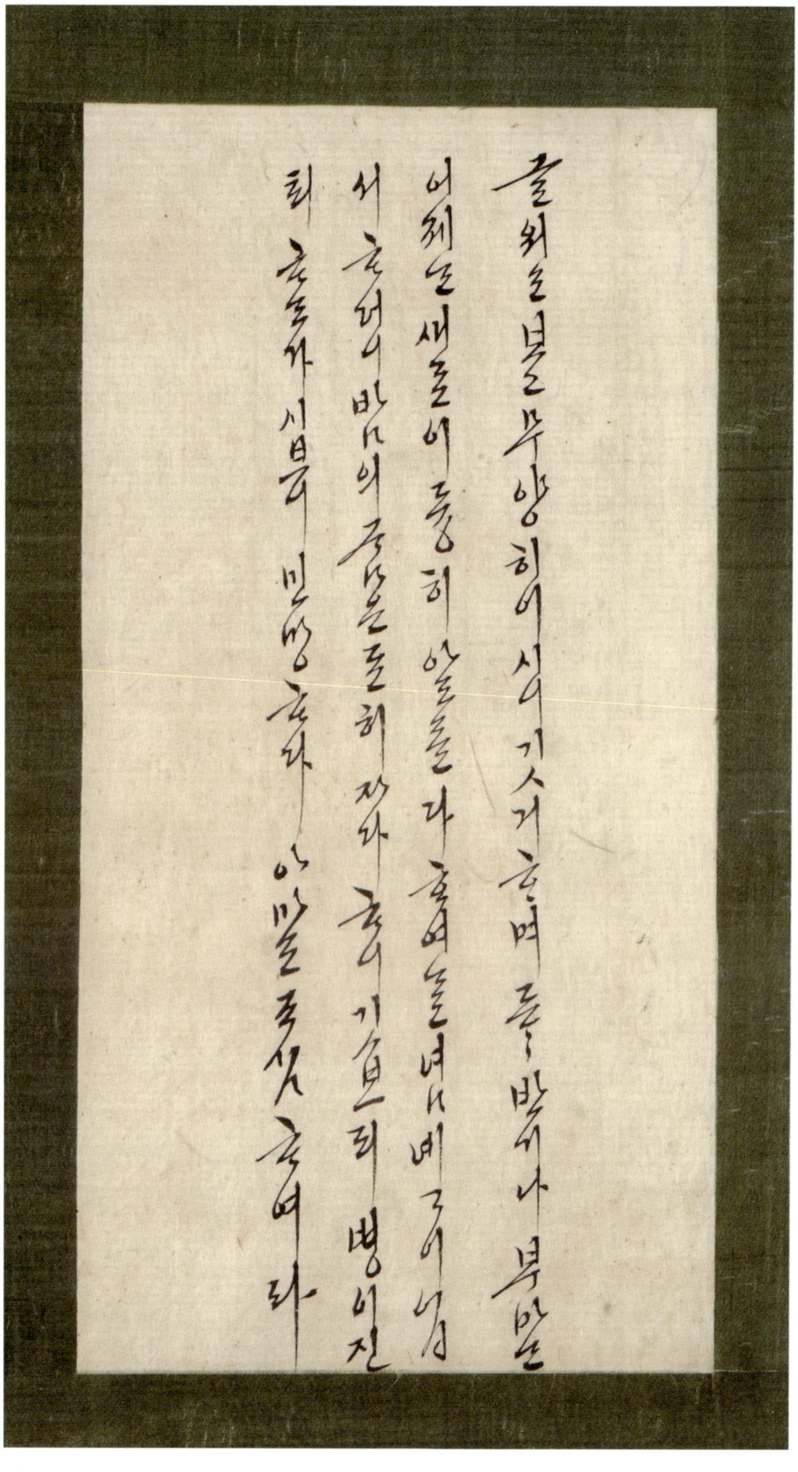

<현대역>

글을 보고, 무양히 있으니 기뻐하며 든든 반기지만 부마가 어제는 새로 앓는다고 하여 염려를 가없어했는데 밤에 잠은 잘 잤다 하니 기쁘되 병이 진퇴하는가 싶으니 민망하다. 아무쪼록 조심하여라.

<언간취지>

인선왕후가 숙휘공주에게 쓴 답장이다. 인선왕후가 사위의 병세 기복을 걱정하며 보낸 편지이다. 딸과 사위의 건강을 걱정하는 부모의 마음을 느낄 수 있다. 부마 정제현은 결혼 이후 오랜 동안 지병을 앓다가 병사하였다. 부마의 병세가 혼인 이후에 더욱 심해진 듯한데 인선왕후의 편지 대부분에 부마의 병세를 걱정하는 내용이 실려 있는 것도 이 때문일 것이다.

<주석>

1) 새로이: 새로이. '새로이'는 기원적으로 명사 '새'(새것)와 중세 국어의 형용사 파생 접미사 '-ᄅᆞᆸ', 부사 파생 접미사 '-이'로 분석된다.
2) 알ᄅᆞᆫ다: 앓는다. 앓-+-ᄂᆞ-+-다. 현재 시제 선어말어미 '-ᄂᆞ-'이 확인되는 예여서 주목을 끈다. '-ᄂᆞ-'의 형태 성립에 대한 시기를 염두에 둘 때 이 예는 아주 이른 시기에 출현한 경우라는 점에서 '-ᄂᆞ-'의 성립과 확장에 대한 연구에 활용될 수 있다.
3) 아마도: 아무쪼록.
4) 조심ᄒᆞ여라: 조심하여라. 조심ᄒᆞ-+-여라. 해라체 명령 어미 '-여라'가 쓰인 점은 특징적이다. 중세 국어 이래로 근대 국어 초·중기까지는 ᄒᆞ라체 명령 어미가 주로 쓰였고 이후에 해라체 명령 어미가 확장되어 쓰였는데 이를 확인할 수 있는 예이다. 한편, 현종 편지에서는 "디지ᄒᆞ라"와 같이 ᄒᆞ라체 명령 어미가 확인된다.

인선왕후 언찰 어필 03

보내는 이　인선왕후

받는 이　(女) 숙휘공주

<판독문>

글월 보고 무ᄉᆞ히 잔[1] 안부 알고 깃거ᄒᆞ며 보ᄂᆞᆫ ᄃᆞᆺ 든〻 반기
노라 너ᄅᆞᆯ사[2] 큰 사ᄅᆞᆷ만[3] 너겨 ᄒᆞᆫ시만 업서도 섭〻ᄒᆞ야
브ᄅᆞ지지다가[4] 어제ᄂᆞᆫ 마디 못ᄒᆞᆯ 거시라 내여 보내나 졍의
하 섭〻 ᄆᆞᄋᆞᆷ이 긋브니[5] 머어ᄉᆞᆯ 일흔 ᄃᆞᆺ 밤새긋[6] 일ᄏᆞ
ᄅᆞ며 셔익각[7] 다히ᄂᆞᆫ[8] 다 뷘 ᄃᆞᆺ 호젓고 섭〻ᄒᆞ믈 어이 다
뎍으리 네야 옥동ᄌᆞ ᄀᆞᆺᄐᆞᆫ 부마 겨ᄐᆡ 안치고 할마님이
야 어마님이야 압ᄑᆡ 버러 안잣거든[9] 우리ᄅᆞᆯ ᄭᅮᆷ의나
ᄉᆡᆼ각ᄒᆞᆯ다[10]

<원문>

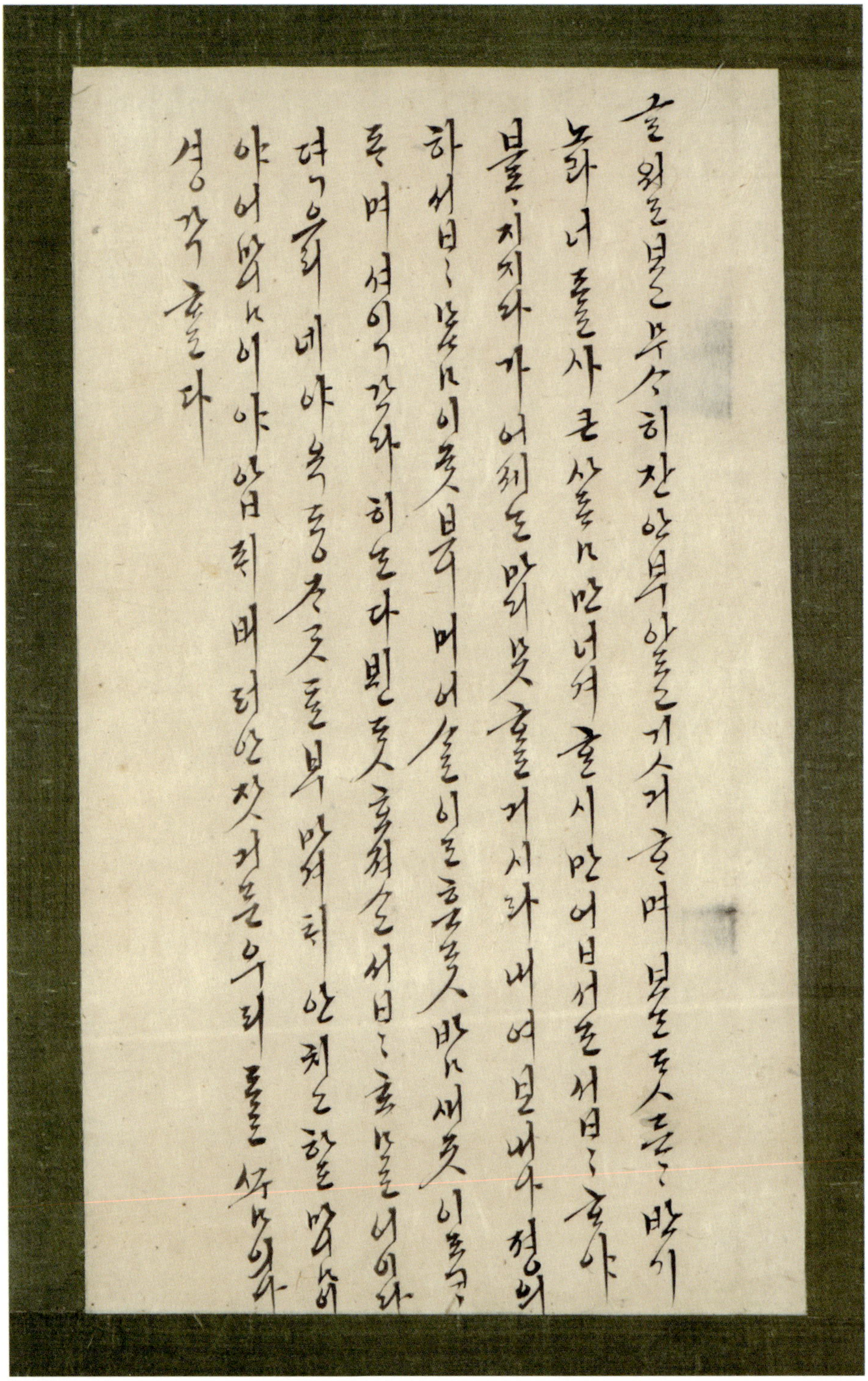

<현대역>

글을 보고, 무사히 잔 안부 알고 기뻐하며 보는 듯 든든 반기노라. 너를 큰 사람으로 여겨 한시만 없어도 섭섭하여 부르짖다가 어제는 마지못해 내여 보내나 정에 매우 섭섭하였다. 마음이 심란하니 무엇을 잃은 듯하여 밤새까지 일컬으며 서익각 쪽은 다 빈 듯 호젓하고 섭섭한 것을 어이 다 적으리. 너야 옥동자 같은 부마를 곁에 앉히고 할머님이야 어머님이야 앞에 벌리어 앉았을 때 우리를 꿈에나 생각하겠느냐?

<언간취지>

인선왕후가 숙휘공주에게 쓴 답장으로, 다른 편지에 비해 숙휘공주에 대한 애정의 표현이 아주 많다. “너ᄅᆞᆯ사 큰 사ᄅᆞᆷ만 너겨 ᄒᆞᆫ시만 업서도 섭〻ᄒᆞ야 브ᄅᆞ지지다가”, “ᄆᆞᄋᆞᆷ이 굿브니 .... 셔익각 다히ᄂᆞᆫ 다 뷘 ᄃᆞᆺ 호졋고”, “우리ᄅᆞᆯ ᄭᅮᆷ의나 ᄉᆡᆼ각ᄒᆞᆯ다” 등에서 숙휘공주에 대한 인선왕후의 각별한 애정을 느낄 수 있다. 아마도 출가하여 나간 딸에 대한 그리움이 더 커져 그리운 마음을 절실히 드러낸 것이 아닌가 하다.

<주석>

1) 잔: 미상. “잔”의 의미는 분명하지 않으나 후행하는 “안부”를 수식하고 “깃거ᄒᆞ며”가 후행하는 문장 구성을 고려할 때 ‘잘 지내고 있는 안부’ 정도의 의미로 추정된다.
2) 너ᄅᆞᆯ사: 너를. 너+-ᄅᆞᆯ+-사. ‘너를’ 혹은 ‘너는’ 정도로 해석된다. ‘-사’는 강조의 보조사로 중세 국어 ‘-ᅀᅡ’의 후대형이다.
3) 사ᄅᆞᆷ만: 사람으로. 사ᄅᆞᆷ+-만. ‘사람으로’, ‘사람 정도’의 의미로 해석된다. 여기에 쓰인 보조사 ‘-만’은 정도를 나타내는 의미로 해석되는데 현대 국어에서는 정도의 ‘-만’을 ‘-만 못하다’ 구성에서만 확인할 수 있다.
4) 브ᄅᆞ지지다가: 부르짖다가. 브ᄅᆞ지지-+-다가. 어간 ‘브ᄅᆞ지지-’는 ‘브ᄅᆞ-’와 ‘지지-’가 결합된 비통사합성어이다.

5) 마음이 굿브니: 마음이 심란하니. 서술어 '굿브니'는 동사 '궂-'에 형용사 파생 접미사 '-브'가 결합된 단어이다.

6) 밤새긋: 밤새도록. 밤새+-긋. 이 문헌에서 '-긋'은 '-도록'의 의미뿐 아니라 '-까지'의 의미로도 쓰여, 상반된 두 가지를 모두 지니고 있는 것이 특징적이다. "밤긋 아젹긋"〈인선 11〉에서 '-긋'은 출발의 '-까지'로 해석된다.

7) 셔익각: 서익각(西廙閣). 서쪽에 있는 전각

8) 다히: 쪽. "다히"는 중세 국어에서도 '편', '쪽' 정도로 해석되는 명사로 쓰였다. "셔익각 다히ᄂᆞᆫ"은 '서쪽에 있는 전각은' 정도로 해석된다.

9) 안잣거든: 앉아 있는데. 앉-+-아#잇-+-거든. 이때 '-거든'은 배경의 접속어미로 해석하는 것이 자연스럽다.

10) ᄉᆡᆼ각ᄒᆞᆯ다: 생각하겠느냐. ᄉᆡᆼ각ᄒᆞ-+-ㄹ다. 의문 어미 '-ㄹ다'는 중세 국어에서 주어가 2인칭일 때 쓰이는 의문의 종결어미이며 동작 동사일 때에 나타났는데 이 용법은 근대 국어에서도 유지되는 경향을 보인다.

인선왕후 언찰 어필 04

보내는 이　인선왕후
받는 이　(女) 숙휘공주

<판독문>

글월 보고 무ᄉᆞ하니 깃거ᄒᆞ며 보ᄂᆞᆫ ᄃᆞᆺ 든〻 반기노라
우ᄒᆞ로겨ᄋᆞ오샤ᄂᆞᆫ[1] 안질과 두드럭이로 하 민망이
디내오시니 민망〻ᄒᆞ기 ᄀᆞ이 업서ᄒᆞ노라[2] 나도 샹
한[3]이 아ᄆᆞ려도 ᄆᆡ촐이[4] ᄒᆞ리ᄃᆞᆯ[5] 아니ᄒᆞ니 민망
ᄒᆞ기 ᄀᆞ이업서ᄒᆞ노라 닌샹이ᄂᆞᆫ[6] 죵이 미련ᄒᆞ
여 ᄎᆞᆫᄇᆞᄅᆞᆷ을 쏘여 두드럭이가 블의예 도다
브어 오ᄅᆞ니 거륵이[7] 놀라와ᄒᆞ더니 즉시 유모 약
도 ᄒᆞ여 머기고 저도 금은화다의[8] 쳥심원을 빠
머기고 ᄯᆞᆷ을 내니 즉시 ᄂᆞ자 됴히 잇다 요ᄉᆞ이ᄂᆞᆫ 이
러ᄒᆞ여 움즈기디 못ᄒᆞ여 제 집의 드렷ᄂᆞ니라[9]
판셰[10] 더 무거 가라 ᄒᆞᆫ다 ᄒᆞ니 ᄒᆞᆯ리나 더 무거 모
뢰 ᄉᆞ이나 드러오나라

<원문>

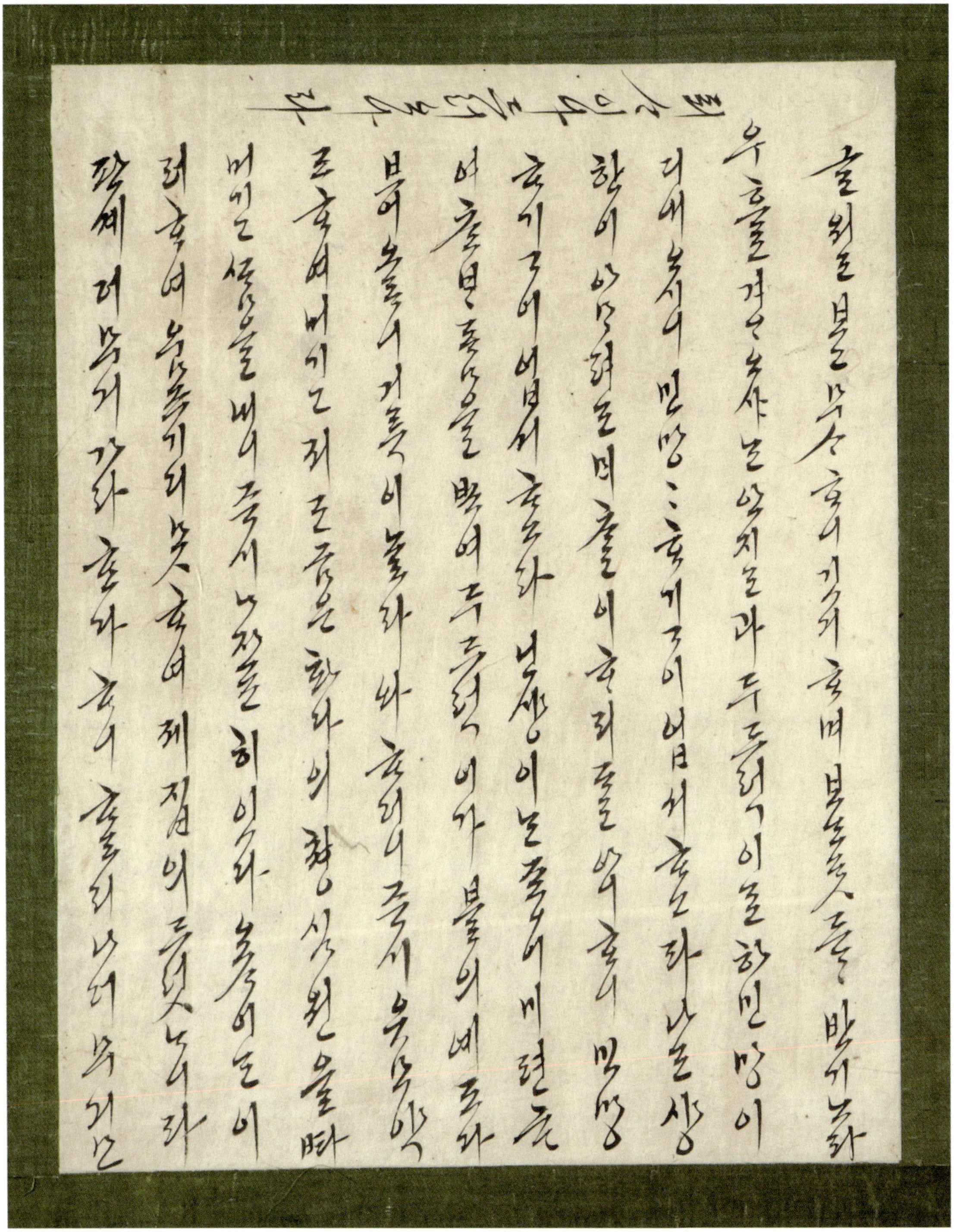

<현대역>

글을 보고, 무사하니 기뻐하며 보는 듯 든든 반기노라. 주상께서는 안질과 두드러기로 매우 민망히 지내오시니 민망하기 가없어하노라. 나도 상한 이 아무래도 깨끗하게 낫지를 아니하니 민망하기 가없어하노라. 닌상이는 종이 미련하여 찬바람을 쏘여 두드러기가 불의에 돋아서 부어오르니 대단히 놀라워하였는데 즉시 유모가 약도 하여 먹이고 저도 금은화다의 청심원을 타 먹이고 뜸을 내니 즉시 나아서 잘 있다. 요사이는 이러하여 움직이지 못하고 제 집에 들어 있느니라. 판서가 더 묵어 가라 한다 하니 하루나 더 묵어 모레 사이에 들어오너라.

<언간취지>

인선왕후가 숙휘공주에게 쓴 답장으로, 편지가 왕래하였던 시기에 전염병과 같은 안질과 두드러기가 궁궐 안에서 유행한 것으로 보인다. 임금이 안질과 두드러기로 고생한 일, 그리고 외손인 닌상이도 두드러기로 놀란 일이 자세히 써 있다. 인선왕후는 치아로 며칠 고생한 듯하다. 본문의 '닌샹이'는 숙휘공주 아들의 아명이다.

<주석>

1) 우흐로 겨ᄋᆞ오샤ᄂᆞᆫ: 주상께서는. 우흐+-로#겨ᄋᆞ오샤+-ᄂᆞᆫ. "겨ᄋᆞ오샤"는 '겨오셔', '겨ᄋᆞᆸ셔'와 같이 선행 체언이 극존칭일 때 통합하여 '-께서'와 같은 기능으로 쓰였다. 초기에는 '-로'가 통합한 '-로겨오셔' 형태로 나타나다가 후대에는 '-로'가 통합하지 않는 '명사+겨오셔', '명사+겨옵셔'로 나타났다.
2) 민망〻ᄒᆞ기 ᄀᆞ이 업서ᄒᆞ노라: 민망하기 가없어하노라. 이 문장의 선행 문장은 임금이 주어이지만 이 문장은 인선왕후가 주어이다. 선행 문장과 후행 문장의 주어가 다르지만 후행 문장의 주어가 화자(즉, 글쓴이)이기 때문에 후행 문장의 주어를 생략한 것이다. 이 생략된 주어는 'ᄒᆞ노라'와 호응 관계를 이루고 있다.

3) 샹한: 상한(傷寒). 추위 때문에 생기는 병.

4) ᄆᆡ촐이: 미상. 의미는 분명하지 않으나 앞뒤 맥락의 의미를 고려하면 '깨끗이', '말끔히' 등으로 해석된다.

5) ᄒᆞ리돌: 낫지를. ᄒᆞ리-+-들. 어간 'ᄒᆞ리-'는 '낫다', '덜하다'의 의미로 쓰인 단어이다. '-돌'은 '-지를' 정도로 해석되는 형식으로 어미 '-ᄃᆞ'와 조사 '-ᄋᆞᆯ'로 분석된다.

6) 닌샹이ᄂᆞᆫ: 닌상이는. "닌샹이"는 숙휘공주 아들의 아명이다. 인선왕후가 보낸 편지 중 '닌샹', 'ᄐᆡ샹', '효희'라고 지칭하는 자녀 이름이 나오는데 이들은 모두 숙휘공주의 자녀들이며 '닌샹'과 '효희'는 어려서 죽었다. 정제두(鄭齊斗)의 『하곡집(霞谷集)』에 아들과 딸이 어려서 죽은 사실이 기록되어 있다(국립청주박물관 편 2011). 한편, 'ᄐᆡ샹'은 아들 정태일(鄭台一)의 아명인데 정태일의 상사만 『숙종실록』에 기록되어 있는 것을 볼 때도 '닌샹'과 '효희'는 아주 어렸을 때 죽어 실록에 기록되지 않은 것으로 보인다.

7) 거륵이: 대단히. 거륵ᄒᆞ-+-이. 어간 '거륵ᄒᆞ-'에 부사 파생 접미사 '-이'가 붙은 단어로 '대단히' 정도로 해석된다.

8) 금은화다: 금은화 차. 인동덩굴의 꽃을 한방에서 이르는 말로서 열을 내리고 독을 푸는 작용을 하여 옹저(癰疽) 따위에 쓴다.

9) 드럿ᄂᆞ니라: 들어 있다. 들-+-어#잇-+-ᄂᆞ-+-니-+-라. 여기에서 어간 '잇-'는 동사로 해석되어 집에 '들어 머물고 있다' 의미로 보인다.

10) 판셰: 판서가(判書). 이때 판서는 '정유성'을 가리킨다. 정유성은 인평위의 정제현의 조부로 효종 때 판서, 이서, 호조판서를 위임하였다.

인선왕후 언찰 어필 05

보내는 이　인선왕후
받는 이　(女) 숙휘공주

<판독문>

글월 보고 무ᄉᆞᄒᆞ니 깃거ᄒᆞ며 보ᄂᆞᆫ ᄃᆞᆺ 반기노라
오ᄂᆞᆯ날은 ᄉᆡᆼ각 밧씌 연고로 차례도 못 디내니 가
지〻 새로이 ᄐᆞᆨ〻ᄒᆞ기[1] ᄀᆞ이 업ᄉᆞ니 네 졍ᄉᆞᄅᆞᆯ[2] ᄉᆡᆼ각
고 아ᄎᆞᆷ긋[3] 모다 니ᄅᆞ고 눈물디고 잇더니[4] ᄉᆞ연
을 보니 더옥 참혹 잔잉ᄒᆞ기 아ᄆᆞ라타 못ᄒᆞ
여ᄒᆞ노라 ㅣ[5] 피졉은[6] 오ᄂᆞᆯ 구문티[7]의 집으로
오ᄂᆞᆫ가 ᄒᆞ더니 님재[8] 민망ᄒᆞ여 ᄒᆞ매 못 온다
ᄒᆞ니 섭〻ᄒᆞ여 ᄒᆞ며 완평슈[9] 집으로 가고 셰
ᄉᆞ[10]ᄂᆞᆫ 고양ᄃᆡᆨ으로[11] 옴겨다가 두엇다 ᄒᆞ니[12] 더 든
〻ᄒᆞ여 됴토다 아직 싀집의 잇다 ᄒᆞ니 서
로 위로나 ᄒᆞ여 디낼 거시니 가지〻 깃버ᄒᆞ
노라

<원문>

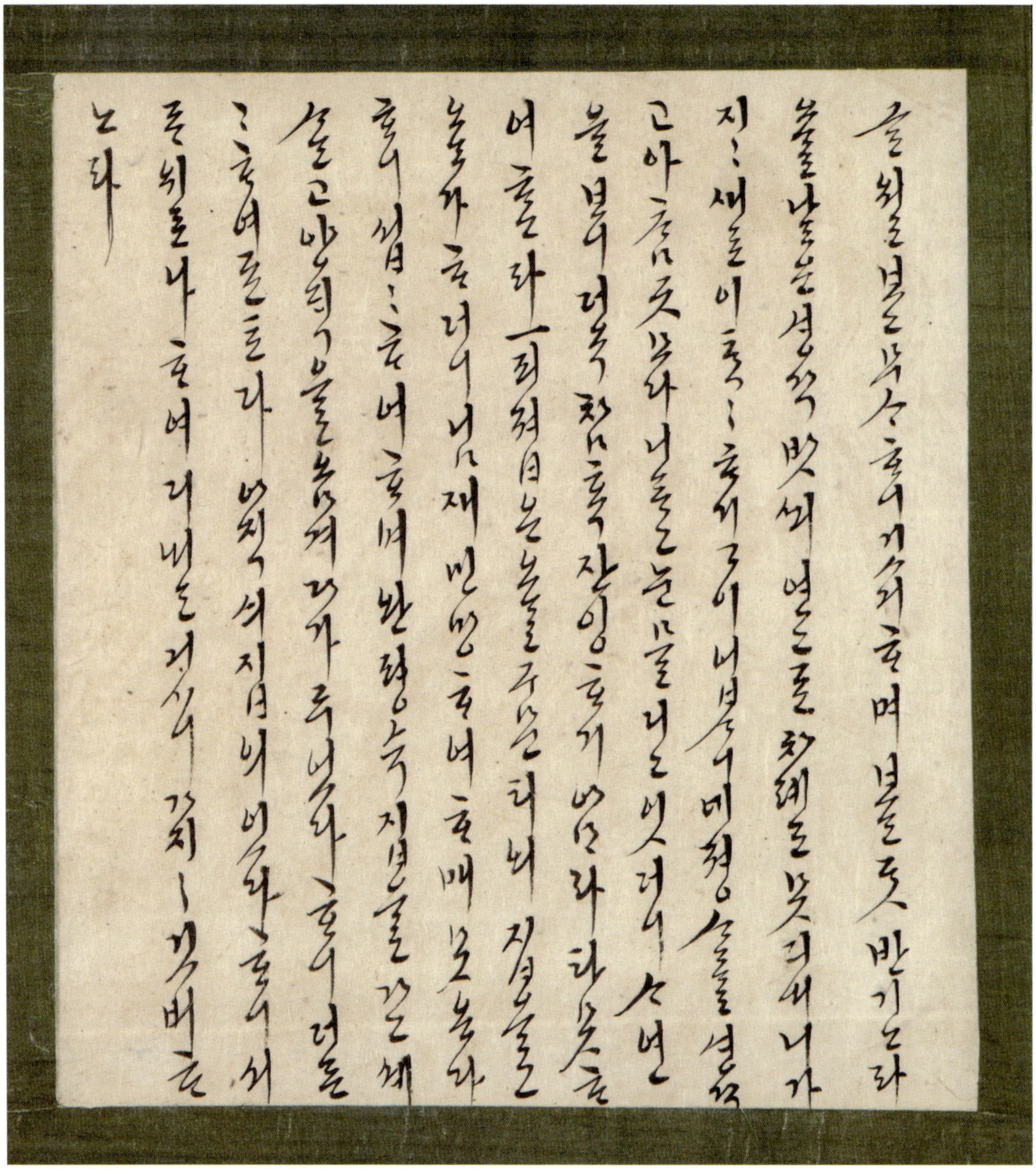

<현대역>

글을 보고, 무사하니 기뻐하며 보는 듯 반기노라. 오늘날은 생각 밖의 연고로 차례도 못 지내니 가지가지 새로이 (마음이) 답답하기 가없으니, 네 정사를 생각하고 아침까지 모두 말하고 눈물지고 있었는데 사연을 보니 더욱 참혹 잔인하기 말할 수 없노라. 피접은 오늘 구문치의 집으로 오는가 하더니 임자가 민망하여 하매 못 온다 하니 섭섭하여, 완평수 집으로 가고 세사는 고양댁으로 옮겨다가 두었다 하니 더 든든하여 좋다. 아직 시집에 있다 하니 서로 위로나 하여 지낼 것이니 가지가지 기뻐하노라.

<언간취지>

인선왕후가 숙휘공주에게 쓴 답장으로, 가환으로 차례도 못 지내는(“ᄉᆡᆼ각 밧긔 연고로 차례도 못 디내니”) 숙휘공주를 안쓰럽게 생각하며 슬퍼하는 인선왕후의 모습이 여실이 드러나 있다. 한편, “네 졍ᄉᆞ를 ᄉᆡᆼ각고 .... 눈물 디고 잇더니”, “ᄉᆞ연을 보니 더욱 참혹 잔잉ᄒᆞ기 아ᄆᆞ라타 못ᄒᆞ여 ᄒᆞ노라” 등에서 확인되는 참혹한 일, 즉 “참혹 잔잉ᄒᆞ기”는 현종 실록에 기록된 정제현 집안의 여종들을 문초한 사건이 아닌가 하다. 이 사건은 인선왕후가 정제현의 가환이 정제현 조부의 비복(婢僕)이 벌인 일이라고 생각하여 내궁으로 하여 수사하도록 한 사건이다.

<주석>

1) 특〻ᄒᆞ기: 미상. 정확한 의미는 미상이나 앞뒤 맥락을 고려할 때 ‘답답하기’ 정도로 해석하는 것이 자연스럽다.
2) 졍ᄉᆞ: 정사(情私). 친족 간의 사사로운 정.
3) 아ᄎᆞᆷ긋: 아침까지. 아ᄎᆞᆷ+-긋. 여기에서 ‘-긋’은 ‘-까지’ 정도로 해석된다.
4) 눈물디고 잇더니: 눈물지고 있었는데. 디-+-고#잇-+-더-+-니.
5) −: 이 언간에 나타난 부호 중의 하나로 문단이 나뉘는 부분에 쓰였다.

6) 피졉: 피접(避接). 앓는 사람이 다른 곳으로 자리를 옮겨서 요양함.

7) 구문티: 미상. 이름 명사로 판단되는데 확실하지는 않으나 현종 2년(1661)에 경기수군절도사를 지낸 구문치(具文治)가 아닌가 하다. 피접을 왜 구문치의 집으로 갔는지는 알 수 없다.

8) 님재: 임자가.

9) 완평슈: 미상. 이름 명사로 판단되는데 어떤 사람인지는 알 수 없다.

10) 셰사: 세사(細私). 살림살이.

11) 고양딕: 고양댁(高陽宅). 인평위의 본가가 대대로 고양에 거주한 사실을 볼 때 살림살이를 인평위의 본가에 보낸 것으로 보인다.

12) 두엇다 ᄒᆞ니: 두었다 하니.

인선왕후 언찰 어필 06

보내는 이　인선왕후
받는 이　(女) 숙휘공주

<판독문>

글월 보고 무ᄉᆞ히 이시니 깃거ᄒᆞ며 보ᄂᆞᆫ ᄃᆞᆺ 못내 반
기노라 부마도 어제ᄂᆞᆫ 네 번을 ᄃᆞᆫ니다[1] ᄒᆞ니 그제과[2] ᄉᆞ
이 도쉬[3] ᄒᆞᆫ 번이나 감ᄒᆞᄂᆞᆫ 이리 이시니 깃브다 이러구
러[4] 졈〃 ᄒᆞ리면 ᄌᆞᆨᄒᆞᆫ[5] 다ᄒᆡᆼ이랴 찬물[6]이 이
빼 막 어려운 적이니 셩ᄒᆞᆫ 사ᄅᆞᆷ도 맛당이 머굴
거시 업거든 병듕 반찬이 더 그러 아니ᄒᆞ랴
오리ᄂᆞᆫ 먹다 ᄒᆞ니[7] 깃거ᄒᆞ노라 一능[8]은 대ᄉᆞ롭디
아닌 거ᄉᆞᆯ 부러 보내여시니 쓰려[9] 깃버ᄒᆞ노라
닌샹이ᄂᆞᆫ 너ᄅᆞᆯ 하 ᄎᆞᆺ고 섭〃ᄒᆞ여 빼〃 우니 형
상 업시 ᄆᆞ음이 ᄀᆞᆺ버ᄒᆞ노라

<원문>

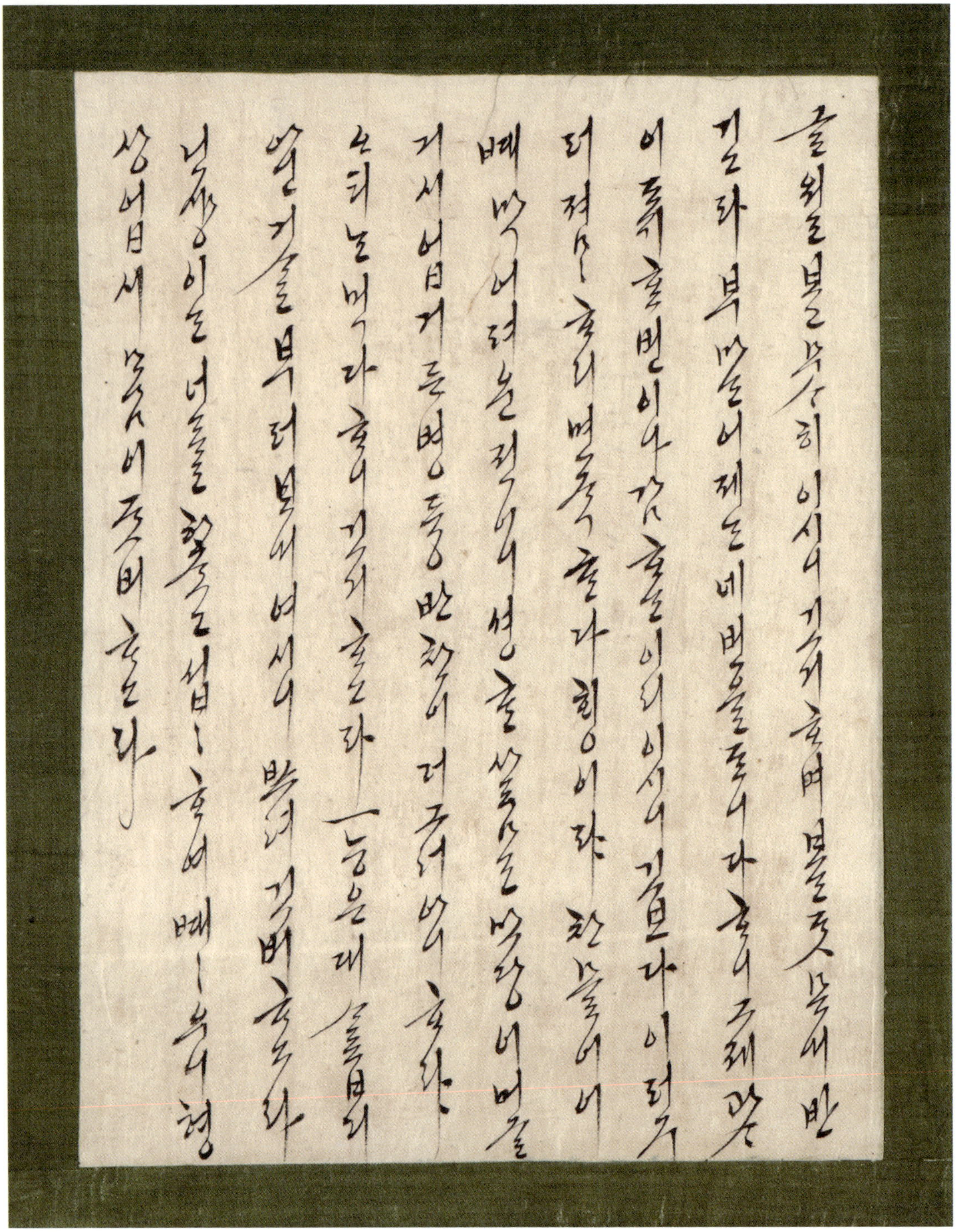

<현대역>

글을 보고, 무사히 있으니 기뻐하며 보는 듯 못내 반기노라. 부마도 어제는 네 번을 다녀갔다 했는데 그저께 사이 도수가 한 번이나 감하는 일이 있으니 기쁘다. 이러구러 점점 나으면 작히 다행이랴. 찬물이 이때 막 어려운 때이니 성한 사람도 마땅히 먹을 것이 없거든 병중 반찬이 더 그러하지 않겠느냐. 오리는 먹었다 하니 기뻐하노라. 비단은 대수롭지 아니한 것을 일부러 보내었으니 쓰려 기뻐하노라. 닌상이는 너를 많이 찾고 섭섭하여 때때로 우니 형상 없이 마음이 좋지 아니하다.

<언간취지>

인선왕후가 숙휘공주에게 쓴 답장으로, 부마 정제현의 병세가 호전되었지만 병중에 먹는 것이 중요하다는 내용, 비단을 보낸 일, 닌상이가 숙휘공주를 찾으며 우는 내용 등이 실려 있다. 한편, 이 편지에도 단락을 구분하는 부호가 있는데 부마 정제현의 병세에 관한 일과 나머지 일을 나누기 위해 표시한 것이다.

<주석>

1) ᄃᆞᆫ니다: 다녀갔다. ᄃᆞᆫ니-+-다. 어간 'ᄃᆞᆫ니-'는 중세 국어 'ᄃᆞᆮ니-'의 비음화가 반영된 형태이다.
2) 그제과: 그저께와. 그제+-과.
3) 도싊: 도수(度數)가. 거듭하는 횟수.
4) 이러구러: 이러구러. 이럭저럭 일이 진행되는 모양.
5) ᄌᆞᆨᄒᆞᆫ: 얼마나, 오죽이나. (오)ᄌᆞᆨᄒᆞ-+-ᄋᆞᆫ. 어간 'ᄌᆞᆨᄒᆞ-'는 '오ᄌᆞᆨᄒᆞ-'에서 어두음절이 생략된 경우로 매우 특이하다. '얼마나', '오죽이나' 등으로 해석되고, 주로 의문문에 'ᄌᆞᆨᄒᆞᆫ 다ᄒᆡᆼ이랴'처럼 쓰여 나타나는데 '얼마나 다행이랴', 혹은 '오죽이나 다행이랴'로 해석된다.

6) 찬물: 찬물(饌物), 반찬거리가 되는 것. 또는 반찬의 종류.

7) 먹다 ᄒᆞ니: 먹었다 하니. '먹다'의 과거 시제는 부정법으로 실현되었다. 부정법의 과거 시제 용법은 중세 국어의 시제 특징이었으나 '-었-'이 형성되는 근대 국어 시점에서 그 쓰임은 찾아보기 어렵다. 앞선 인선왕후 편지 "셰ᄉᆞᄂᆞᆫ …… 옴겨다가 두엇다 ᄒᆞ니"에서는 인용절에 '-엇-'이 실현되어 과거 시제를 나타내고 있다.

8) 능: 능(綾). 비단의 하나로 얼음 같은 무늬가 있고 얇다.

9) ᄡᅳ려: 미상. 의미가 분명하지 않으나 선행하는 내용 "능은 대ᄉᆞ롭디 아닌 거ᄉᆞᆯ 부러 보내여시니"와 후행하는 서술어 "깃버ᄒᆞ노라"를 고려하면 "ᄡᅳ려"는 후행하는 서술어와 관련하여 해석하는 것이 자연스럽다. 이를 고려할 때 '마음이 쓰였으나' 정도로 의역된다.

인선왕후 언찰 어필 07

보내는 이　인선왕후

받는 이　(女) 숙휘공주

<판독문>

여러 날 글시도 못 보니 섭〻ᄒᆞ여 ᄒᆞ더니 글월
보고 보ᄂᆞᆫ ᄃᆞᆺ 몬내〻 든〻 반기나 알ᄑᆞᆫ[1] ᄃᆡᄂᆞᆫ 조곰도
낫ᄂᆞᆫ 이리 업서 ᄒᆞᆫ가지라 ᄒᆞ니 아마도[2] 민망〻ᄒᆞ기 아
ᄆᆞ라타 업서ᄒᆞ노라 부마ᄂᆞᆫ 퍽 ᄒᆞ려 츌입이라
도 ᄒᆞ고져 ᄒᆞᆫ다[3] ᄒᆞ니 깃브되 다만 됴열[4]과 밤ᄌᆞᆷ을 못
잔다 ᄒᆞ니 엇디 그러ᄒᆞᆫ고 념녜 ᄀᆞ이업서ᄒᆞ노라 ᄂᆡ
일 드러 오기란[5] 네 긔운을 보와 가며 ᄒᆞ여라 一 요
ᄉᆞ이ᄂᆞᆫ 일월이 더 수이 가 ᄇᆞᆯ셔 이ᄃᆞᆯ도 열흘이
되엿고　소샹도[6] 계유 이십일은 ᄀᆞ려시니[7] 어ᄂᆞ ᄉᆞ이
ᄉᆞᆯᄃᆞ리 셜운 날이 다ᄃᆞ라 오시거뇨 특〻 가ᄉᆞᆷ이 뼈디ᄂᆞᆫ
ᄃᆞᆺ 셟기ᄅᆞᆯ 어이 다 뎍ᄋᆞ리 ᄒᆞᆫ갓 눈물ᄲᅮᆫ이로다

<원문>

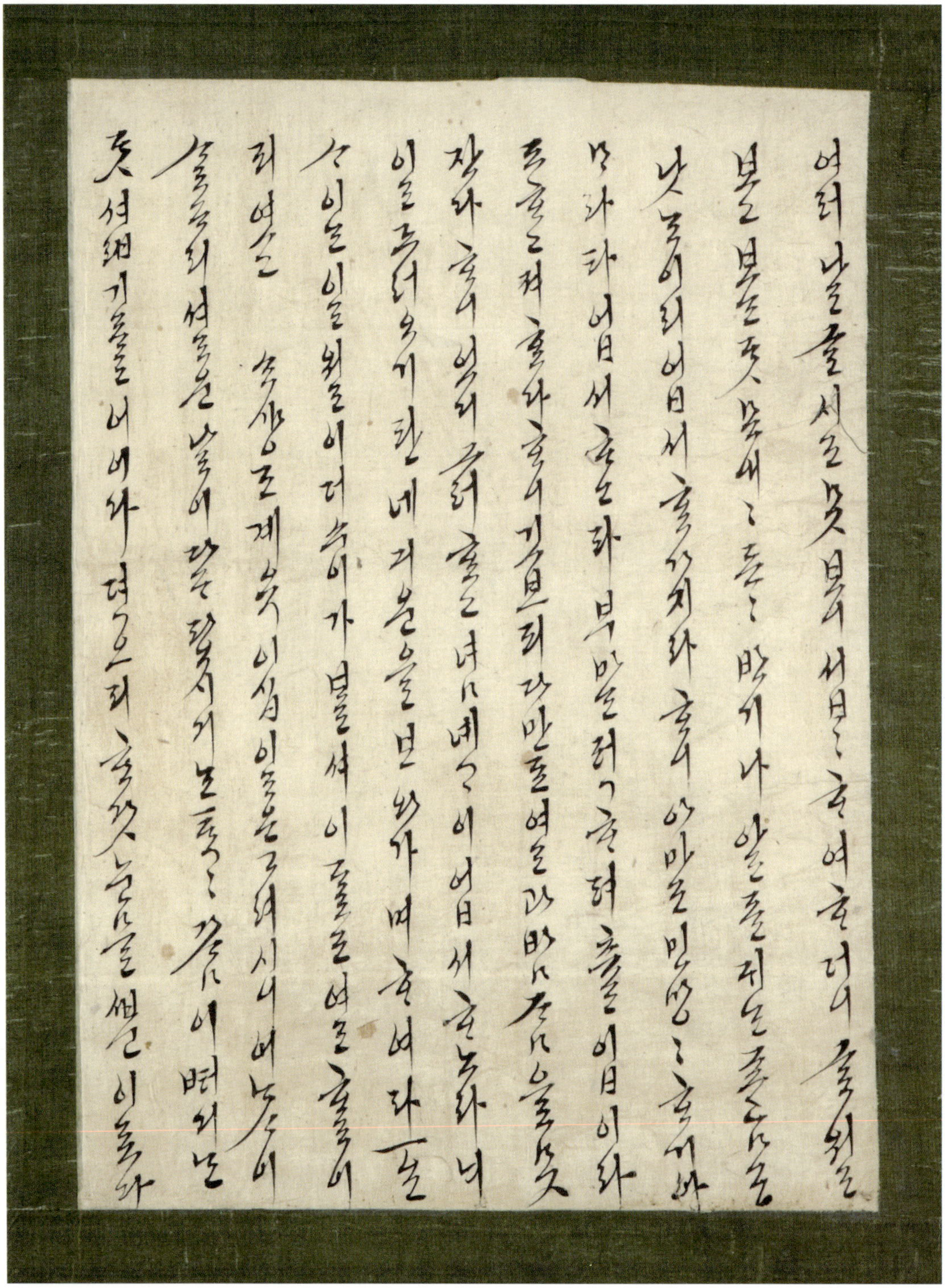

<현대역>

여러 날 동안 글씨도 못 보니 섭섭하였는데 글을 보고 보는 듯 못내 든든 반기나 아픈 데는 조금도 낫는 일이 없고 한가지라 하니 더욱 민망하기 이루 말할 수 없노라. 부마는 퍽 나아서 출입을 하고자 한다 하는데 기쁘되 다만 조열이 있고 밤잠을 못 잔다 하니 어찌 그러한고. 염려가 가없어하노라. 내일 들어오기는 네 기운을 보아가며 하여라. 요사이는 일월이 더 빨리 가 벌써 이 달도 열흘이 되었고, 소상도 겨우 이십일이 남았으니 어느 사이 살뜰히 서러운 날이 다다라 오시거뇨. 답답하고 가슴이 터지는 듯 서럽기를 어찌 다 적으리. 한갓 눈물뿐이로다.

<언간취지>

인선왕후가 숙휘공주에게 쓴 답장이다. "글월 보고"를 문두에 제시한 다른 인선왕후의 편지 형식과 다르게 이 편지는 "여러 날 글시도 못 보니 섭〻ᄒᆞ여 하더니"를 먼저 쓰고 "글을 보고"를 뒤에 썼다. 아주 오랜만에 편지를 주고받아, 반가움을 더 드러내고자 편지 서두를 다르게 작성한 듯하다. 이어지는 "글을 보고 보ᄂᆞᆫ ᄃᆞᆺ 몬내 〻 든든 〻 반기나"에서도 수식 표현을 반복하여 숙휘공주의 편지에 대한 인선왕후의 반가움을 드러내고 있다. 이 편지도 단락을 구분하는 부호가 있는데 앞은 부마와 숙휘공주의 건강을 염려한 내용이 실려 있고 뒤는 곧 다가올 효종의 소상을 매우 안타까워하는 내용이 실려 있다.

<주석>

1) 알ᄑᆞᆫ: 아픈. 알ᄑᆞ-+-ㄴ. 어간 '알ᄑᆞ-'는 '앓-'에 형용사 파생 접미사 '-ᄇᆞ-'가 결합한 파생어이다.

2) 아마도: 더욱. "아마도 민망〻ᄒᆞ기 아ᄆᆞ라타 업서ᄒᆞ노라"의 의미를 고려하면 여기에서 '아마도'는 '더욱' 정도로 해석하는 것이 자연스럽다. '아마도'의 짐작이나 가능성의 의미는 이 문장에서 매우 어색하다.

3) 잔다: 잔다. 자-+-ㄴ-+-다. '-ㄴ다'가 평서법으로 실현된 경우로서 중세 국어 '-ᄂᆞ다'가 변화된 형태이다.

4) 됴열: 조열(潮熱). 일정한 시간을 두고 일어나는 신열.

5) 드러오기란: 들어오기는. 드러오-+-기+-란. 조사 '-(으)란'은 중세 국어에서 대제격조사로 알려진 형태로 목적어가 주제어로 해석될 때 주로 쓰였는데, 이곳에서는 목적어가 아닌 부사어에 통합된 점이 특징적이다.

6) 쇼샹: 소상(小祥). 사람이 죽은 지 1년 만에 지내는 제사. 이때 소상은 효종의 소상을 가리킨다. 효종의 생몰(1619~1659.5.4)을 고려하면 이 편지는 1660년에 작성된 것으로 짐작된다.

7) ᄀᆞ려시니: 미상. 의미는 미상이나 앞뒤 문맥을 고려하면 '남다'의 의미로 추정된다.

인선왕후 언찰 어필 08

보내는 이 인선왕후

받는 이 (女) 숙휘공주

<판독문>

글월 보고 무ᄉᆞ히 이시니 깃거ᄒᆞ며 보ᄂᆞᆫ ᄃᆞᆺ 든〻 반가와

다시금 보노라 이번은 두어 날을 더 묵ᄂᆞᆫ ᄃᆞᆺ 호리[1] 나갈

제 섭〻 덧업기ᄂᆞᆫ ᄒᆞᆫ가지나 ᄎᆞᆯ[2] 아니 이심만 못ᄒᆞ

여ᄒᆞ노라 후셰예나[3] 서ᄅᆞ ᄠᅥ나ᄂᆞᆫ 일이 업시 살

고져 ᄒᆞ노라

<원문>

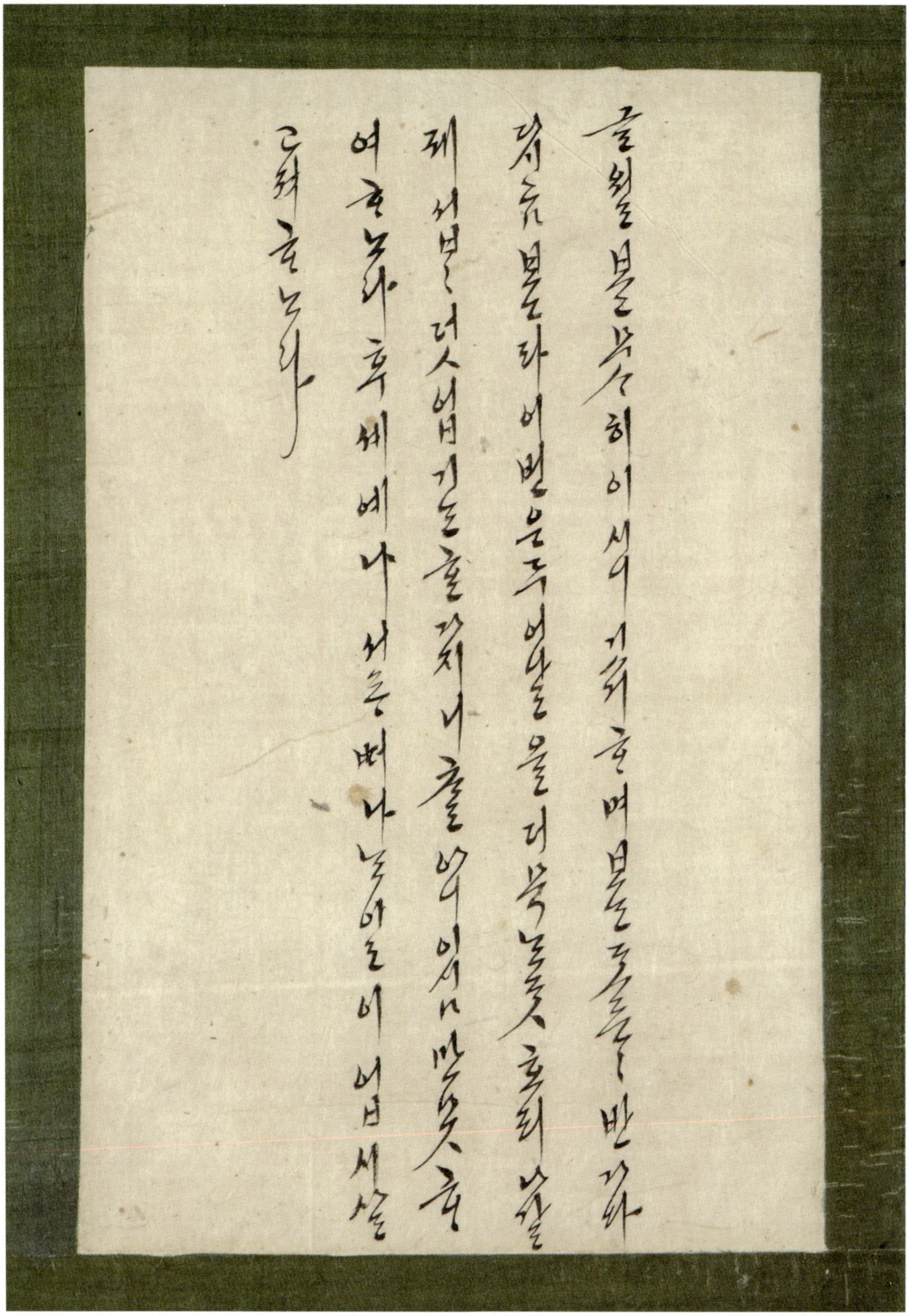
글월 보고 무ᄉᆞ히 이시니 기ᄲᅱ ᄒᆞ며 보ᄂᆞᆫ ᄃᆞᆺ 반가와
다시곰 보노라 이번은 두 어마님을 더 못 노흐시 ᄒᆞ리 나날
뎨 시부 더ᄉᆞ 업ᄉᆞ 기ᄂᆞᆫ ᄒᆞᆯ 가지나 ᄒᆞᆯ 일이 이시니 맛ᄯᅳᆺ ᄒᆞ
여 ᄒᆞ노라 후 쇄 예나 셔올 ᄯᅢ나 나아올 이 업서 서울
그쳐 ᄒᆞ노라

<현대역>

글을 보고, 무사히 있으니 기뻐하며 보는 듯 든든 반가워 다시금 보노라. 이번은 두어 날을 더 묵는 듯했는데 홀연 나갈 때는 섭섭하고 덧없기는 한가지이지만 차라리 있지 않음만 못하다. 후세에나 서로 떠나는 일이 없이 살고자 한다.

<언간취지>

인선왕후가 숙휘공주에게 쓴 답장이다. 딸을 그리워하는 부모의 마음을 엿볼 수 있는 편지이다. “다시금 보노라”, “호리 나갈제 섭〻 덧업기ᄂᆞᆫ ᄒᆞᆫ가지나”, “후셰예나 서ᄅᆞ ᄠᅥ나ᄂᆞᆫ 일이 업시 살고져 ᄒᆞ노라” 이와 같은 표현은 숙휘공주가 입궁하여 하룻밤, 이틀 밤을 묵고 사가로 되돌아 가는 과정에서 딸을 매번 떠나보내야 하는 어머니의 쓸쓸한 마음을 담아내고 있다. 이런 표현을 보면 왕후라 하더라도 딸에 대한 부모의 마음은 여느 부모의 마음과 다를 바 없는 듯하다.

<주석>

1) 호리: 미상. 의미는 미상이나 문맥을 고려하면 ‘忽이’(홀연히)로 추정된다.
2) ᄎᆞᆯ: 차라리.
3) 후셰예나: 후세에나. 후셰+-예+-나. 이때 조사 ‘-나’는 마음에 차지 아니하는 선택을 의미하는 것으로 해석된다.

인선왕후 언찰 어필 09

보내는 이　인선왕후
받는 이　(女) 숙휘공주

<판독문>

글월 보고 친히 보ᄂᆞᆫ ᄃᆞᆺ 든〻 몬내 반기나 오ᄂᆞᆯ
도 ᄒᆞᆫ가지라 ᄒᆞ니 념이 ᄀᆞ이 업서ᄒᆞ며 그ᄃᆞᆯ림
이[1] 날 수를 낫〻치 ᄎᆡ온 후야 됴ᄒᆞ니[2] 아직 이
제도 머릿ᄂᆞ니라[3] 다ᄅᆞᆫ ᄃᆡᄂᆞᆫ 각별 고로이[4] 알
ᄑᆞᆫ ᄃᆡ 업ᄉᆞ되 열 왕ᄂᆡ ᄒᆞᆯ 제 두통이 심히 고
롭고 민망ᄒᆞ더라 요ᄉᆞ이ᄂᆞᆫ 즐겁은[5] ᄯᆞᆯ네 업
ᄉᆞ니 실로 답〻ᄒᆞ고 섭〻ᄒᆞ니 ᄒᆞᆯ리[6] 열ᄒᆞᆯ
맛더니[7] 엿쇈날 드러오련노라[8] ᄒᆞ여시니 눈이
번ᄒᆞᆫ[9] ᄃᆞᆺᄒᆞ고 든〻ᄒᆞ여 ᄒᆞ노라 이리 뎍으며
몬내 웃노라

<원문>

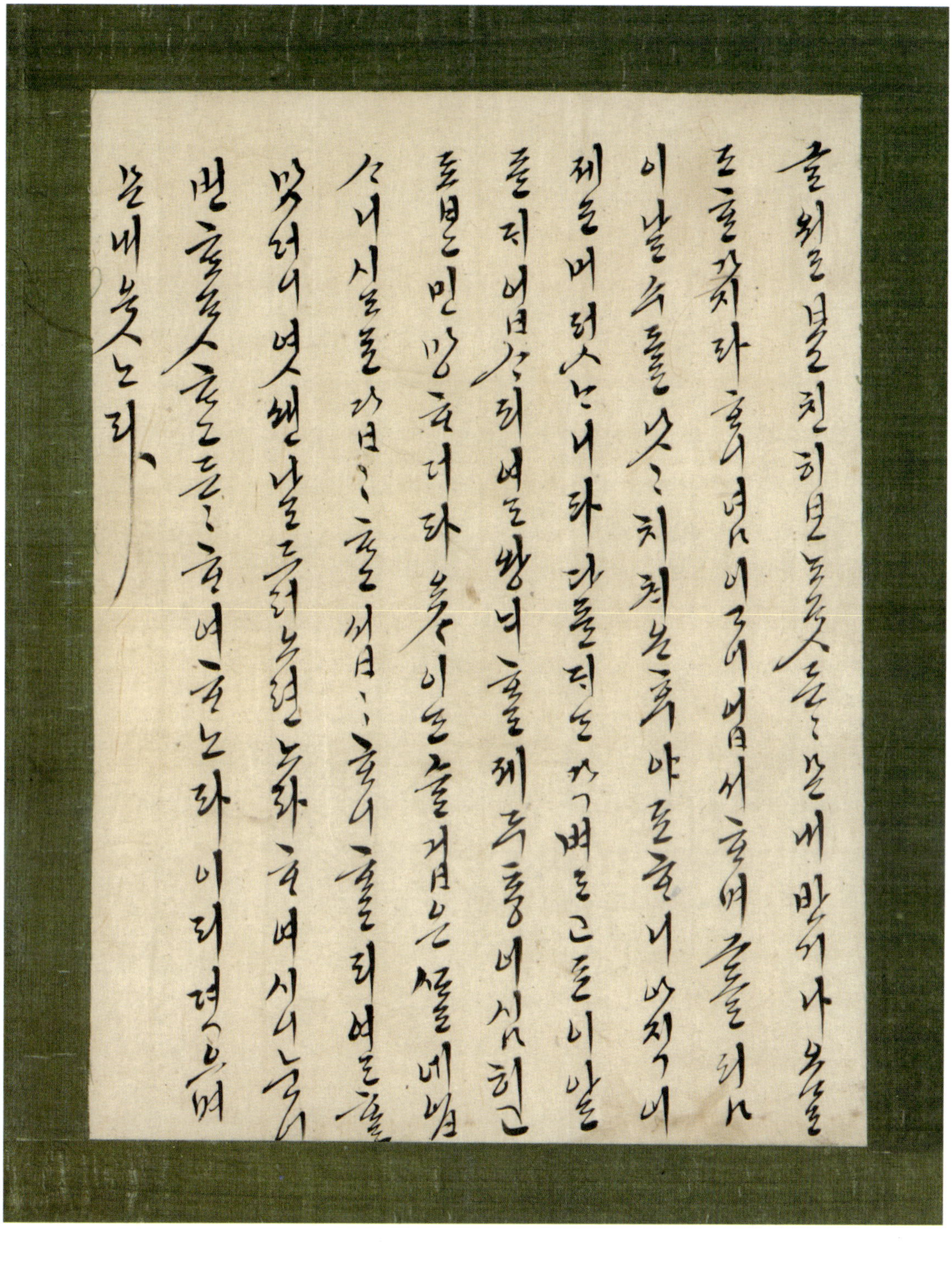

<현대역>

글을 보고, 친히 보는 듯 든든 못내 반기지만 오늘도 한가지라 하니 염려가 끝이 없으며 그들림이 날수를 낱낱이 채운 후에야 좋아지니 아직 이제도 멀었느니라. 다른 데는 각별히 괴롭게 아픈 데 없으되 열이 왕래할 때 두통이 심히 괴롭고 민망하였다. 요사이는 즐거운 딸이 없으니 실로 답답하고 섭섭하니 하루가 열흘 같더니 엿샛날에 들어오려 한다고 하였으니 눈이 번한 듯하고 든든하여 한다. 이리 적으며 못내 웃노라.

<언간취지>

인선왕후가 숙휘공주에게 쓴 답장으로, 부마의 병이 전과 같다는 소식에 염려하는 내용과 인선왕후도 병으로 고생한 내용, 숙휘공주가 입궁하지 못해 답답하고 섭섭하다는 내용이 실려 있다. “엿쇈날 드러오련노라 ᄒᆞ여시니 눈이 번ᄒᆞᆫ ᄃᆞᆺᄒᆞ고 든〃ᄒᆞ여 ᄒᆞ노라”와 같은 표현을 보면 왕실의 권위보다 한 사람의 인간적 모습이 더 절실하게 보이는 듯하다. 딸이 입궁한다는 말에 너무 기쁜 나머지 눈이 번듯하다고 적어 놓고 보니 부끄러워 “이리 뎍으며 몬내 웃노라”라고 쓴 인선왕후의 모습이 아주 다정하게 느껴진다.

<주석>

1) 그들림: 미상. 의미는 미상이나 앞뒤 맥락을 고려하면 전염병의 일종으로 생각된다.
2) 됴ᄒᆞ니: 좋아지니. 됴ᄒᆞ-+니. 어간 ‘됴ᄒᆞ-’는 형용사이지만 앞의 “ᄎᆡ온 후에야”를 고려하면 동사 ‘좋아지다’로 해석하는 것이 자연스럽다.
3) 머럿ᄂᆞ니라: 멀었다. 멀-+-엇-+-ᄂᆞ-+-니-+-라. 형용사 ‘멀-’는 시간적으로 사이가 길거나 오랜 뜻을 지니고 있으므로 ‘-엇-’은 과거 시제가 아니라 미래의 사건이나 일을 이미 정해진 사실인 양 말할 때 쓰는 의미로 해석된다. 한편, 이때 ‘-ᄂᆞ-’는 ‘현재의 약화된 의미’로 볼 수 있다.
4) 고로이: 괴롭게. 고로-+-이. 어간 ‘괴롭-’에 부사 파생 접미사 ‘-이’가 결합된 파생어

이다.

5) 즐겁은: 즐거운. 즐겁-+-은. 어간 '즐겁-'이 불규칙 활용을 보이지 않는 것이 특징적이다.

6) 홀리: 하루가. 홀ㄹ+-ㅣ. 중세 국어의 비자동적 교체 현상이 유지되고 있다.

7) 맛더니: 같더니. 맛-+-더-+-니. 어간 '맛-'는 언간에서 '맞다', '어울리다' 정도로 쓰이는데 여기에서는 '같다' 정도로 의역된다.

8) 오련노라: 하려 한다. 오-+-련노라. '-련노라'는 '-려 ᄒᆞ노라'가 줄어든 형태이다. "엿쇈날 드러오련노라 ᄒᆞ여시니"는 '엿샛날에 들어오려 한다고 하였으니'로 해석된다. '-려 ᄒᆞ-'의 주어가 숙휘공주이므로 '-노라'가 쓰여 주어 1인칭 호응을 이루고 있다.

9) 번ᄒᆞᆫ: 훤하다. 번ᄒᆞ-+-ㄴ. 어간 '번ᄒᆞ-'는 '어두운 가운데 밝은 빛이 비치어 조금 훤하다'의 뜻으로 해석된다.

인선왕후 언찰 어필 10

보내는 이　인선왕후

받는 이　(女) 숙휘공주

<판독문>

글월 보고 무ᄉᆞ히 이시니 깃거ᄒᆞ며 보ᄂᆞᆫ ᄃᆞᆺ 든〻 반기노
라 날포 잇다가 나가니 섭〻ᄒᆞ기 ᄀᆞ이 업서 밤새긋[1]
일ᄏᆞᆺ고 잇노라 형ᄃᆞᆯ조차 다 나가니 집이 다 뷘 ᄃᆞᆺᄒᆞ
고 섭〻 호졋ᄒᆞ기ᄅᆞᆯ 엇디 다 뎍으리 내 니질은 어
제 닙효산 두 뎝을 먹으니 ᄇᆡᆨ니 섯겨 나던 거ᄉᆞᆫ 업ᄉᆞ
되[2] 도수 ᄌᆞᆺ기ᄂᆞᆫ 감티 아녀[3] 아젹 두 번 ᄃᆞᆫ녓노라[4] ᄏᆞ니
와[5] 대단티 아니ᄒᆞ니 념녀 마라 부마ᄂᆞᆫ 오래 아니 보
왓다가 보니 나은 이리 잇더냐 ᄀᆡ운은 요ᄉᆞ이ᄂᆞᆫ 엇더ᄒᆞ
엿ᄂᆞᆫ고 안부 ᄌᆞ시[6] 알고져 ᄒᆞ노라

<원문>

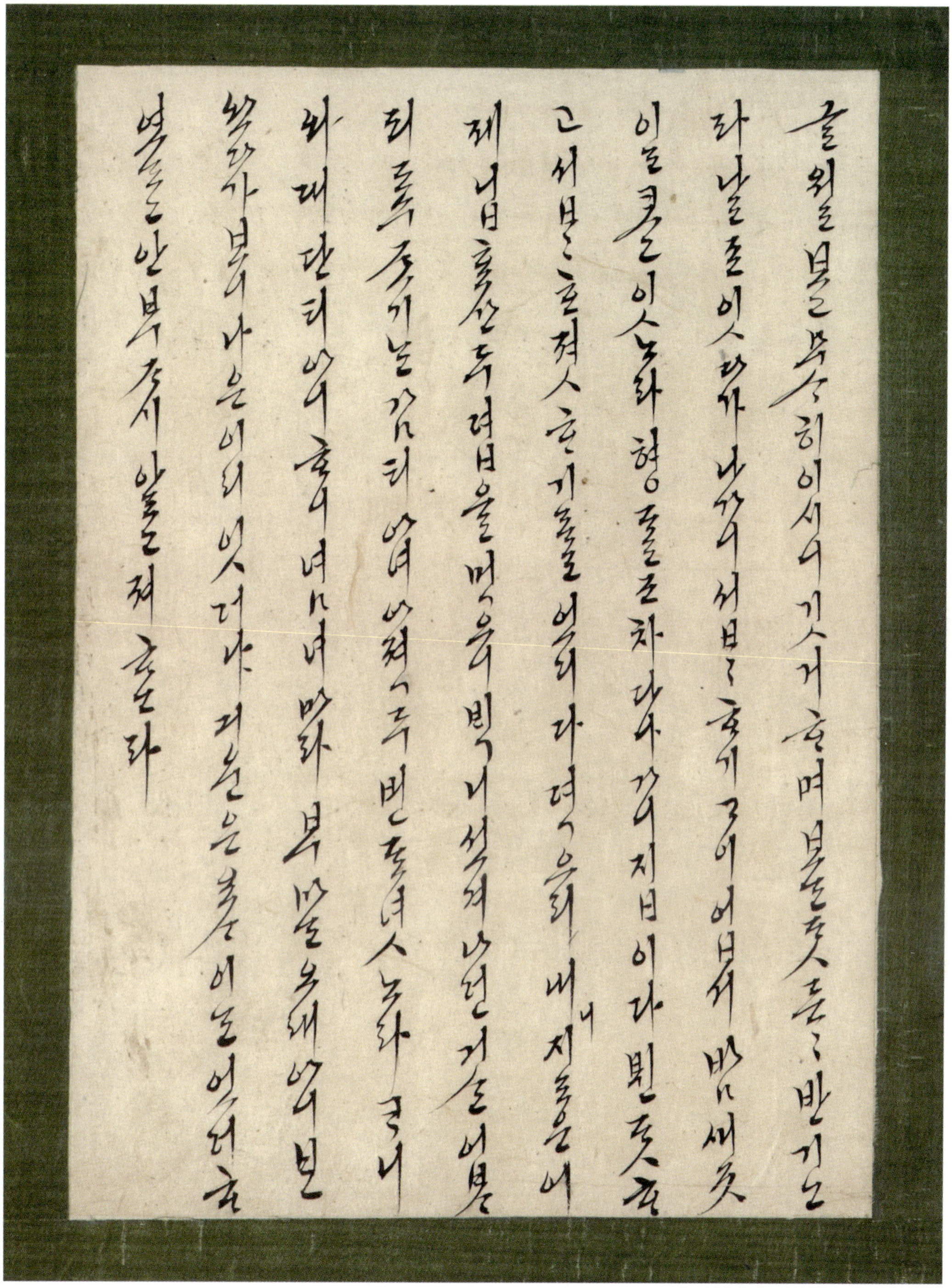

<현대역>

글을 보고, 무사히 있으니 기뻐하며 보는 듯 든든 반기노라. 날포 있다가 나가니 섭섭하기 끝이 없어 밤새도록 말하고 있노라. 형들조차 다 나가니 집이 다 뷘 듯하고 섭섭하며 호젓하기를 어찌 다 적으리. 내 이질은 어제 입효산 두 첩을 먹으니 백이 섞여 나던 것은 없어지되 도수가 잦기는 감치 아니하여 아적 두 번 달이었다. 그러나 대단치 아니하니 염려 마라. 부마는 오래 아니 보았다가 보았는데 나은 일이 있더냐? 기운은 요사이 어떠하였는고? 안부 자세히 알고자 하노라.

<언간취지>

인선왕후가 숙휘공주에게 쓴 답장으로, 숙휘공주가 날포 있다가 나간 것에 대한 섭섭한 마음, 자신의 건강 상태와 부마의 병환을 걱정하는 내용이 실려 있다. 이질의 치료 내용을 자세히 적어 자신에 대한 딸의 걱정을 덜어내고자 하는 어머니의 마음을 엿볼 수 있다. 부마를 오랫동안 보지 못해 건강 상태가 어떠한지 염려하여 부마 안부를 자세히 알고자 하는 내용을 보면 이 편지는 숙휘공주가 출궁한 후 한참 뒤에 보낸 편지에 대한 답장으로 보인다.

<주석>

1) 밤새긋: 밤새도록. 밤새+-긋. 여기에서 '-긋'은 정도가 됨을 뜻하는 '-도록', '-까지' 정도의 의미로 해석된다.

2) 업ᄉᆞ되: 없으되. 없-+-ᄋᆞ되. 어미 '-ᄋᆞ되'는 중세 국어 '-오ᄃᆡ'의 후대형으로 보통은 '-오ᄃᆡ'의 '오'가 탈락하여 '-ᄃᆡ'(되)로 실현되는데 이 경우에는 '-ᄋᆞ되'가 마치 매개모음이 있는 어미처럼 활용하고 있다. 그런데 현대 국어에서 '-되'가 어간 '있-', '없-'와 통합할 때에만 '있으되', '없으되'처럼 활용되는 점을 고려하면 이 예가 현대 국어의 '-으되'와 직접 관련된 것이 아닌가 하다.

3) 아녀: 아니하여. 아니(ᄒᆞ)-+-여. 어간 '아니(ᄒᆞ)-'는 연결어미 '-여'와의 축약 과정에서 'ᄒᆞ'가 탈락된 것인데 이와 같이 '아니ᄒᆞ-'가 후행 어미와 축약될 때 'ᄒᆞ'가 탈락되는 것은 이 시기의 특징 중의 하나이다.

4) ᄃᆞᆫ녓노라: 달이었다. ᄃᆞᆫ니-+-엇-+-노라. 어간 'ᄃᆞᆫ니-'는 중세 국어 '달이-'의 후대형으로 중철 표기와 비음동화 표기가 함께 반영되어 있다.

5) ᄏᆞ니와: 그러나. "ᄏᆞ니와"는 'ᄒᆞ-'와 어미 '-거니와'의 축약형이라는 점에서는 '하거니와'로 보이지만 문맥이 인용 구성이라 보기에는 어색한 부분이 있다. 중세 국어에서 '커니와'가 '그러나'로 문법화한 예들이 보이는데("엇뎨 거ᄉᆞᄉᆞᄫᆞ리잇고 커니와 오ᄂᆞᄅᆞᆫ 避홀 이리 이실ᄊᆡ 다ᄅᆞᆫ 나ᄅᆞᆯ 기드리쇼셔"〈三綱런던烈:30a〉), 이 예도 문법화한 형태로 처리하여 '그러나'로 해석하는 것이 자연스럽다.

6) ᄌᆞ시: 자세히. 'ᄌᆞ시'(자시)는 '자세히'의 방언으로 보인다.

인선왕후 언찰 어필 11

보내는 이　인선왕후
받는 이　(女) 숙휘공주

<판독문>

글월 보고 무ᄉᆞᄒᆞ니 깃거ᄒᆞ며 보ᄂᆞᆫ ᄃᆞᆺ 든〻
반갑기 ᄀᆞ이 업서 다시금 보며 너ᄂᆞᆫ ᄆᆡ양
혼자 이셔 더 고로이 잇다가 나가니 섭〻ᄒᆞ기
아ᄆᆞ라타 업ᄉᆞᆫ 듕의 더옥 닛디 못ᄒᆞ여
밤긋 아젹긋[1] 모다 니ᄅᆞ고 잇노라 흉ᄇᆡ[2]ᄂᆞᆫ
경영ᄒᆞ여 ᄒᆞᆫ 거시 지극디 못ᄒᆞ니 ᄒᆞ여
주ᄂᆞᆫ 보람이 업서 서운ᄒᆞ여 ᄒᆞ더니 인ᄉᆞ
조차[3] ᄒᆞ여시니 몬내 웃노라 닌샹이[4]ᄂᆞᆫ 너
ᄅᆞᆯ 보고 언머나 반겨 ᄂᆞᆯᄯᅱ던고[5] 그놈의
샹을 보ᄂᆞᆫ ᄃᆞᆺᄒᆞ여 ᄒᆞ노라 효희[6]도 고연이[7]
됴히 잇ᄂᆞ냐 젼의ᄂᆞᆫ 나가도 ᄌᆞ식ᄃᆞᆯ이나
이시니 든〻ᄒᆞ더니 이번은 다 ᄡᅳ러 거ᄂᆞ리고
나가니 더옥 허우록[8] 섭〻기 금이 업
서ᄒᆞ노라

<원문>

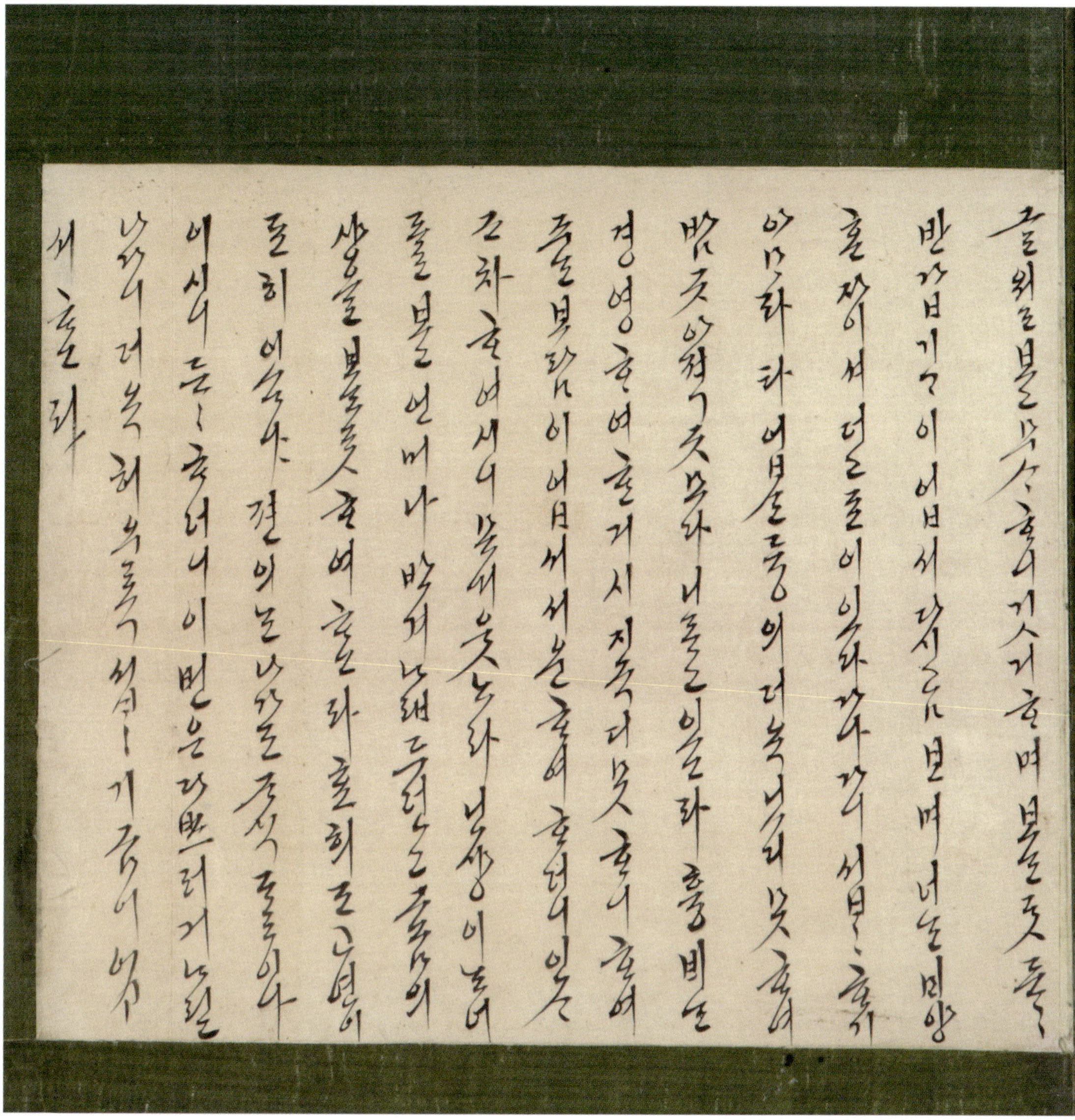

<현대역>

글을 보고, 무사하니 기뻐하며 보는 듯 든든 반갑기 그지없어 다시금 보며 너는 매양 혼자 있어 더 괴로이 있다가 나가니 섭섭하기 무어라 할 말이 없던 중에 더욱 잊지 못하여 밤부터 아침까지 모두 이르고 있노라. 흉배는 경영하여 한 것이 지극하지 못하니 해서 주는 보람이 없어 서운하여 했는데 인사까지 했으니 못내 웃노라. 닌상이는 너를 보고 얼마나 반기며 날뛰던고. 그놈의 상을 보는 듯하여 하노라. 효희도 여전히 잘 있느냐? 전에는 나가도 자식들이나 있으니 든든했는데 이번은 다 쓸어 거느리고 나가니 더욱 허전하고 섭섭하기 그지없어 하노라.

<언간취지>

인선왕후가 숙휘공주게 쓴 답장으로 숙휘공주가 입궐하여서도 매양 홀로 지내다가 사가로 되돌아간 내용, 손주인 닌상이와 효희를 그리워하는 내용이 담겨져 있다. 앞 부분의 "너ᄂᆞᆫ ᄆᆡ양 혼자 이셔 더 고로이 잇다가 나가니 섭〱ᄒᆞ기 아ᄆᆞ라타 업ᄉᆞᆫ 듕의"에서 보면, 이 편지가 왕래하는 시점에 숙휘공주는 입궁하였을 때도 시간을 홀로 보내며 외로이 지낸 것으로 보인다. 아무래도 가정의 우환이 계속되어 다른 사람과 편하게 담소를 나눌 수 있는 상황이 아니었던 듯하다. 무엇보다 이 편지가 주목되는 것은 숙휘공주의 자녀로 보이는 닌상이와 효희의 이름이 확인되는 점이다.

<주석>

1) 밤긋 아젹긋: 밤부터 아침까지. "밤긋"의 '-긋'은 출발점의 의미로 "아젹긋"의 '-긋'은 도달 혹은 범위의 끝의 의미로 해석된다.
2) 흉ᄇᆡ: 흉배(胸背). 조선시대에 문무관이 입는 관복의 가슴과 등에 학이나 범을 수놓아 붙이던 사각형의 표장.
3) 인ᄉᆞ조차: 인사까지. 인ᄉᆞ+-조차. 이때 조사 '-조차'의 의미는 현대 국어의 쓰임과 다르

다. 여기에서는 더함의 뜻을 나타내는 '-까지'의 의미로 해석된다.

4) 닌샹이: 닌상이. 숙휘공주 아들의 아명(兒名)이다.

5) ᄂᆞᆲ드던고: 날뛰던고. 언간 'ᄂᆞᆲ드-'는 날뛰다의 의미로 해석된다.

6) 효희: 숙휘공주 딸의 아명(兒名)이다.

7) 고연: 고연(固然). 본디부터 그러하게 정도를 뜻하는 '여전히'로 대체할 수 있다.

8) 허우록: 상심하다. 이 형태는 주로 '허우록ᄒᆞ다', '허우럭ᄒᆞ다' 등과 같이 나타나는데 어간의 'ᄒᆞ다'가 탈락된 '허우록', '허우럭' 등과 같이 나타나기도 한다.

인선왕후 언찰 어필 12

보내는 이　인선왕후
받는 이　(女) 숙휘공주

<판독문>

글월 보고 무ᄉᆞᄒᆞ니 깃거ᄒᆞ며 다시 보ᄂᆞᆫ ᄃᆞᆺ 몬내 반
기며 그리 떠날 ᄉᆞ이 업시 디내다가 어제ᄂᆞᆫ ᄆᆡ양 잇
디 못ᄒᆞᆯ 거시오 부마도 ᄒᆞᆫ자 심〻이 디내ᄂᆞᆫ가 시브매
내여 보내나 집이 다 뷘 ᄃᆞᆺᄒᆞ고 하 젹막 호졋ᄒᆞ
니 ᄒᆞᆫ자 안자셔 ᄒᆞᆫ갓 섭〻ᄒᆞᆫ ᄆᆞᄋᆞᆷ의[1] 수업시 울고
밤새ᄀᆞᆺ 아젹ᄀᆞᆺ 일ᄏᆞᆺ고[2] 아마도[3] 섭〻 ᄀᆞᆺᄇᆞ믈[4] 뎡티
못ᄒᆞ여 ᄒᆞ노라 ㅣ[5]부마의 병환은 졈〻 슬〻 날로
ᄒᆞ리ᄂᆞᆫ 일은 업고 뎌리 고로이 알ᄒᆞ니 이런 졀
박히 민망 ᄀᆞᆸ〻ᄒᆞᆫ 이리 어ᄃᆡ 이시되 병이란 거시
ᄒᆞᆫ 시ᄀᆞᆨ 부븨수처[6] ᄆᆡ이 알코 ᄒᆞ리ᄂᆞᆫ 거시 됴티 뎌리
들 믜죽근ᄒᆞ여[7] 날로 원긔만 쇠패ᄒᆞ니 아마도 ᄀᆞᆸ
〻긔 민망ᄒᆞ기 아ᄆᆞ라타 업서ᄒᆞ노라

<원문>

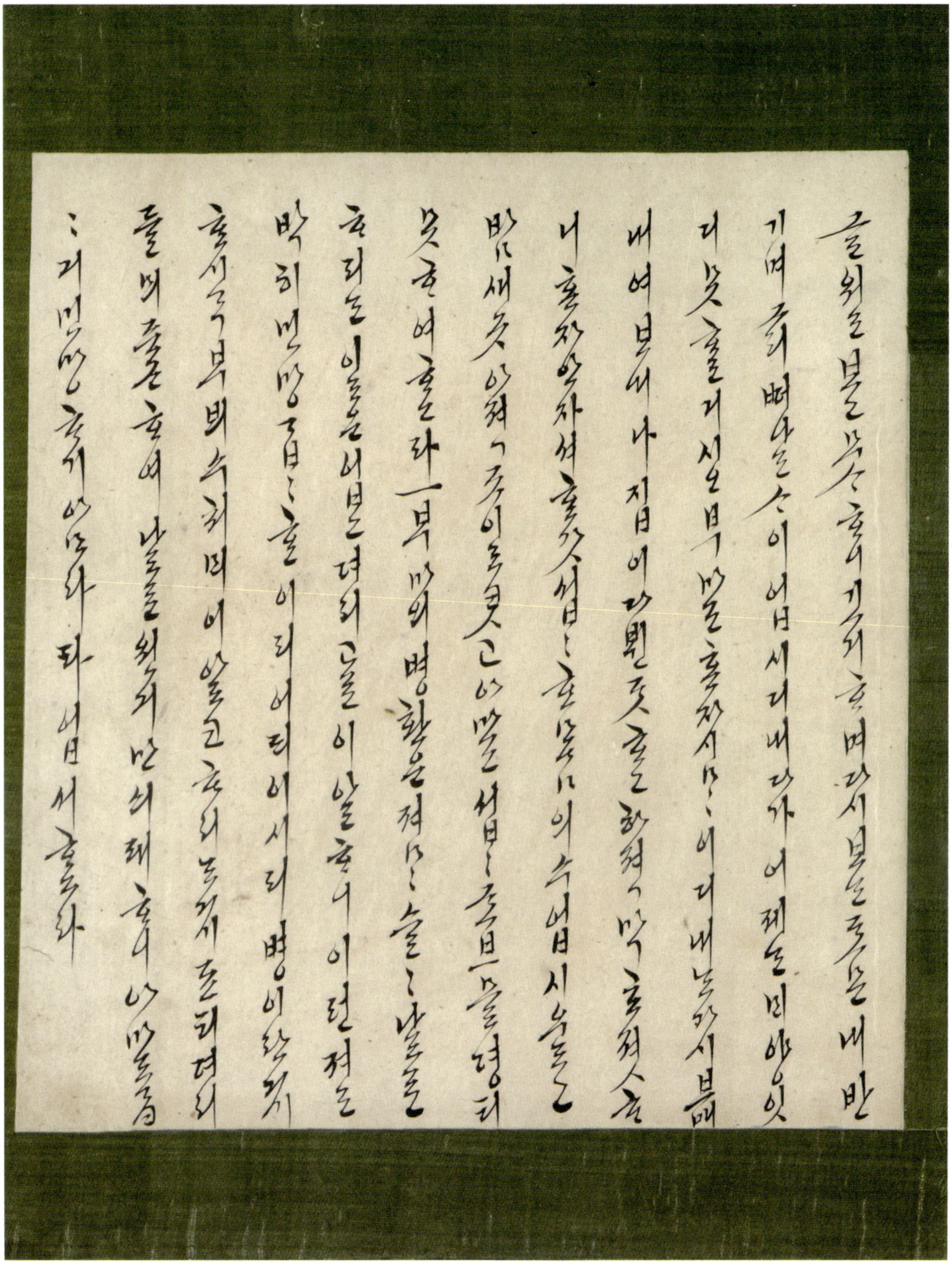

<현대역>

글을 보고, 무사하니 기뻐하며 다시 보는 듯 못내 반기며 그리 떠날 사이 없이 지내다가 어제는 매양 잇지 못할 것이고, 부마도 혼자 심심히 지내는가 싶으매 내어 보내나 집이 다 빈 듯하고 매우 적막하며 호젓하니 혼자 앉아서 한갓 섭섭한 마음에 수없이 울고 밤새부터 아침까지 걱정하고 매우 섭섭하고 심란한 마음을 정하지 못하고 있노라. 부마의 병환은 점점 슴슴 날로 낫는 일이 없고 저리 괴로이 앓고 있으니 이런 절박하게 민망하고 갑갑한 일이 어디 있으되 병이란 것이 한 시각 몹시 앓고 낫는 것이 좋지. 저리들 미즈근하여 날로 원기만 쇠패하니 매우 갑갑하기 민망하기 무어라 할 말이 없다.

<언간취지>

인선왕후가 숙휘공주에 쓴 답장으로, 출가한 공주들이 입궁하여 지내다가 다시 출궁할 때면 항상 홀로 남아 있는 듯한 적막함에 슬퍼하고 있는 사연과 부마의 병환을 걱정하는 내용이 실려 있다. 다른 편지에 비해 부마 병이 호전되지 않는 것을 더욱 애타게 표현하고 있는데 부마의 병이 매우 심각한 상태여서 부마와 딸을 더없이 걱정하는 부모의 마음을 더 절절하게 드러낸 듯하다.

<주석>

1) ᄆᆞᄋᆞᆷ의: 마음에. ᄆᆞᄋᆞᆷ+-에. 조사 '-의'는 중세 국어와 근대 국어 시기에 관형격과 처격 조사로 쓰였다.
2) 일ᄏᆞᆺ고: 말하고 혹은 걱정하고. '일ᄏᆞᆺ고'는 말하다의 의미로 쓰이기도 하지만 이 편지의의 "밤새ᄀᆞᆺ 아젹ᄀᆞᆺ 일ᄏᆞᆺ고"에서는 단순히 말하다의 의미보다는 걱정하다의 의미가 더 자연스럽다.
3) 아마도: 매우. 여기에서 '아마도'는 추측이나 가능성의 의미보다는 정도 부사 '매우'로 해석하는 것이 더 자연스럽다.

4) 궂브믈: 심란하다. 궂브-+-ㅁ+-을. 어간 '궂브-'는 심란하다의 뜻으로 해석되며 언간 자료에서는 흔히 확인되는 형용사이다.

3) ᄒᆞ리ᄂᆞᆫ: 낫는.

4) 졀박이: 절박히. 현대 국어에서 '절박'은 '절박하다'로 쓰이는 일이 많고 부사로 쓰이는 일은 없으나 "졀박이 민망 ᄒᆞᆸ〻"에서는 '졀박이'가 부사로 쓰여 특이하다.

5) -: 단락을 구분하는 부호이다. 이 부호의 앞뒤는 인선왕후의 섭섭함과 부마의 병환을 염려하는 내용으로 구분된다.

6) 부븨수처: 몹시 부대끼어. 부븨숯-+-어. 어간 '부븨숯-'은 '부븨-'와 '숯-'가 결합된 비통사적 합성어이다. '부븨-'는 '비비다' 정도의 의미이고 '숯-'는 '들레다' 정도의 의미이다.

7) 믜죽근ᄒᆞ여: 미지근하여.

인선왕후 언찰 어필 13

보내는 이 인선왕후

받는 이 (女) 숙휘공주

<판독문>

글월 보고 무ᄉᆞᄒᆞ니 그지 업ᄉᆞ나 부마의
병환은 ᄃᆞᆯ포 뎌리 미류ᄒᆞ여[1] 졈〻 원
긔만 패ᄒᆞ고 날로 수쳑ᄒᆞ여 가니 뎌런 졀
박히 민망 ᄀᆞᆸ〻 ᄒᆞᆫ 이리 어듸 이시리[2] 아므
라타ᄅᆞᆯ 못ᄒᆞ여 ᄒᆞ노라

<원문>

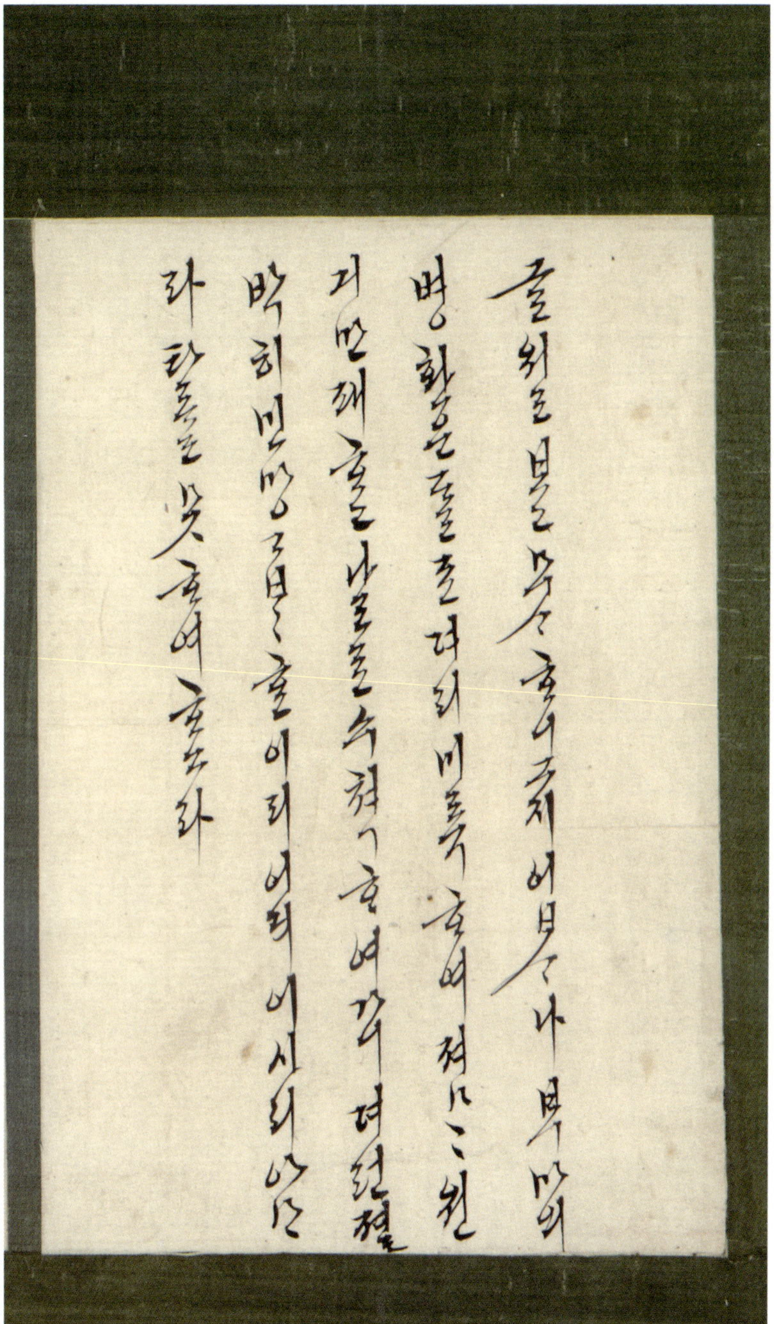

<현대역>

글을 보고, 무사하니 그지없으나 부마의 병환은 달포 동안 저리 병이 낫지 않아서 점점 원기만 패하고 날로 수척하여 가니 저런 절박하게 민망하고 갑갑한 일이 어디 있으리. 무어라 할 말이 없노라.

<언간취지>

인선왕후가 숙휘공주에게 쓴 답장으로 부마의 병환에 대한 염려로 가득하다. 부마의 병환이 오랫동안 지속되어 몸이 수척해지는 상황을 몹시 걱정하는 인선왕후의 애타는 마음이 느껴진다.

<주석>

1) 미류ᄒᆞ여: 미류하여(彌留). '미류하다'는 '병이 오래 낫지 아니하다'를 뜻한다.
2) 이시리: 있으리. 이시-+-리.

인선왕후 언찰 어필 14

보내는 이　인선왕후
받는 이　(女) 숙휘공주

<판독문>

글월 보고 무양ᄒᆞ니 깃거ᄒᆞ며 보ᄂᆞᆫ
ᄃᆞᆺ 든〻 반기노라 영신은 네 고로이 알
턴 병을 다 ᄠᅥ러ᄇᆞ리니 긔운이 강건ᄒᆞ
여 무병ᄒᆞ고 닌샹 ᄐᆡ샹이[1] 네ᄂᆞᆫ ᄋᆡᆨ샹의
홍두 ᄒᆞᆫ 쌍을 도려 그린 ᄃᆞ시 ᄒᆞ고[2] 팔
십을 산다 ᄒᆞ니 인간의 깃브기ᄂᆞᆫ 이 밧
ᄭᅴ 더ᄒᆞᆫ 이리 업ᄉᆞ니 이런 경ᄉᆞ의
일이 어ᄃᆡ 이시리 너 즐겨 헤다히ᄂᆞᆫ[3]
샹을 즌시[4] 못 보니 굼〻ᄒᆞ여 ᄒᆞ
노라 ᄂᆡ일 요 두 놈은 실레 슉
비[5] ᄒᆞ라 드러온다 ᄒᆞ니 경연 츨
히노라 언머 분주ᄒᆞᄂᆞᆫ고 ᄒᆞ노
라

<원문>

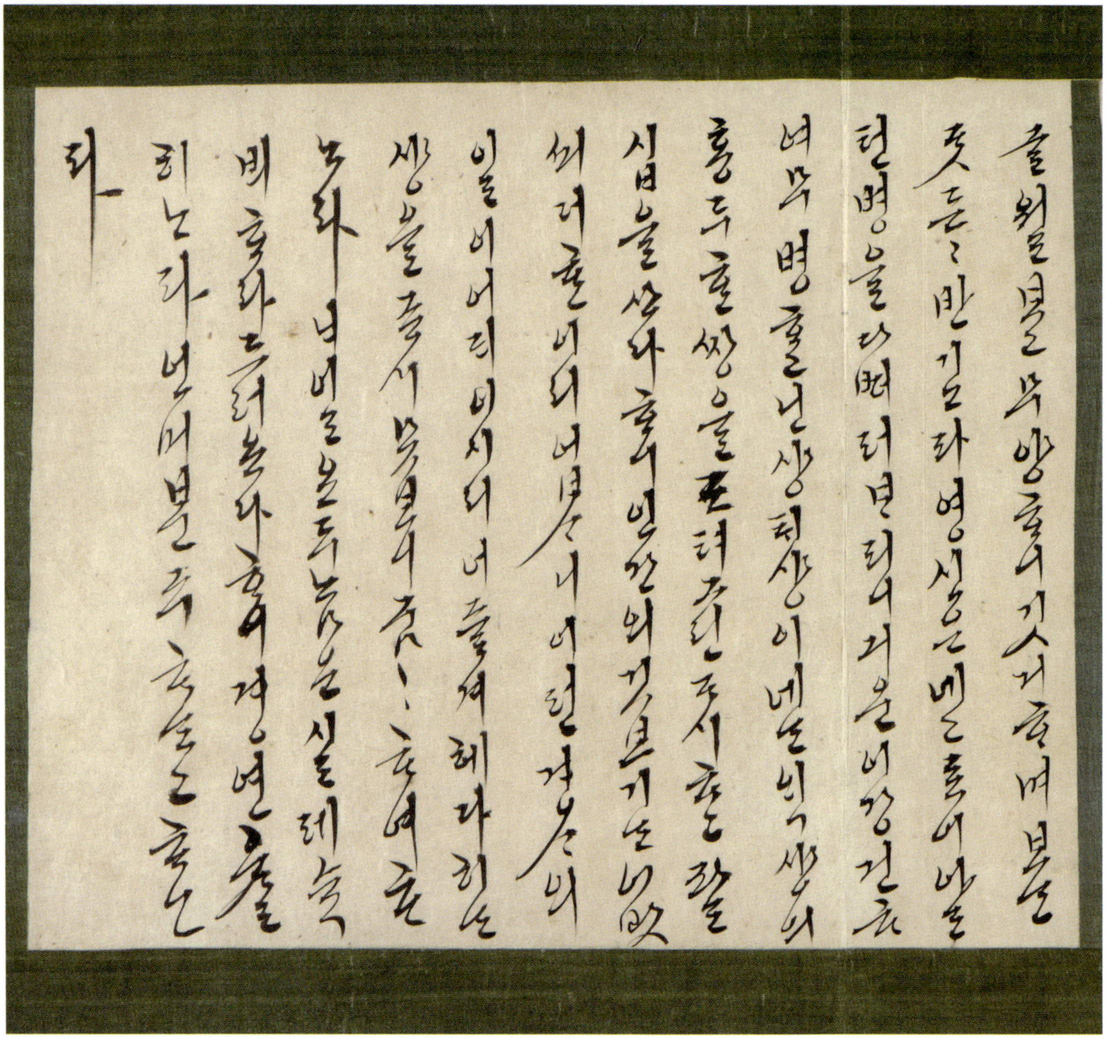

<현대역>

글을 보고, 무양하니 기뻐하며 보는 듯 든든 반기노라. 영신은 네가 괴로이 앓던 병을 다 떨쳐 버리니 기운이 강건ᄒᆞ여 무병하고 닌상과 태상이는 액상의 홍두 한 쌍을 도려 그린 듯이 하고 팔십을 산다 하니 인간에게 기쁘기는 이밖에 더한 일이 없으니 이런 경사의 일이 어디 있으리. 네가 즐겨하는 모습을 즉시 못 보니 궁금하여 하노라. 내일 요 두 놈은 신래숙배하러 들어온다 하니 경연 차리느라 얼마나 분주히 하는고 하노라.

<언간취지>

인선왕후가 숙휘공주에 쓴 답장으로, 새해 맞아 숙휘공주가 앓던 병이 낫고 닌상과 태상이의 천연두가 잘 치료된("ᄋᆡᆨ샹의 홍두 ᄒᆞᆫ 쌍을 도려 그린 ᄃᆞ시 ᄒᆞ고") 내용이 실려 있다. 닌상과 태상이가 임금께 숙배하러 궁에 온다는 내용도 있다. 닌상과 태상이는 숙휘공주의 두 아들의 아명(兒名)이다.

<주석>

1) 닌샹 ᄐᆡ샹이: 닌상과 태상. '닌샹'은 앞선 인선왕후 편지에서 확인하였으나 'ᄐᆡ샹이'는 처음 출현한다. 태상이는 혼인한 정태일(鄭台一)의 아명이다.
2) ᄋᆡᆨ샹의 홍두 ᄒᆞᆫ 쌍 도려 그린 ᄃᆞ시 ᄒᆞ고: 액상(額上)의 홍두(紅豆) 한 쌍을 도려 그린 듯이 하고. 천연두가 낫는 과정에서 피부에 남은 상흔으로 추정된다.
3) 즐겨 헤다히는: 즐겨 헤대는.
4) 즌시: 즉시. 1음절의 말음 'ㄱ'이 'ㄴ'으로 표기된 이유가 분명하지 않다.
5) 실레 숙ᄇᆡ: 신래 숙배(新來 肅拜). 문과에 급제한 사람이 어전에 와서 하직하는 예. 여기에서는 '신래'는 본 뜻과 다른 의미로 해석되는데 닌상과 태상이가 천연두를 무사히 치른 것에 대한 인사가 아닌가 하다.

인선왕후 언찰 어필 15

보내는 이　인선왕후
받는 이　(女) 숙휘공주

<판독문>

글월 보고 보ᄂᆞᆫ ᄃᆞᆺ 듣〻 반기나 부마의 병이 날로
ᄒᆞ리ᄂᆞᆫ 일은 업고 ᄆᆡ양 ᄒᆞᆫ가지니 ᄒᆞᄅᆞ 이틀 ᄒᆞ여
ᄇᆞᆯ셔 반 ᄃᆞᆯ이 나마 가니 이런 ᄀᆞᆸ〻고 민망〻 ᄒᆞᆫ 이리
어ᄃᆡ 이시리 병과 죽과ᄂᆞᆫ 되여야 됴타 ᄒᆞ니 ᄒᆞᆫ 시
ᄀᆞᆨ 부븨수처[1] 알코 됴화야[2] 됴흔ᄃᆡ 뎌리 어렴풋
ᄒᆞ고[3] 이시니 더욱 ᄀᆞᆸ〻ᄒᆞ여 ᄒᆞ노라 ᄂᆡ일 드러오면
싀훤이 긔별이나 드ᄅᆞᆯ가 ᄒᆞ노라 ㅣ닌샹의 오누
의ᄂᆞᆫ 드러오니 너희ᄅᆞᆯ 보ᄂᆞᆫ ᄃᆞᆺ 듣〻ᄒᆞ여 ᄒᆞ며 닌샹
이ᄂᆞᆫ 그놈이 막 에엿벗고[4] 얼굴ᄒᆞ고[5] 젼의 볼 적
과 ᄉᆞ이 ᄀᆞ라 되여시니[6] 더옥 에엿브다 효희ᄂᆞᆫ 고연이
아ᄆᆞᄅᆞᆯ 보와도 우디 아니ᄒᆞ고 너펄고[7] 에엿브니
어제 오ᄂᆞᆯ은 그것ᄃᆞᆯ로 쇼일을 ᄒᆞ고 너도 보ᄂᆞ니
삼고져 일ᄏᆞᆺ노라 니형익[8]이ᄅᆞᆯ 다시 뵈여나
보고져 ᄒᆞ면 비록 싀골 가실씨라도 블리고
져 ᄒᆞ니 그ᄅᆞᆯ 의논ᄒᆞ여 오나라[9]

<원문>

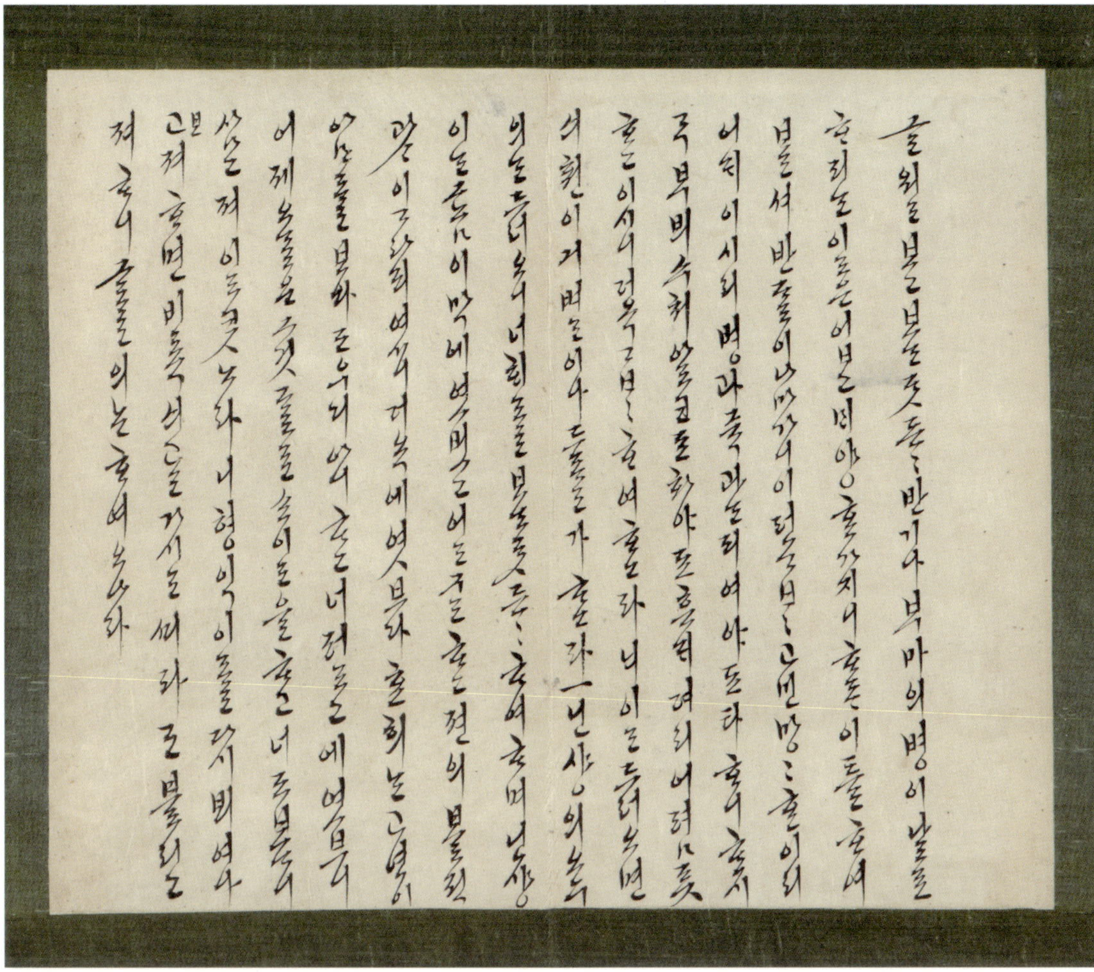

<현대역>

글을 보고, 보는 듯 든든 반기나 부마의 병이 날로 낫는 일이 없고 매양 한가지니 하루 이틀 하여 벌써 반달이 넘어가니 이런 갑갑하고 민망 민망한 일이 어디 있으리. 병과 죽은 되어야 좋다 하니 한 시각 몹시 부대끼어 앓고 좋아져야 좋은데 저리 어렴풋하고 있으니 더욱 갑갑하여 하노라. 내일 들어오면 시원히 기별이나 들을까 하노라. 닌상이의 오누이는 들어왔으니 너희를 보는 듯 든든하며 닌상이는 그놈이 막 어여쁜 얼굴이 전에 볼 적과 그 사이 달라졌으니 더욱 어여쁘다. 효희는 여전히 아무를 보아도 울지 아니하고 너펄거리고 어여쁘니 어제 오늘은 그것들로 소일을 하고 너를 보는 것을 이것으로 삼고자 일컫노라. 이 형익이를 다시 보여나 보고자 하면 비록 시골 가 있을지라도 부르게 하고자 하니 그를 의논하여 오너라.

<언간취지>

인선왕후가 숙휘공주에게 쓴 답장으로, 부마의 병이 호전되지 않는 것에 대해 걱정하는 내용과 닌상이와 효희가 먼저 궁궐에 들어와 있는 내용 등이 실려 있다. 이 편지는 인선왕후의 답장이기는 하나 다음날 들어오는 숙휘공주에게 쓴 편지라는 점에서 특이하다("ᄂᆡ일 드러오면 싀훤이 긔별이나 드ᄅᆞᆯ가 ᄒᆞ노라"). "니형익이ᄅᆞᆯ 다시 뵈여나 보고져 ᄒᆞ면 비록 싀골 가실 ᄶᅵ라도 블리고져 ᄒᆞ니 그ᄅᆞᆯ 의논ᄒᆞ여 오나라"의 내용으로 보아 '니형익'을 보고자 한다면 입궁하기 전에 미리 의논하여 오도록 하기 위해 다음날 들어오는 숙휘공주에게 급하게 편지를 쓴 것으로 추정된다.

<주석>

1) 부븨수처: 몹시 부대끼어. 부븨숯-+-어. 어간 '부븨숯-'은 '부븨-'와 '숯-'가 결합한 비통사적 합성어이다. '부븨-'는 '비비다' 정도의 의미이고 '숯-'는 '들레다' 정도의 의미이다.

2) 됴화야: 좋아져야. 됴호-+-아야. 어간 '됴호-'는 형태나 의미로 보아 '둏-'에서 기원한 것으로 보이나 '오'가 첨가된 '됴호-'로 실현된 연유를 밝히기가 쉽지 않다. '좋아지다'의 의미를 고려하면 피동 접미사 '-오-'가 결합된 것이 아닌가 하나 피동 접미사 '-오-'가 확인되지 않으므로 그리 분석하는 것은 어려움이 있다. 물론 음운론적 동기도 찾기 어렵다.

3) 어렴풋하고: 어렴풋하고, 뚜렷하지 아니하고 흐릿하게.

4) 에엿벗고: 어여뻤고.

5) 얼굴ᄒᆞ고: 얼굴이. 얼굴+-ᄒᆞ고. "얼굴ᄒᆞ고"는 후행하는 "전에 볼 적과"에 쌍을 이루는 성분으로 접속 조사 '-ᄒᆞ고'로 분석되나 문장 성분 관계를 볼 때는 '얼굴이'로 해석하는 것이 자연스럽다.

6) ᄀᆞ라 되여시니: 달라졌으니, 바뀌었으니. 'ᄀᆞ라'의 어간 'ᄀᆞᆯ-'는 '갈다', '바꾸다'의 의미로 쓰였다.

7) 너펄고: 너펄거리고. 너펄-+-고. 어간 '너펄-'는 현대 국어에서 단독으로 쓰이는 일이 없고 '너펄거리다', '너펄대다'와 같이 쓰이므로 어간 '너펄-'의 확인은 '너펄거리다', '너펄대다'의 단어 형성에 대한 분석에 중요한 근거가 될 수 있다. 여기에서는 어린아이들이 펄쩍펄쩍 뛰는 모양으로 해석된다.

8) 니형익: 미상. 김일근·이종덕(2000)에서는 어의(御醫)로 기술하였다.

9) 오나라: 오너라. 오-+-나라.

인선왕후 언찰 어필 16

보내는 이　인선왕후
받는 이　(女) 숙휘공주

<판독문>

글월 보고 무ᄉᆞᄒᆞ니 깃거ᄒᆞ며 보ᄂᆞᆫ ᄃᆞᆺ 든〻
반기노라 그리 나간 디 날이 ᄑᆞ니[1] 그덧[2] ᄉᆞ이도
섭〻ᄒᆞ고 그립기 ᄀᆞ이업ᄉᆞ니 이 두서 ᄃᆞᆯ을
어이ᄒᆞᆯ고 ᄆᆞᄋᆞᆷ 굿버ᄒᆞ노라 ᄉᆞ연도 보고 ᄑᆞᆯ
매질은 다ᄅᆞᆫ 흉ᄒᆞᆫ 일은 아니라 ᄒᆞᆫ다 ᄒᆞ
거니와 졸연히[3] 그런 괴이ᄒᆞᆫ 일이 업다
ᄏᆞ니와 긔야 잘 딘뎡곳[4] ᄒᆞ면 관겨티 아니
ᄒᆞ니 념녀ᄅᆞᆯ 마라 교리[5]ᄂᆞᆫ 또 번[6]을 드러시니
이런 셔열[7]의 샹ᄒᆞᆯ가 글로 민망ᄒᆞᆫ[8] 듕 ᄀᆞᆺ
득[9] 실티 못ᄒᆞᆫ 사ᄅᆞᆷ이 이 빼면 더옥 음식
도 실히 못ᄒᆞᄂᆞᆫ 사ᄅᆞᆷ이니 가지〻 념이 ᄀᆞ이
업서ᄒᆞ노라 그 집이 하 협칙ᄒᆞ더라[10]
ᄒᆞ니 ᄀᆞᆺ득 열 만ᄒᆞᆫ 거시 어이 디내ᄂᆞᆫ고 닛
디 못ᄒᆞ여 ᄒᆞ며 밥이나 잘 먹ᄂᆞᆫ다 대궐
이신 적도 됴셕을 싸호ᄃᆞ시 ᄒᆞ여야 먹
던ᄃᆡ ᄆᆞᄋᆞᆷ으로 가셔[11] 일뎡[12] 아니 먹을 거시니
네 상을 보ᄂᆞᆫ ᄃᆞᆺᄒᆞ여 니치일[13] ᄉᆞ이 업서ᄒᆞ노라

<원문>

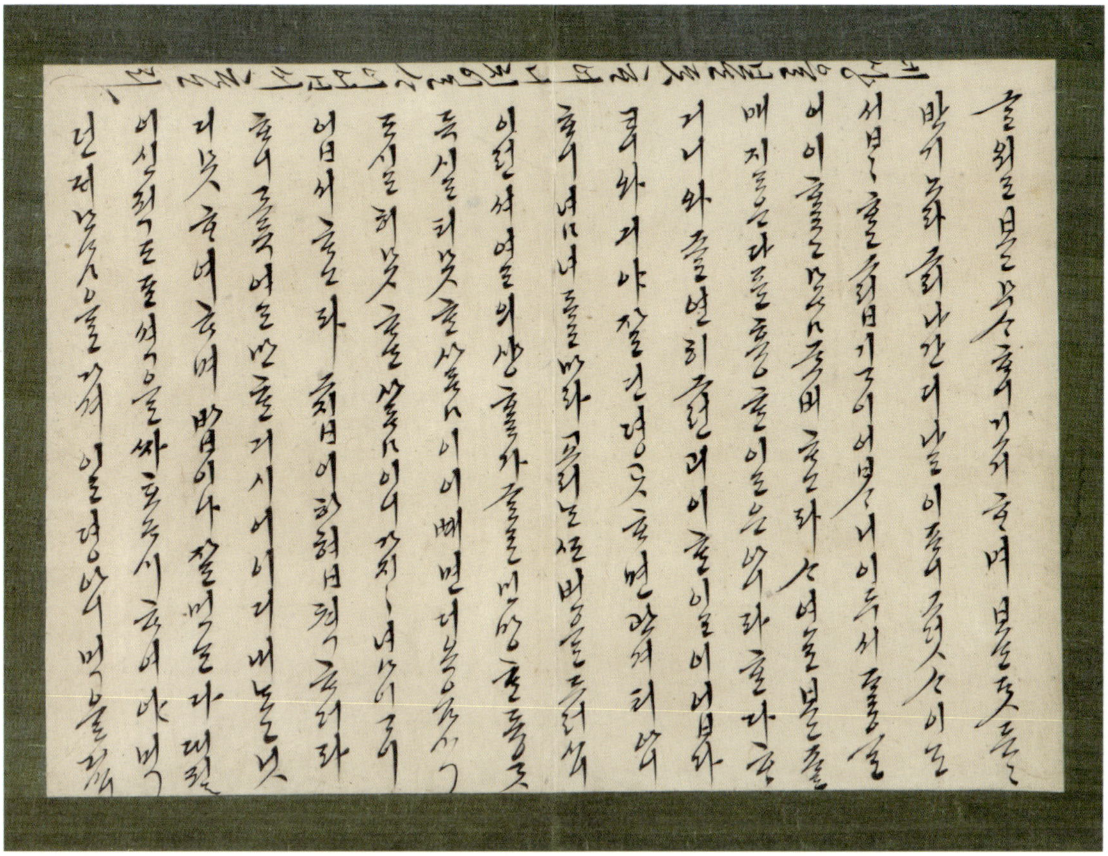

<현대역>

글을 보고, 무사하니 기뻐하며 보는 듯 든든 반기노라. 그리 나간 지 날이 거듭되니 그동안도 섭섭하고 그립기 그지없으니 이 두어 달을 어이할꼬. 마음이 좋지 않노라. 사연을 보고 팔매질은 다른 흉한 일은 아니라 한다 하거니와 졸연히 그런 괴이한 일이 없다 하였는데 그야 잘 진정만 하면 관계치 아니하니 염려를 마라. 교리는 또 번(숙직)을 들었으니 이런 더위에 상할까 그로 민망한 중 가뜩 부실한 사람이 이때면 더욱 음식도 실히 못하는 사람이니 가지가지 염려 그지없어 하노라. 그 집이 많이 협착하더라 하니 가뜩 열 많은 것이 어이 지내는고 잊지 못하여 하며, 밥이나 잘 먹느냐? 대궐 있을 때도 조석을 싸우듯이 하여야 먹던데 추측컨데 일정 아니 먹을 것이니 네 상을 보는 듯하여 잊힐 사이 없노라.

<언간취지>

인선왕후가 숙휘공주에게 쓴 답장이다. 이 편지도 자식을 항상 걱정하는 어머니의 마음이 곳곳에 드러나 있다. 한편, 숙휘공주가 입궁했다가 사가로 뒤돌아간 뒤 다시 입궁하는 시간 간격을 알 수 있는 글귀가 있다. "그라 나간 디 날이 ᄑᆞ니 그덧 ᄉᆞ이도 섭〻ᄒᆞ고 그립기 ᄀᆞ이업ᄉᆞ니 이 두서 ᄃᆞᆯ을 어이ᄒᆞᆯ고"를 보면 숙휘공주가 사가에서 두어 달 지내다가 입궁하여 하루 이틀 시간을 보내고 다시 사가로 되돌아간 일정을 확인할 수 있다. 당시 왕래가 얼마나 잦았는지는 알 수 없으나 이 사연의 내용을 보아 출가한 공주들이 두어 달 간격으로 궁궐 왕래가 있었던 것으로 보인다.

<주석>

1) ᄑᆞ니: 거듭되니. ᄑᆞ-+-니. 어간 'ᄑᆞ-'는 '거듭하다' 정도로 해석된다. 중세 국어 "ᄒᆡ디 나며 ᄃᆞᆯ 파"(經年累月)『삼강행실도』에서도 'ᄑᆞ-'가 '거듭하다'의 의미로 쓰인 것이 확인된다.
2) 그덧: 그동안. 그+덧. '덧'이 '때'와 같은 의미로 쓰였다.

3) 졸연히: 졸연히(猝然). 갑작스럽게.

4) 딘뎡곳: 진정만. 딘뎡+-곳. '-곳'은 강조를 나타내는 보조사로 조건 접속문의 선행절에 주로 통합하였다. 근대 국어에 이르러 소멸의 단계를 거쳐 현대 국어에서는 그 쓰임을 찾아보기 어렵다.

5) 교리: 교리(校理). 홍문관, 승문관의 종오품 벼슬.

6) 번: 번(番). 여기에서는 '숙직'(宿直)을 말함.

7) 서열: 서열(暑熱). 심한 더위.

8) 민망한: 민망한(憫惘). 보기에 답답하고 딱하여 안타깝다의 뜻으로 쓰였다.

9) ᄀᆞ득: 가뜩.

10) 협칙하더라: 협착(狹窄)하더라. 협착하다. 자리가 좁다.

11) ᄆᆞᄋᆞᆷ을 가셔: 미상. 맥락적으로 볼 때 '추측하건데', '마음으로 미루어 보건데' 정도로 보인다.

12) 일정: 일정(一定). 정한 때.

13) 니치일: 잊힐.

명성왕후 언찰 어필

명셩왕후 언찰 어필

명성왕후 언찰 어필 01

보내는 이　명성왕후
받는 이　(叔妹) 숙휘공주

<판독문 1>

요ᄉᆞ이
긔운이나[1] 무ᄉᆞ히 디내ᄋᆞᆸ시ᄂᆞᆫ가 아ᄋᆞᆸ고져[2] ᄒᆞ오며 병환은
비록 비경타[3] ᄒᆞ오나 져믄 사ᄅᆞᆷ이니 ᄌᆞ연 아니 ᄒᆞ리오랴[4] ᄇᆞ라
ᄋᆞᆸ다가 ᄆᆞᄎᆞᆷ내 구티 못ᄒᆞ오니 하 ᄈᆞᆫᄒᆞᄋᆞᆸ고 특〻ᄒᆞ오니 이 엇
던 일이온고[5] 아ᄆᆞ리 ᄉᆡᆼ각ᄒᆞ와도 거ᄌᆞ 일 ᄀᆞᆺᄌᆞᆸ고[6] ᄌᆞ겨[7] ᄆᆞᄋᆞᆷ이나
인평위 ᄆᆞᄋᆞᆷ이나 그저ᄃᆞ록 ᄂᆞᆷ의 업ᄉᆞᆫ 용ᄒᆞᆫ 인심을 가지고셔
뎌리 되오니 텬되 그리ᄃᆞ록 무디ᄒᆞ실샤[8] 원이ᄋᆞᆸ도소이다[9]
히ᄂᆞᆫ 졈〻 기ᄋᆞᆸ고 어이 구러[10] 셰월을 디내ᄋᆞᆸ실고 ᄌᆞ겨 ᄆᆞᄋᆞᆷ
을 ᄉᆡᆼ각ᄒᆞ오면 목이 메ᄋᆞᆸ고 에엿브ᄋᆞᆸ실샤 ᄌᆞ계야 하ᄂᆞ님도 그대
도록 ᄂᆞᆷ의 인ᄉᆡᆼ도 셜이도 민ᄃᆞᄅᆞ션댜[11] 샹해[12] ᄀᆞ래옴이나[13]
번화ᄒᆞᆫ[14] 거슬 ᄂᆞᆷ의 뉴의[15] 됴화ᄒᆞᄋᆞᆸ시던 일과 유화
ᄒᆞᄋᆞᆸ시던[16] 일 가지〻 곰〻 ᄉᆡᆼ각ᄒᆞ오면 일ᄀᆞ도 니치온 배 업
ᄉᆞ와 인ᄒᆞ여 병도 되올가 시브오이다 엇던 사ᄅᆞᆷ은 싀동
ᄉᆡᆼ이라 ᄒᆞ고 ᄂᆞ려 혜ᄋᆞᆸᄂᆞᆫ고 실로 내 동ᄉᆡᆼ인ᄃᆞᆯ ᄆᆞᄋᆞᆷ의 이대도록
못 니치ᄋᆞᆸ고 섧ᄉᆞ오면 어이ᄒᆞ오링잇가[17] 어려셔브터 동갑
동갑 ᄒᆞᄋᆞᆸ고 각별이 ᄒᆞᄋᆞᆸ다가 ᄌᆞ계[18] 뎌리 되ᄋᆞᆸ시니 슬ᄃᆞ
리 못 닛치ᄋᆞᆸ고 에엿브ᄋᆞᆸ시니 ᄎᆞᆯ히 ᄆᆞᄋᆞᆷ이 사오나온 사ᄅᆞᆷ ᄀᆞᆺᄌᆞ

<원문>

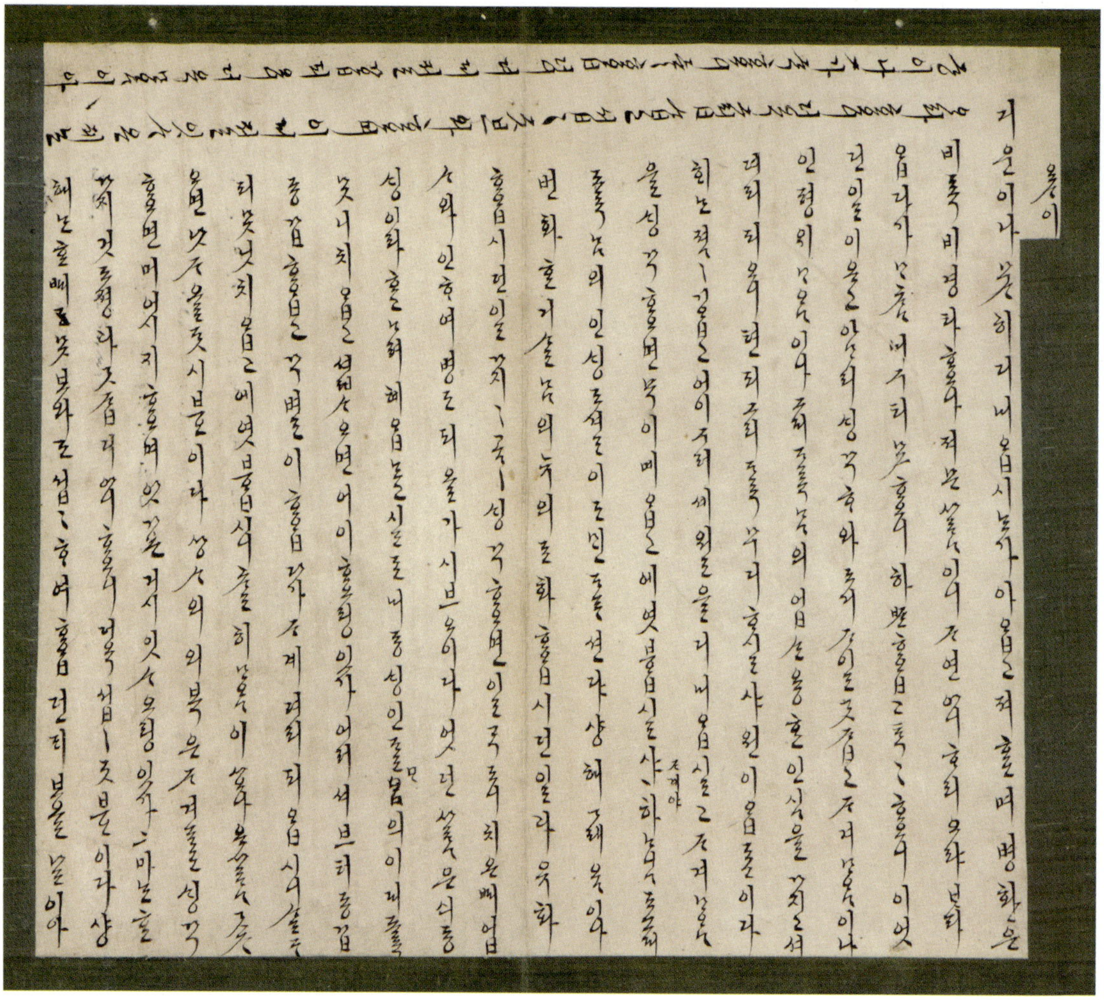

<현대역>

요사이, 기운이나 무사히 지내시는가 알고자 하오며 병환은 비록 가볍지 않다 하오나 젊은 사람이니 자연히 아니 나으랴 바라옵다가 마침내 구하지 못하오니 많이 짠하고 답답하오니 이 어찐 일이온고. 아무리 생각하여도 거짓 일 같고 자기 마음이나 인평위 마음이나 그저 그토록 남에게 없는 용한 인심을 가지고서 저리 되오니 천도가 그토록 무지하실세 원망하도소이다. 해는 점점 길어지고 어이 돌아다니며 세월을 지내실고 자겨 마음을 생각하면 목이 메고 불쌍하실세. 자기야 하나님도 그토록 남의 인생도 서럽게도 만드셨도다. 항상 분별하거나 번화한 것을 남들과 조화하시던 일과 유화하시던 일 가지가지 곰곰 생각해보면 일각도 잊히는 바 없이 그로 인하여 병이 되었을까 싶습니다. 어떤 사람은 시동생이라 하고 낮추어 생각하는고. 실로 내 동생인들 마음에 이토록 못 잊히고 서러우면 어찌하오리이까? 어려서부터 "동갑", "동갑"하고 각별히 지내다가 자기가 저리 되시니 살뜰히 못 잊히옵고 불쌍하시니

<판독문 2>

오면 낫ᄌᆞ올 ᄃᆞᆺ 시브오이다 상ᄉᆞ의 의복은 ᄌᆞ겨ᄅᆞᆯ ᄉᆡᆼ각
ᄒᆞ오면 머어시 귀ᄒᆞ오며 앗가온 거시 잇ᄉᆞ오링잇가마ᄂᆞᆫ ᄒᆞᆫ
가지 것도 졍과 ᄀᆞᆺᄌᆞᆸ디 아니ᄒᆞ오니 더옥 섭〻 ᄀᆞᆺ브오이다 샹
해ᄂᆞᆫ ᄒᆞᆫ 빼 못 보와도 섭〻ᄒᆞ여 ᄒᆞᄋᆞᆸ던ᄃᆡ 보올 날이 아
ᄋᆞ라ᄒᆞ오니[19] 더옥 그립ᄉᆞᆸ고 섭〻 ᄀᆞᆺ브와ᄒᆞ오며 이 개절[20] 잇ᄉᆞ온 제ᄂᆞᆫ
ᄌᆞᆼ이나[21] 가ᄌᆞᆨᄒᆞ오니[22] ᄃᆞᆫ〻ᄒᆞᄋᆞᆸ더니 뎌 개절 가ᄋᆞᆸ 되오니[23] 더옥 ᄆᆞᄋᆞᆷ이 아
ᄆᆞ라타 업시 ᄀᆞᆺ브오이다 슉경[24] ᄌᆞ겨 니ᄅᆞᄋᆞᆸ시거ᄂᆞᆯ 듯ᄌᆞ오니 진
지를 두서 술은 계유 자ᄋᆞᆸ신다 ᄒᆞ오니 아ᄆᆞ리 셟ᄉᆞᆸ셔도 두로 ᄉᆡᆼ
각ᄒᆞᄋᆞᆸ쇼셔 우흐로 ᄌᆞ뎐으로겨오셔[25] 겨오시고 아래로 어린 아ᄒᆡ들
을 ᄉᆡᆼ각ᄒᆞᄋᆞᆸ시디 그리 ᄒᆞᆫ갓 셜운 일만 ᄉᆡᆼ각고 혬을 아니 헤
ᄋᆞᆸ시 ᄂᆞ닝잇가[26] ᄌᆞ겨ᄂᆞᆫ 외오셔 모ᄅᆞᄋᆞᆸ시거니와 ᄌᆞ뎐으로 겨오
셔 엇디 념녀를 ᄒᆞ오시ᄂᆞᆫ가 너기ᄋᆞᆸ시ᄂᆞ닝잇가 아ᄆᆞ려나 진
지나 잘 ᄌᆞᄋᆞᆸ시고 ᄆᆞᄋᆞᆷ을 위로ᄒᆞ여 디내ᄋᆞᆸ시믈 수업시 ᄇᆞ라ᄋᆞᆸ노
이다 우흐로겨오셔ᄂᆞᆫ 안질로 회셔[27] 즉시 못 ᄒᆞ오시고 ᄀᆞ이업
시 섭〻ᄒᆞ여 ᄒᆞ오시ᄂᆡ이다[28] 나도 ᄇᆞᆯ셔나 글
월이나[29] 뎍ᄉᆞ올 거시오ᄃᆡ 망극 듕 보ᄋᆞᆸ시기 폐롭ᄉᆞ올
가 이제야 뎍ᄉᆞ오며 섭〻ᄒᆞ여 ᄒᆞᄋᆞᆸ노이다

<원문>

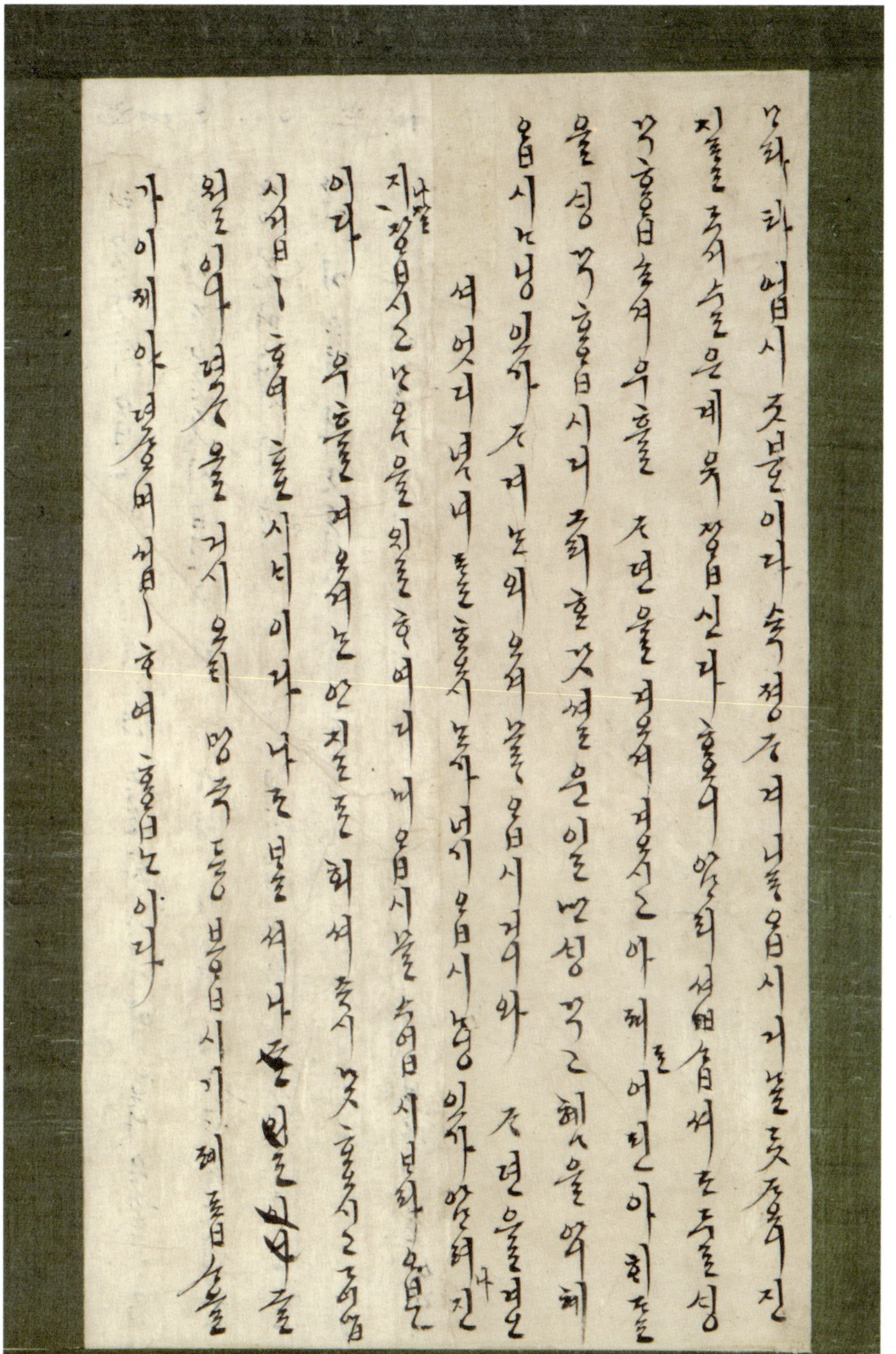

<현대역>

차라리 마음이 사나온 사람 같으면 나을 듯싶습니다. 상사의 의복은 자기를 생각하면 무엇이 귀하오며 아까운 것이 있겠습니까마는 한 가지도 뜻과 같지 아니하오니 더욱 섭섭하고 심란합니다. 평상시에는 한 때 못 보아도 섭섭하여 했는데 볼 날이 아득하니 더욱 그립고 섭섭하고 심란하오며 이곳에 있을 때는 늘 가까우니 든든하더니 저 곳에 가게 되니 더욱 마음이 아무렇다 할 말 없이 심란합니다. 숙정 자격가 말씀하시기를 들으니 진지를 두어 술은 겨우 자신다 하니 아무리 서러워도 두루 생각하옵소서. 위로 자전께서 계시고 아래로 어린 아이들을 생각하시지 그리 한갓 서러운 일만 생각하고 헤아림을 아니 헤아리십니까? 자기는 따로 (떨어져 있어) 모르시거니와 자전께서 어찌 염려를 하시는지 여기십니까? 아무려나 진지나 잘 자시고 마음을 위로하여 지내심을 수없이 바라옵니다. 주상께서는 안질로 회서 즉시 못 하시고 그지없이 섭섭하옵니다. 나도 벌써 글이나 적을 것이되 망극 중 보시기에 폐가 될까 이제야 적으며 섭섭하게 생각합니다.

<언간취지>

명성왕후가 숙휘공주에게 보낸 편지이다. 이 편지는 부마 정제현의 상(喪) 직후에 보낸 편지이다("상ᄉᆞ의 의복은 ᄌᆞ겨ᄅᆞᆯ ᄉᆡᆼ각ᄒᆞ오면 머어시 귀ᄒᆞ오며 앗가온 거시 잇ᄉᆞ오링잇가마ᄂᆞᆫ ᄒᆞᆫ 가지 것도 경과 ᄀᆞᆺᄌᆞᆸ디 아니ᄒᆞ오니 더옥 섭〱 굿브오이다"). 조상 편지로서 상사를 안타까워하며 위로하는 내용과 조상 기간에 몸이 상하지 않도록 기운을 차리기를 당부하는 내용이 실려 있다. 현종의 왕비인 명성왕후는 시누이인 숙휘공주와 매우 가깝게 지냈던 것으로 보인다. 편지의 "실로 내 동ᄉᆡᆼ인ᄃᆞᆯ ᄆᆞᄋᆞᆷ의 이대도록 못 니치ᄋᆞᆸ고 섧ᄉᆞ오면 어이ᄒᆞ오링잇가", "어려셔브터 동갑 동갑 ᄒᆞᄋᆞᆸ고 각별이 ᄒᆞᄋᆞᆸ다가"에서 각별한 우의 관계를 확인할 수 있다.

<주석>

1) 긔운이나: 기운이나. 대두법을 사용하여 높임을 표시하였다.

2) 아ᄋᆞᆸ고져: 알고자. 아-+-ᄋᆞᆸ-+-고져. 어간 '알-'의 받침 'ㄹ'이 'ᄋᆞᆸ' 앞에서 탈락한 활용은 중세 국어 음운 규칙이 유지된 활용 현상이다. 'ᄋᆞᆸ'은 중세 국어 'ᅀᆞᆸ'의 후대형으로 중세 국어에서는 'ㄹ" 받침의 어간이 'ᅀᆞᆸ'과 같은 치음 앞에서 받침 'ㄹ'이 탈락하는 활용 규칙이 있었다.

3) 비경타: 비경하다(非輕). 가볍지 않다.

4) ᄒᆞ리오랴: 나으랴. ᄒᆞ리-+-오-+-랴.

5) 일이온고: 일인지. 일+-이+-오-+-ㄴ고. 명성왕후 편지에서 의문 어미 '-ㄴ고'는 자기 스스로에게 묻는 물음이나 추측을 나타내는 맥락에서만 사용되었다.

6) ᄀᆞᆺᄌᆞᆸ고: 같고. ᄀᆞᆺ-+-ᄌᆞᆸ-+-고. 어간 'ᄀᆞᆺ-'은 'ᄀᆞᇀ-'의 근대 국어 음절말 표기가 반영된 것이나 이때 '-ᄌᆞᆸ-'의 통합은 이 표기 경향을 따르지 않고 그 어간의 원형태에 따라 교체한 분포라는 점에서 특징적이다.

7) ᄌᆞ겨: 자기, 공주. 'ᄌᆞ겨'는 명성왕후 편지에서만 수 번 출현한 형태로 중세 국어 'ᄌᆞ갸'와 관련된다. 그러나 이 'ᄌᆞ겨'는 재귀사 용법으로 쓰이지 않았으므로 중세 국어 'ᄌᆞ갸'와 직접 관련하여 설명하기는 어렵다. 명성왕후 편지에서 'ᄌᆞ겨'는 2인칭 대명사로 해석할 때 아주 자연스러우므로 2인칭 대명사 용법으로 설명하는 것이 온당해 보이나 김일근·이종덕(2000)에서는 '공주'를 지칭하는 궁중 용어로 기술한 바 있다.

8) 무디ᄒᆞ실샤: 무지하실세. 무디ᄒᆞ-+-시-+-ㄹ샤. '-을샤'는 근대 국어 감탄법 종결어미로 현대 국어 '-을세'로 이어진다.

9) 원이ᄋᆞᆸ도소이다: 원망하도소이다. 원+-이+-ᄋᆞᆸ-+-도소-+-이-+-다. '-도소-'는 감탄의 선어말어미이다.

10) 구러: 돌아다니어. 굴-+-어. 어간 '굴-'의 의미가 분명하지 않으나 맥락을 고려할 때 동사 '굴-'의 의미('여기저기 돌아다니다.')로 해석된다.

11) ᄆᆡᆫᄃᆞᄅᆞ션댜: 만드셨도다. ᄆᆡᆫᄃᆞᆯ-+-ᄋᆞ시-+-어-+-ㄴ댜. '-ㄴ댜'는 중세 국어 감탄법 종결어미 '-ㄴ뎌'에서 양성 모음화한 형태이다.

12) 샹해: 항상.

13) ᄀᆞ래옴이나: 분별하는 것이나. 어간 'ᄀᆞ래-'는 '남의 일을 방해하거나 남을 해롭게 하

다. 또는 맞서서 옳고 그름을 따지다.'의 뜻으로 쓰였다.

14) 번화ᄒᆞᆫ: 번화한(繁華). '번성하고 화려하다.'의 뜻이다.

15) 뉴의: 미상. 앞뒤 맥락을 고려하면 '남들을 조화하여' 정도로 해석할 수 있으므로 '뉴'는 '類'가 아닐까 하다.

16) 유화하ᄋᆞᆸ시던: 유화하시던(柔和). '성품이 부드럽고 온화하다.'의 뜻으로 쓰였다.

17) 어이ᄒᆞ오링잇가: 어찌하오리이까. 어이ᄒᆞ-+-오-+-링-+-잇-+-가. 선어말어미 '-링-'이 특징적이다. 중세 국어의 'ᄒᆞ오리잇가'에서 기원한 형태인데 선어말어미 '-리-'에 받침 'ㅇ'이 첨가된 이유가 분명하지 않다. 이 표현은 명성왕후의 편지에서만 확인된다.

18) 자계: 자기가. 자겨+-ㅣ.

19) 아ᄋᆞ라ᄒᆞ오니: 아득하니. 어간 '아ᄋᆞ라ᄒᆞ-'는 중세 국어 '아ᅀᆞ라ᄒᆞ-'의 후대형으로 '아득하다' 정도로 해석된다.

20) 개절: 미상. '개절'이 두 곳에서 나오는데 앞뒤 맥락을 고려하면 장소를 뜻하는 '곳'으로 추정된다.

21) 증이나: 늘. 항상.

22) 가즉ᄒᆞ오니: 가까우니. 어간 '가즉ᄒᆞ-'는 뜻을 확정하기는 어려우나 앞뒤 문장과, 중세 국어에서 '가ᄌᆞᆨ기'가 '가까이' 정도로 해석되는 것을 보아 '가까우니' 정도로 해석하는 것이 자연스럽다.

23) 가ᄋᆞᆸ 되오니: 가게 되오니. 의미를 고려하면 '가ᄋᆞᆸ 되오니'는 '가ᄋᆞᆸ긔 되오니'에서 '긔'가 빠진 것이 아닌가 하다.

24) 슉졍: 숙정공주(淑靜公主).

25) 자뎐으로겨오셔: 자전(慈殿)께서. 자뎐-+-으로겨오셔. '-으로겨오셔'는 '우흐로겨오셔'의 표현에서도 확인되는데 현대 국어의 '-께서'와 같은 용법으로 쓰였다.

26) 혜ᄋᆞᆸ시ᄂᆞ닝잇가: 생각하십니까.

27) 회셔: 회서(回書). 답장.

28) ᄒᆞ오시ᄂᆡ이다: 하오십니다. ᄒᆞ-+-오-+-시-+-ᄂᆡ-+-이-+-다. '-ᄂᆡ-'는 'ᄂᆞ'와 '이'가 축약된 형태로서 '-시ᄂᆡ다' 정도로 실현되는데 여기에서는 '-시ᄂᆡ이-'로 실현되어 특징적이다.

29) 글월이나: 글이라도. 조사 '-이나'는 때로 가장 좋은 것을 선택하면서 마치 그것이 마음에 차지 않는 선택인 것처럼 표현하는 의미로 쓰였다.

인현왕후 언찰 어필

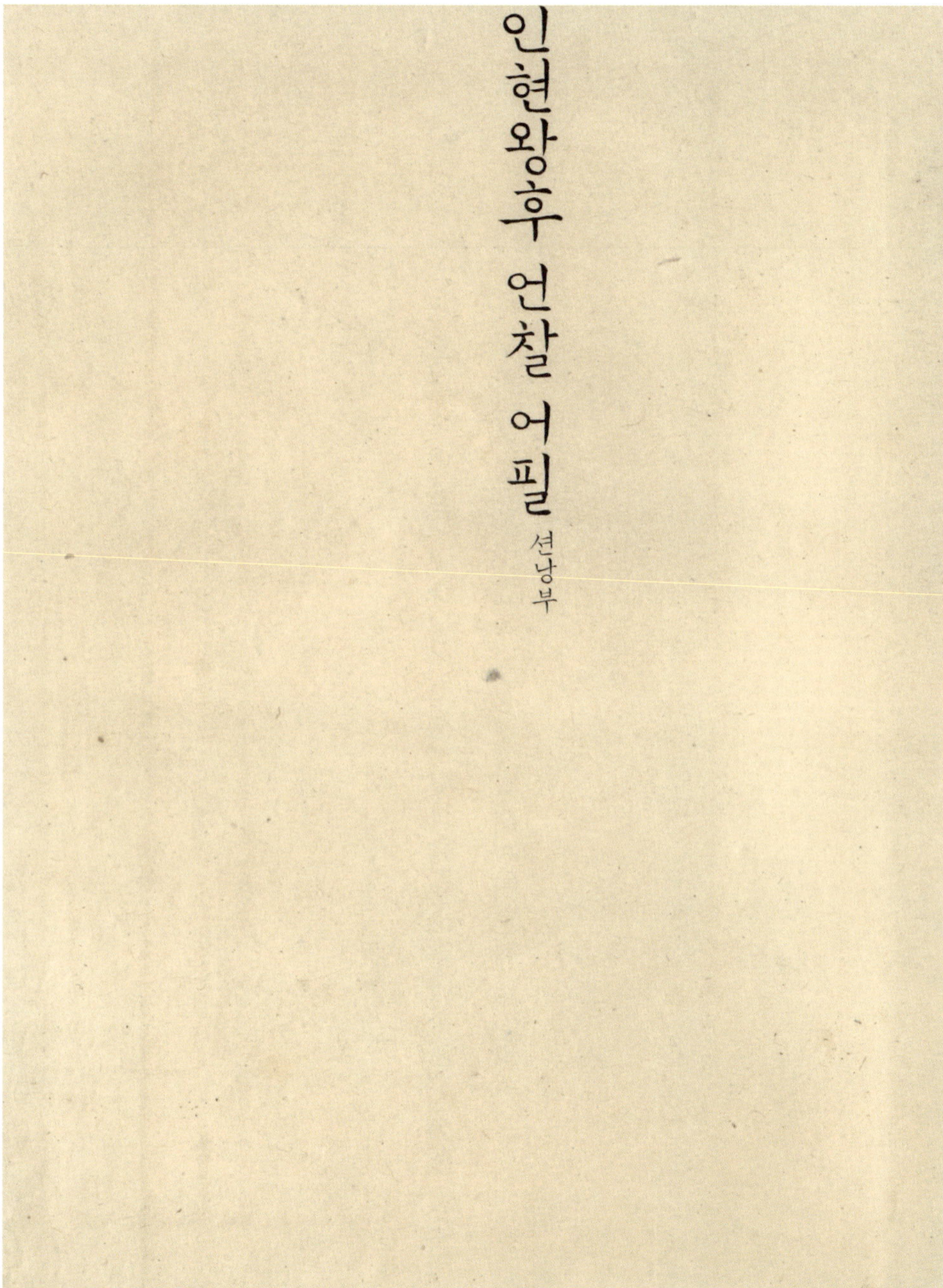

인현왕후 언찰 어필

션낭부

인현왕후 언찰 어필 01

보내는 이 인현왕후

받는 이 (姑母) 숙휘공주

<판독문>

뎍ᄉᆞ오시니[1] 보ᄋᆞᆸ고 평안ᄒᆞ오시니[2] 몬내 알외와ᄒᆞ오며 친히 뵈
ᄋᆞᆸᄂᆞᆫ ᄃᆞᆺ ᄃᆞᆫ〻ᄒᆞ와ᄒᆞᄋᆞᆸ노이다 뎡 셔방[3]은 초시[4]ᄅᆞᆯ ᄒᆞ온가 시브
오니 어ᄂᆞ만[5] 깃ᄉᆞ오시거뇨[6] 깃브오미 아ᄆᆞ라타 업ᄉᆞ와ᄒᆞᄋᆞᆸ노이다
우황냥격원은 잇ᄉᆞᆸᄂᆞᆫ 거시 다만 이ᄲᅮᆫ이오니 두 환 가ᄋᆞᆸᄂᆞ이
다[7] 안신환도 가ᄋᆞᆸᄂᆞ이다 가례ᄂᆞᆫ 엇ᄌᆞ와 가오ᄃᆡ 언ᄒᆡᄂᆞᆫ밧긔[8]
업ᄉᆞᆸ다 ᄒᆞᄋᆞᆸ노이다

<원문>

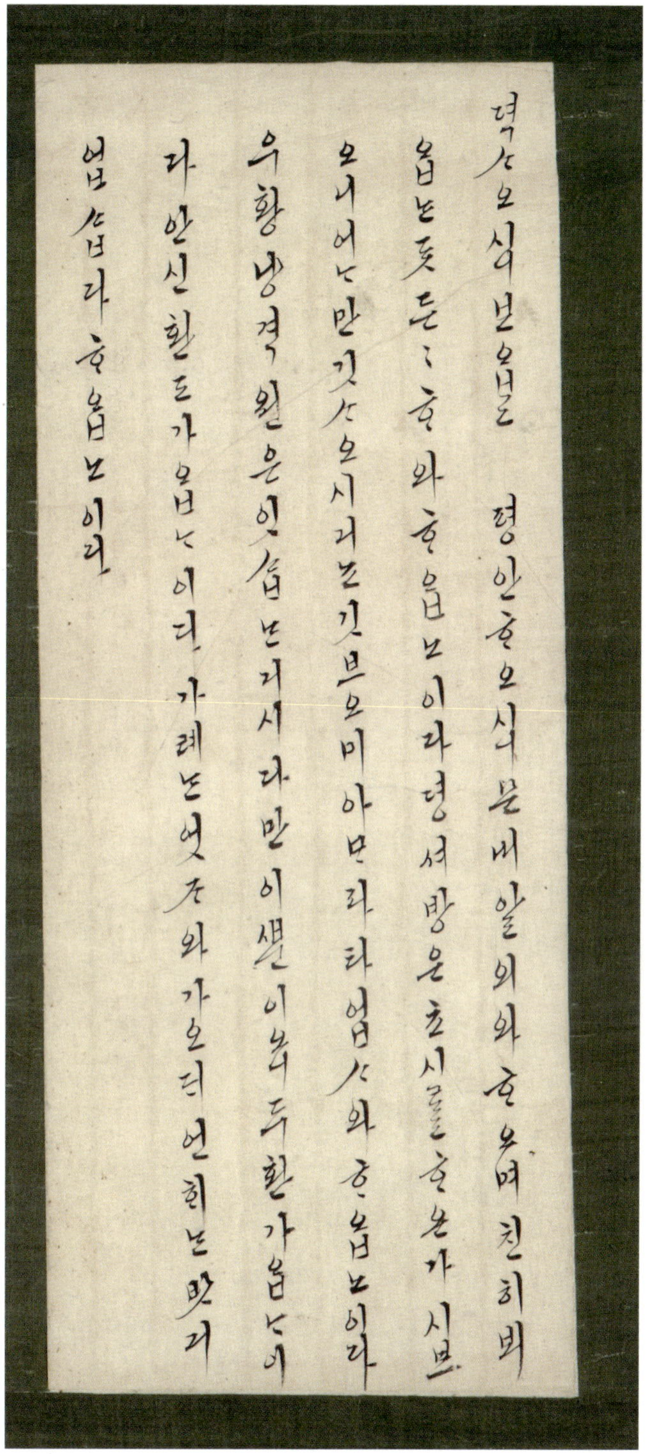

뎍ᄉᆞ오시니 보오니 평안ᄒᆞ오시니 몬내 알외와 ᄒᆞᄋᆞᆸ며 친히 뵈
ᄋᆞᆸᄂᆞᆫ ᄃᆞᆺ 든든ᄒᆞ와 ᄒᆞᄋᆞᆸᄂᆞ이다 뎡셔방은 츠시를 ᄒᆞᆫ가 시브
오니 어ᄂᆞ 만 깃ᄉᆞ오시리ᄂᆞᆫ 깃브오미 아모리타 업ᄉᆞ와 ᄒᆞᄋᆞᆸᄂᆞ이다
우황 냥격 원은 잇ᄉᆞᆸᄂᆞ니ᄭᆞ 다 만 이ᄉᆡᆼ이ᄂᆞᆫ 두환 가ᄋᆞᆸᄂᆞ니
다 안신 환도 가오ᄂᆞ이다 가례ᄂᆞᆫ 엇ᄌᆞ와 가오더 언히ᄂᆞᆫ 맛디
업ᄉᆞᆸ다 ᄒᆞᄋᆞᆸᄂᆞ이다

<현대역>

적으신 것을 보옵고, 평안하오시니 이루 말할 수 없으며 친히 뵈옵는 듯 든든합니다. 정 서방은 초시를 하온가 싶으니 얼마나 기쁘십니까? 기쁘기 이루 말할 수 없습니다. 우황양격원은 있는 것이 다만 이뿐이오니 두 환을 보냅니다. 안신환도 보냅니다. 가례는 얻어 보내되 언해밖에 없다고 합니다.

<언간취지>

인현왕후가 숙휘공주에게 쓴 답장이다. 이 편지 "우황냥격원은 잇ᄉᆞᆸᄂᆞᆫ 거시 다만 이ᄲᅮᆫ이오니 두 환 가ᄋᆞᆸᄂᆞ이다", "가례ᄂᆞᆫ 엇ᄌᆞ와 가오ᄃᆡ 언ᄒᆡᄂᆞᆫ밧긔 업ᄉᆞᆸ다 ᄒᆞᄋᆞᆸ노이다"의 내용으로 볼 때 숙휘공주가 인현왕후에게 약으로 쓸 환과 책 『가례』를 구해 보내주기를 요청하였고 이에 대한 답장으로 인현왕후가 쓴 편지이다. 인현왕후는 숙종의 계비(민유중의 딸)로 궁궐 생활을 시작하였다가 숙종 7년(1681)에 왕비가 되었다.

<주석>

1) 뎍ᄉᆞ오시니: 적으신 것(편지). 대두법을 사용하여 숙휘공주에 대한 높임을 표현하였다.
2) 평안ᄒᆞ오시니: 평안하오시니. 간자법을 사용하여 숙휘공주에 대한 높임을 표현하였다.
3) 뎡 서방: 정 서방. 숙휘공주의 아들 정태일을 가리킨다.
4) 초시: 초시(初試). 과거의 첫 시험 또는 시험에 급제한 사람을 가리킨다.
5) 어ᄂᆞ만: 얼마나. 어ᄂᆞ+-만. 의문사 '어ᄂᆞ'는 의문 관형사 '어느'보다는 의문 대명사 '얼마'로 해석하는 것이 자연스럽다. 한편, 조사 '-만'은 한정이나 시간의 의미보다는 '만큼'의 의미에 가깝다.
6) 깃ᄉᆞ오시거뇨: 기쁘십니까. 깃-+-ᄉᆞ오-+-시-+-거뇨. 종결어미 '-거뇨'가 쓰인 것이 특징적이다. '-거뇨'의 대우 등급을 고려할 때 "ᄒᆞᄋᆞᆸ노이다", "가ᄋᆞᆸᄂᆞ이다"와 같이 'ᄒᆞᄂᆞ이다'체와 어울리는 것이 일반적이지 않기 때문이다.
7) 가ᄋᆞᆸᄂᆞ이다: 보냅니다. 여기에서 동사 '가-'는 '보내다' 정도로 해석된다.
8) 언ᄒᆡᄂᆞᆫ밧긔: 언해밖에. 언ᄒᆡ+-ᄂᆞᆫ+-밧긔. 조사 '-ᄂᆞᆫ'이 통합한 것이 특징적이다.

인현왕후 언찰 어필 02

보내는 이　인현왕후

받는 이　(姑母) 숙휘공주

<판독문>

뎍ᄉᆞ오시니 보ᄋᆞᆸ고 친히 뵈ᄋᆞᆸᄂᆞᆫ ᄃᆞᆺ 든〻ᄒᆞ와ᄒᆞ오며 오ᄂᆞᆯ 드러오〻시면[1] 뵈
올가 ᄒᆞᄋᆞᆸ더니 편티 못ᄒᆞᄋᆞᆸ셔 못 드러오ᄋᆞᆸ시니 섭〻ᄒᆞ오미 아ᄆᆞ라타 업
ᄉᆞ와ᄒᆞᄋᆞᆸᄂᆞ이다

<원문>

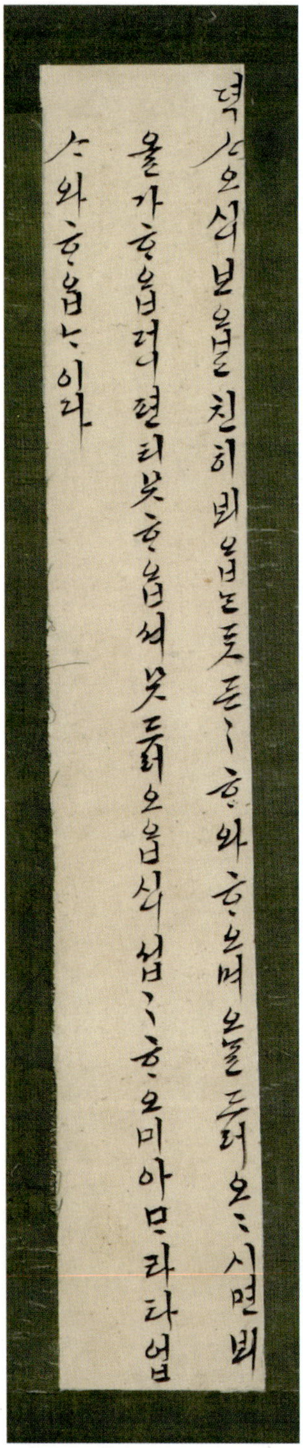

<현대역>

적으신 것을 보옵고, 친히 뵈옵는 듯 든든하며 오늘 들어오시면 뵈올까 했는데 편치 못하셔서 못 들어오시니 섭섭한 것이 이루 말할 수 없습니다.

<언간취지>

인현왕후가 숙휘공주에게 쓴 답장으로, 숙휘공주의 몸이 편치 않은 것을 걱정하는 내용과 궁궐에서 뵙지 못한 것을 섭섭하게 생각하는 내용이 실려 있다.

<주석>

1) 드러오〻시면: 들어오시면. 드러오-+-오-+-시-+-면. 반복 표시 부호 '〻'의 환경이 특징적이다. 겸양법 '-오-'를 선행하는 어간 '드러오-'의 말음절을 반복 부호로 표시함으로써 나타낸 것인데 형태소 내부의 동일 음을 반복 부호로 표시하는 보통의 방식과는 다르다.

인현왕후 언찰 어필 03

보내는 이　인현왕후

받는 이　(姑母) 숙휘공주

<판독문>

요ᄉᆞ이

긔운이나 엇더ᄒᆞ오신고[1] 아ᄋᆸ고져 ᄒᆞ오며

우흐로겨ᄋᆞ오샤[1] 새히 되ᄋᆸ고 나가오션 디 오라오니 섭〻 그

립ᄉᆞ오니 출입의 비련ᄒᆞ다[2] 마오시고 이궁

ᄌᆞ가[3] 흠씌 드러오오시기를 ᄇᆞ라ᄋᆸᄂᆞ이다 뎍ᄉᆞ오라

ᄒᆞᄋᆞ오시니 알외ᄋᆸ거니와 이번이나[4] 쵸록이[5] 조심ᄒᆞ

고 겨오시다가 드러오오쇼셔[6] 거번 ᄀᆞᄌᆞ올가 나ᄂᆞᆫ 기ᄃᆞ

리도 아니ᄒᆞᄋᆸᄂᆞ이다 믭다 ᄒᆞ오실ᄉᆞ록 이리 사

오나이 구오니[7] 쏘 더 믜이게 ᄒᆞ여ᄉᆞᆸ다 ᄒᆞ심이ᄋᆸ[8]

<원문>

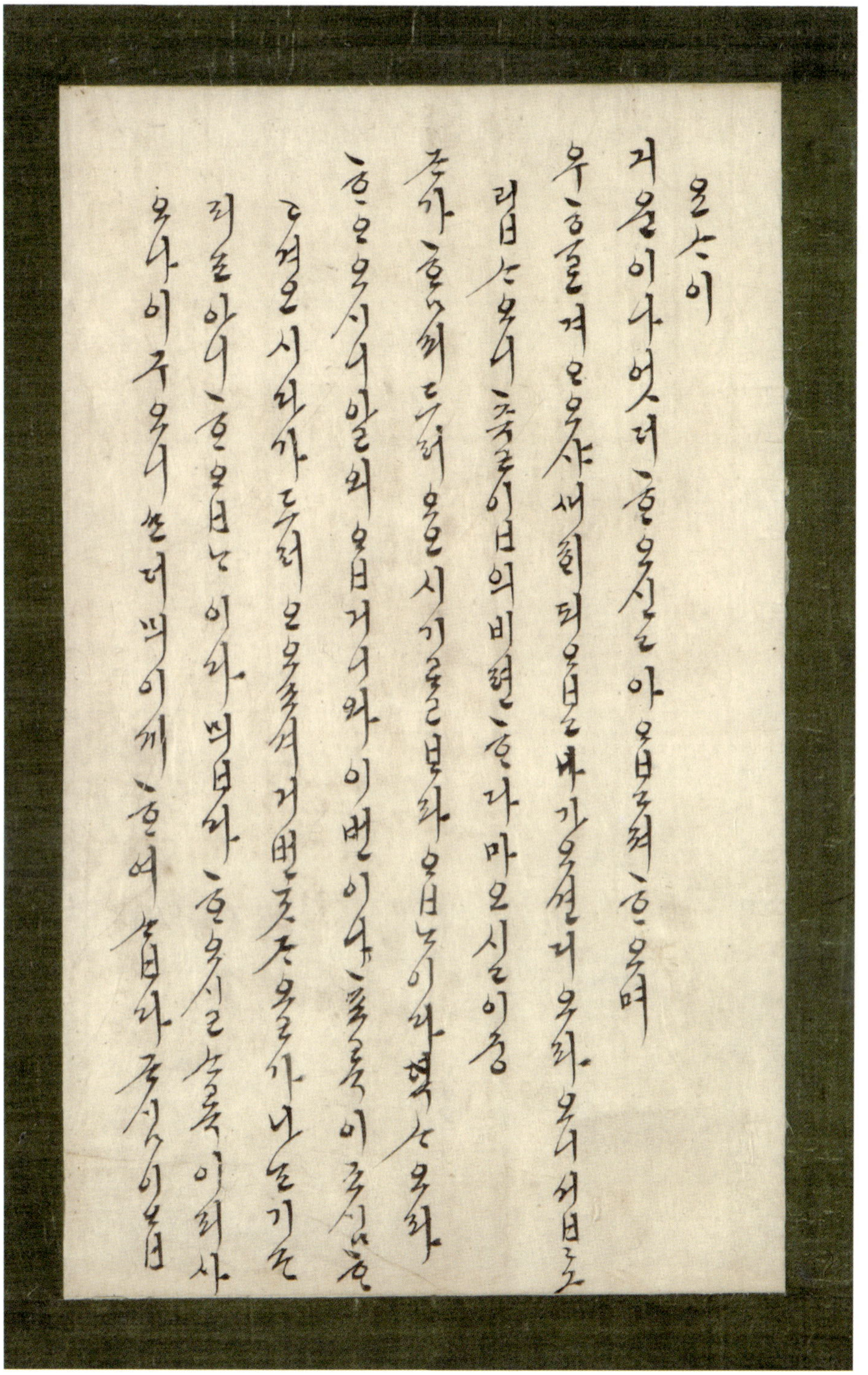

<현대역>

요사이 기운이나 어떠하신지 알고자 하오며 주상께서는 "새해가 되고 나가신 지 오래니 섭섭하고 그리우니 출입하기에 비련하다 마시고 두 분의 공주가 함께 들어오시기를 바랍니다."라고 적으라 하오시니 아뢰옵거니와 이번만큼은 조심히 계시다가 들어오소서. 지난번과 같을까 나는 기다리지도 아니합니다. 밉다 하실수록 이리 사납게 구하니 또 더 밉게 하였다고 근심하옵니다.

<언간취지>

인현왕후가 숙휘공주에게 쓴 편지이다. 숙휘공주가 입궁도 하지 않고 편지도 없어 인현왕후가 주상의 말을 인용하면서까지 궁궐에 들어오기를 간청하는 내용, 앞선 편지에서 숙휘공주가 몸이 편치 않아서 궁궐에 들지 않은 것을 생각하여 건강히 계시다가 입궁하기를 바란다는 내용이 실려 있다. 마지막 부분 "뮙다 ᄒᆞ오실ᄉᆞ록 이리 사오나이 구오니 ᄯᅩ 더 믜이게 ᄒᆞ여숩다 ᄒᆞ심이ᄋᆞᆸ"에서는 인현왕후의 애교스러운 말투를 볼 수 있다.

<주석>

1) 우흘겨ᄋᆞ오샤: 주상(主上)께서. "겨ᄋᆞ오샤"의 'ᄋᆞ오'는 'ᄉᆞᄫ〉ᄋᆞ오〉오'의 발달 과정의 중간 형태이다.
2) 비련ᄒᆞ다: 비련(悲憐)하다. 슬프고 가엾다.
3) 이궁 ᄌᆞ가: 미상. 문맥을 고려할 때 숙휘공주와 그 자매들을 가리키는 것으로 추정된다.
4) 이번이나: 이번만큼은. '-이나'는 조사 '-만큼'의 의미로 해석된다.
5) 드러오오시기를: 들어오시기를. 드러오-+-오-+-시-+-기+-를.
6) 쵸록이: 미상. 뜻이 분명하지는 않으나 후행하는 "조심ᄒᆞ고 겨오시다가"를 수식하는 것으로 보인다.
7) 구오니: 구하오니.
8) ᄒᆞ심이ᄋᆞᆸ: 하십니다. ᄒᆞ-시-+-ㅁ+이-+-ᄋᆞᆸ. 종결의 '-ᄋᆞᆸ'은 언간 자료에서 주로 나타나는 형식이다. 여기에서는 'ᄂᆞ이다' 정도가 생략되어 실현된 것이므로 ᄒᆞᄂᆞ이다체의 대우 등급을 보이나 후대에 종결의 '-ᄋᆞᆸ'이 독립된 어미로 쓰일 때는 대우 등급이 낮아져 하오체 정도의 대우 성격을 보인다.

인현왕후 언찰 어필 04

보내는 이　인현왕후

받는 이　(姑母) 숙휘공주

<판독문>

야간[1)]

긔후 엇더ᄒᆞ오신고 아ᄋᆞᆸ고져 ᄒᆞ오며 오ᄂᆞᆯ이

발인이시다[2)] ᄒᆞᄋᆞᆸ더니 디나시온가 새로이 망극 특

〻ᄒᆞ오심 뵈ᄋᆞᆸᄂᆞᆫ ᄃᆞᆺ 아ᄆᆞ라타 업ᄉᆞ오나 일긔ᄂᆞᆫ 츰

ᄒᆞ오니[3)] 깃브ᄋᆞᆸ기 ᄀᆞ이업ᄉᆞ오이다 쇼식이 막히온 ᄃᆞᆺ

답〻ᄒᆞ올시[4)] 잠 알외ᄋᆞᆸᄂᆞ이다

<원문>

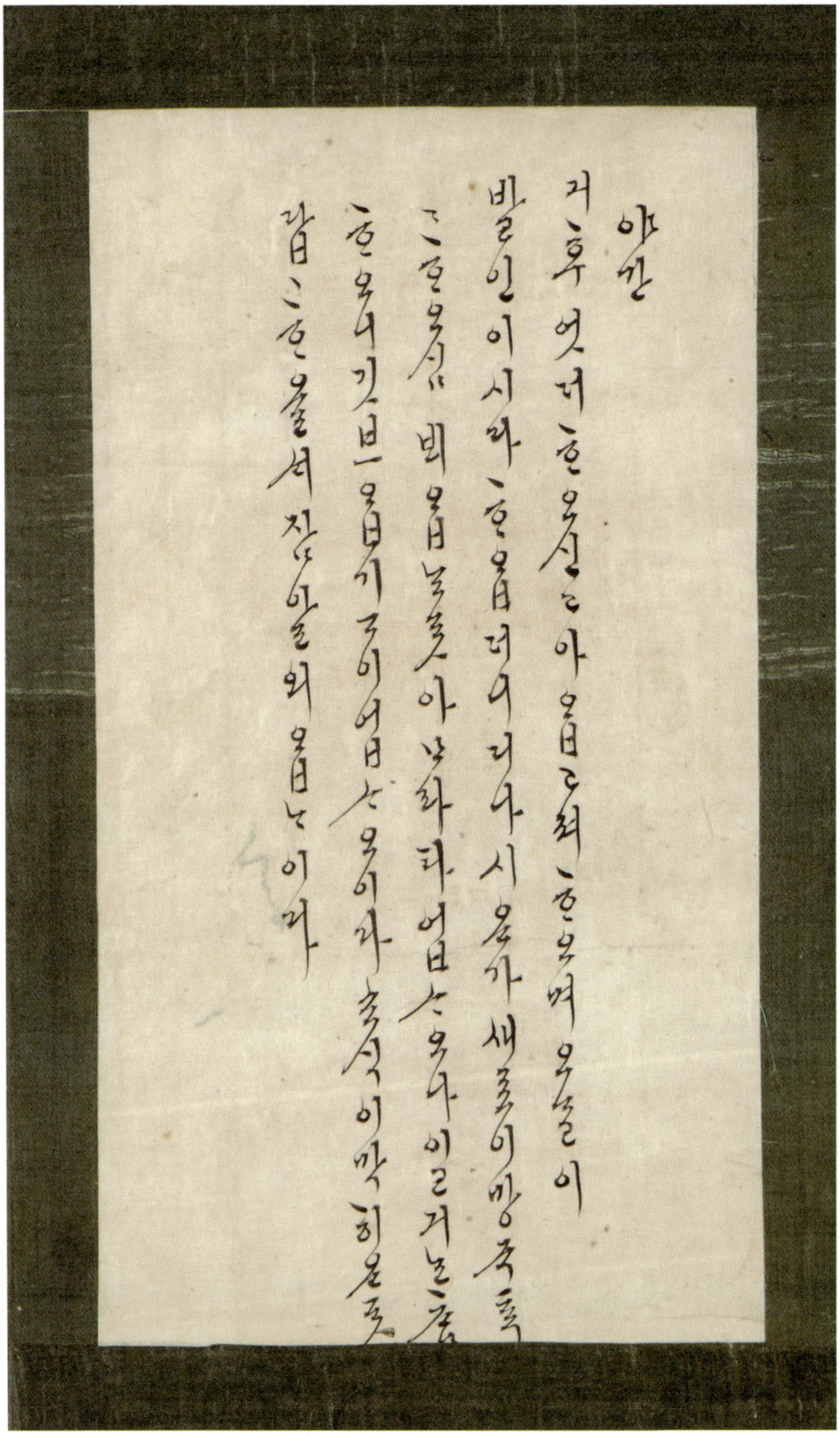

<현대역>

밤사이 기후 어떠하신지 알고자 하오며 오늘이 발인이시다 하옵더니 지나셨는가. 새로이 망극 탁탁하심을 뵈옵는 듯 이루 말할 수 없으나 일기는 참하오니 기쁘기 그지없습니다. 소식이 막힌 듯 답답하므로 잠깐 아뢰옵니다.

<언간취지>

인현왕후가 숙휘공주에게 쓴 편지이다. 이 편지는 숙휘공주의 아들 정태일의 출상(出喪) 내용이 실려 있다. 출상 직후 안부를 물은 편지이다. 정태일은 숙종 11년(1685) 6월 23일에 사망하였으므로 이 편지는 7월에 쓴 것으로 추정된다.

<주석>

1) 야간: 야간(夜間), 밤사이. 인선왕후의 두 편지에서만 앞 부분에 '야간'이 쓰여 있다.
2) 발인이시다: 발인(發靷)이시다. 정태일의 발인을 가리킨다.
3) ᄎᆞᆷᄒᆞ오니: 미상. '일긔ᄂᆞᆫ ᄎᆞᆷᄒᆞ오니 깃브ᄋᆞᆸ기 ᄀᆞ이업ᄉᆞ오이다'의 맥락을 볼 때 '일기가 좋으니', '일기가 사납지 않으니' 정도로 해석된다.
4) 답〻ᄒᆞ올ᄉᆡ: 답답하므로. '-ㄹᄉᆡ'는 원인 접속어미이다.

인현왕후 언찰 어필 05

보내는 이　인현왕후
받는 이　(姑母) 숙휘공주

<판독문>

야간
평안ᄒᆞ오신 일 아ᄋᆞᆸ고져 ᄒᆞ오며 어제
뎍ᄉᆞ오시니 보ᄋᆞᆸ고[1] 친히 뵈ᄋᆞᆸᄂᆞᆫ ᄃᆞᆺ 든〱 반갑ᄉᆞ오미 아
ᄆᆞ라타 업ᄉᆞ와ᄒᆞ오ᄃᆡ ᄯᅩ
평티[2] 못ᄒᆞ오신가 시브오니 민망 념녀 ᄀᆞ이업ᄉᆞ와ᄒᆞ
ᄋᆞᆸᄂᆞ이다 약 블긔[3] ᄂᆞᆫ 즉시〱
아ᄋᆞ오시긔[4] ᄒᆞ와ᄉᆞ오니[5] 드ᄋᆞᆸ거든 보내오리이다

<원문>

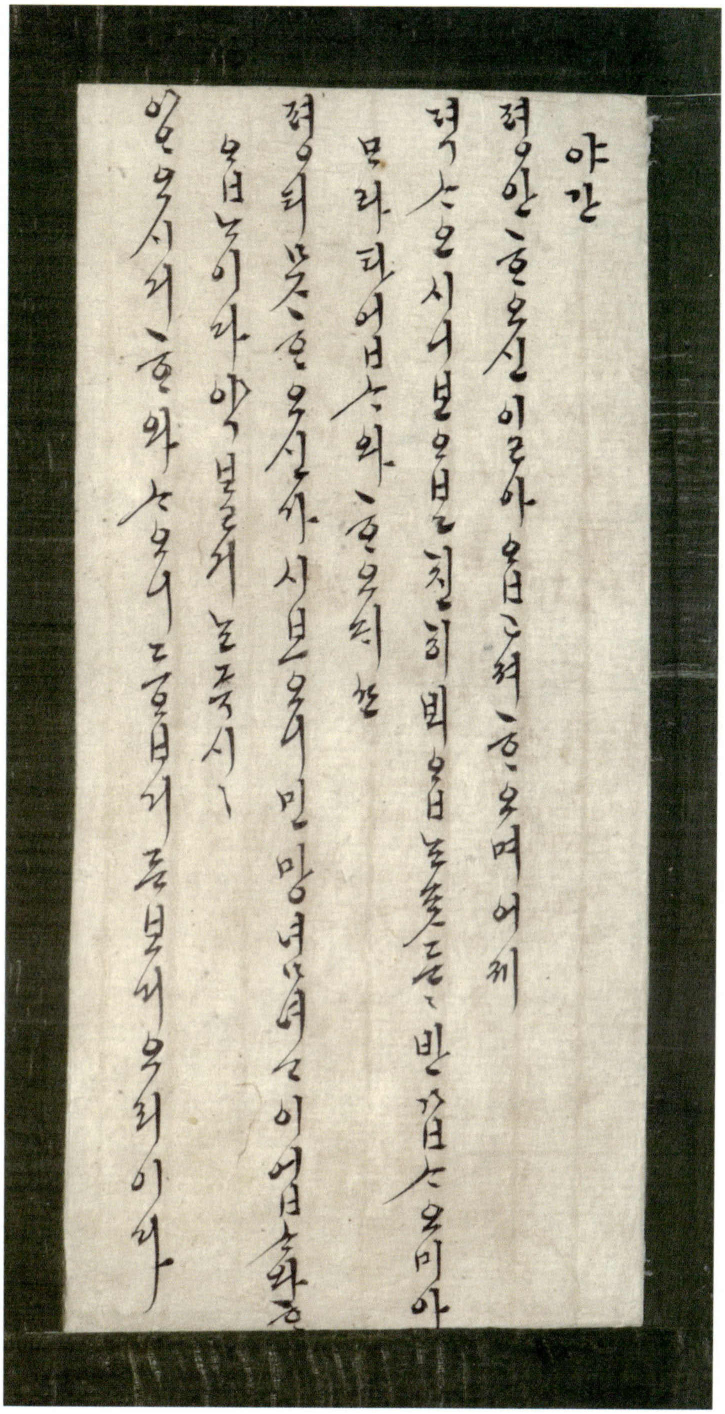

<현대역>

밤사이 평안하신 일 알고자 하오며 어제 적으신 것을 보고 친히 뵈옵는 듯 든든하고 반가움이 이루 말할 수 없으며 또 평안치 못하신가 싶으오니 민망하고 염려가 그지없습니다. 약 발기는 즉시, 즉시 아시게 하였으니 들어오면 보내겠습니다.

<언간취지>

인현왕후가 숙휘공주에게 쓴 답장이다. 이 편지는 숙휘공주가 보낸 편지를 받은 다음날에 인현왕후가 답장한 것이다. 편지를 수신한 날 바로 답장하지 않고 그 다음날에 답장한 것은 숙휘공주가 부탁한 약재를 구하여 보내기 위한 것인데("어제 뎍ᄉᆞ오시니 보ᄋᆞᆸ고"), 사가에서 구하기 힘든 약재를 궁궐에서는 보다 쉽게 구할 수 있었기 때문에 귀한 약재는 궁을 통해 구했던 것으로 보인다. 인현왕후의 답장 편지에는 이러한 내용이 곳곳에 실려 있어("약 ᄇᆞᆯ긔ᄂᆞᆫ 즉시 즉시 아ᄋᆞ오시긔 ᄒᆞ와ᄉᆞ오니 드ᄋᆞᆸ거든 보내오리이다"), 당시의 사회 일면을 보는 자료로 활용될 수 있다.

<주석>

1) 뎍ᄉᆞ오시니 보ᄋᆞᆸ고: 적으신 것을 보고. 숙휘공주가 쓴 편지에 대한 답장 형식을 취하고 있다.
2) 평티: 평안하지(平安). "평티"는 '평안'의 '안'이 누락된 표기이다.
3) 약 ᄇᆞᆯ긔: 약 발기(처방).
4) 아ᄋᆞ오시긔: 아시게. 아-+-ᄋᆞ오-+-시-+-긔. 'ᄋᆞ오'는 중세 국어 'ᄉᆞᄫᆞ>ᄋᆞ오>오'의 중간 변화 형태이다.
5) ᄒᆞ와ᄉᆞ오니: 하였으니. ᄒᆞ-+-오-+-아(앗)-+-ᄉᆞ오-+-니. 겸양 선어말어미 '-오-'가 '-아-'(-앗-)의 앞뒤에 통합한 것은 매우 특이한 현상이다. 동일한 의미 기능의 선어말어미가 다른 형태의 앞뒤에 모두 통합하는 일이 없기 때문이다. 그런데 "ᄒᆞ와ᄉᆞ오니"와

같은 현상이 근대 국어의 몇 문헌에서 확인되는데 이는 '-아-'(-앗-)이 보조 용언 구성인 '-어#잇-'에서 발달된 것과 관련된다. 중세 국어에서는 겸양 선어말어미 '-숩-'이 접속 구성은 물론 보조용언 구성에서도 선행 서술어와 후행 서술어에 모두 통합하여 '-ᄉᆞ와#잇ᄉᆞ오니' 구성과 같이 실현되는 일이 있었다. 청자를 매우 높이고자 하는 화자의 의도가 실린 표현으로 왕과 신하와 같은 화계 구성에서 주로 나타났다. 즉, '-ᄉᆞ와#잇ᄉᆞ오니-' 구성은 극존칭의 투식 표현 정도로 볼 수 있는데, 이 '-ᄉᆞ와#잇ᄉᆞ오니-' 구성이 근대 국어에 와서는 '-와ᄉᆞ오니'와 같이 실현된 것이다.

비운의 공주, 숙휘공주의 사연이 담긴 조선 왕실의 한글 편지첩

『宸翰帖 坤』의 연구 및 역주

III

『宸翰帖 坤』의 발신자 중심의 언간 형식과 내용적 특징

1. 서론

이 장에서는『宸翰帖 坤』의 발신자를 중심으로 언간 형식과 내용을 살펴보기로 한다. 앞서 살펴본 바와 같이『宸翰帖 坤』의 발신자는 총 7인이며 수신자인 숙휘공주와의 관계에 따라 언간의 형식과 내용, 언어 표현 등에 차이를 보인다. 발신자별 언간 형식과 내용은 이 시기의 언간의 작성 방법 및 예절, 언간의 기능을 파악하는 데에 도움을 줄 수 있을 뿐 아니라 궁중 언간 자료의 특징과 궁중 문화 연구에 기여하는 바가 있으리라 생각한다. 이에 2장에서는『宸翰帖 坤』의 발신자별 장첩 순서를 정리하고 3장에서는 발신자별 언간 형식과 내용적 특징을 살펴보기로 한다.

2. 발신자별 장첩 순서

우선, 『宸翰帖 坤』의 장첩 순서를 살펴보기로 하겠다. 『宸翰帖 坤』은 서문에 실린 내용에서 알 수 있듯이 숙휘공주의 5대손인 정진석이 1802년에 장첩하였는데 장첩의 순서는 아래와 같다.

표지(宸翰帖 坤)
언셔텹
효종대왕 언찰 어필
현종대왕 언찰 어필
숙종대왕 언찰 어필
인션왕후 언찰 어필
명셩왕후 언찰 어필
인현왕후 언찰 어필
션냥

표지와 언서텹은 정진석이 직접 장첩할 때 써 넣은 것이고 편지를 왕과 왕후로 구분하여 왕위의 순서대로 묶어 책을 만들었다. 그 과정에서 각각의 편지를 구분하기 위해서 아래와 같이 종이에 해당 발신자를 적어 편지 사이에 끼어 놓았다.

인현왕후의 마지막 편지 다음 지면은 '언셔텹'에서 언급된 '선냥'의 흔적이 남아 있다. '언셔텹'에 따르면 인현왕후가 직접 만든 '선냥 쌍놈'을 장첩하면서 맨 마지막 지면에 붙였는데 현재는 남아 있지 않고 [그림 2]와 같이 흰 지면만 남아 있다. 한편, 다른 편지는 녹색 바탕에 편지를 붙였는데 이 면은 홍색 무늬에 종이가 배접되어 있는 것이 특징적이다.

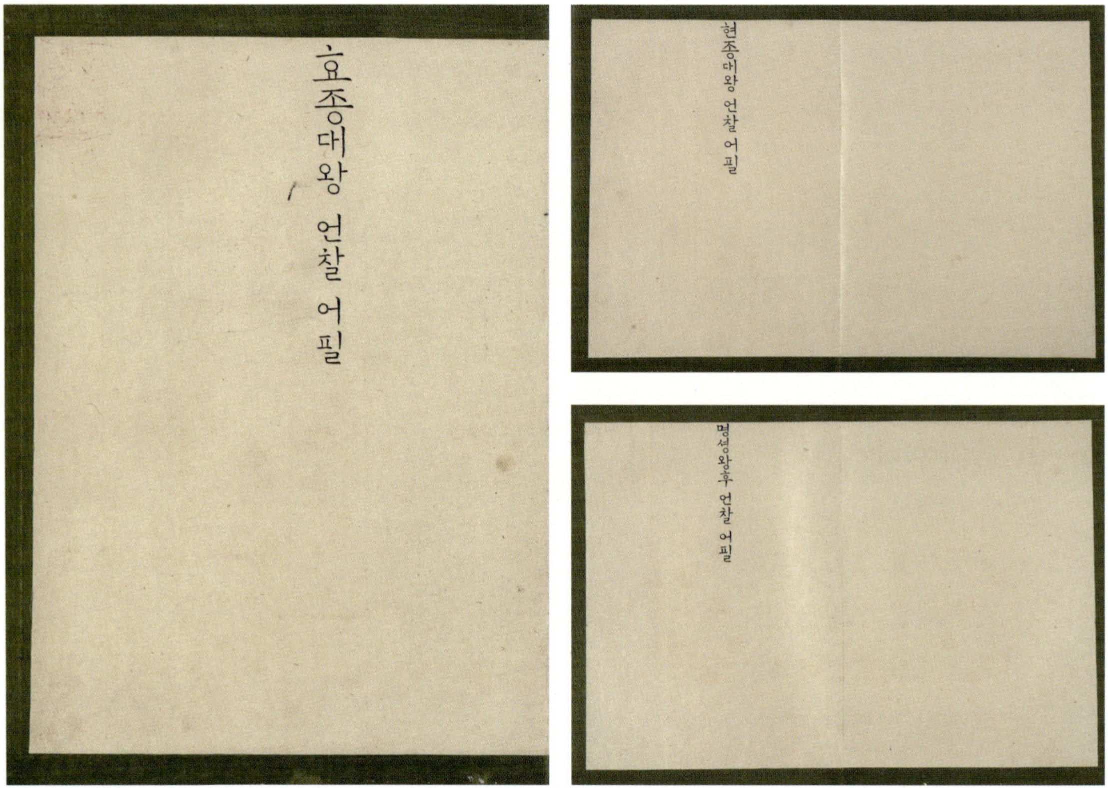

[그림 1]

[그림 2]

3. 발신자별 편지 형식과 내용적 특징

3.1. 효종 편지의 형식과 내용적 특징

『宸翰帖 坤』에 실린 효종의 편지는 2편이다. 이 편지는 숙휘공주가 효종에게 쓴 문안지에 답장한 것이다. "글월 보고 됴히 이시니", "너희ᄂᆞᆫ 세히 마치 ᄒᆞᆫ 말로 글월을 뎍어시니"와 같은 편지 내용으로 보아 효종의 두 편지는 숙휘공주의 문안 편지에 대한 답장임을 알 수 있으며, 출가하였지만 매일 편지로 문안 인사를 올렸던 당시의 풍습을 엿볼 수 있는 대목이다.

한편, 문안지의 여백을 활용하여 답장한 흔적도 곳곳에 남아 있다. [그림 3]의 오른쪽 하단에 "슉휘공쥬"라고 쓰여 있는데 이는 숙휘공주가 효종에게 보낸 문안지에 효종이 여백을 이용하여 답장을 보내는 과정에서 남아 있게 된 것이다. 이러한 흔적은 효종이 숙명공주에게 쓴 편지에서도 확인된다.[11]

숙휘공주가 보낸 문안지 여백을 이용하여 효종이 답장을 쓴 것은 아래의 그림에서도 확인할 수 있다. [그림 4]의 왼쪽 상단에 적힌 '문'은 숙휘공주가 효종에게 보내면서 문안임을 밝히는 표식 문자이다. 즉, 효종이 숙휘공주가 보낸 문안지 여백에 답장을 작성하여 보낼 때 이 '문'을 포함하여 오려낸 것으로 추정된다.

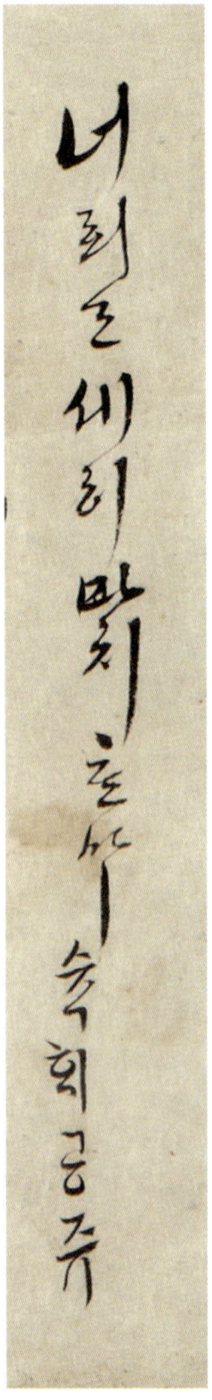

[그림 3]

[그림 4]

한편, 효종의 서체에 흥미로운 점이 있다. 받침 'ㄹ'을 표기할 때 아래와 같이 획을 내려 쓰는 방식

11 국립청주박물관에서 소장하고 있는 『숙명신한첩』에는 효종대왕이 숙명공주(숙휘공주의 바로 위 공주)에게 쓴 9편의 편지가 전하고 있다.

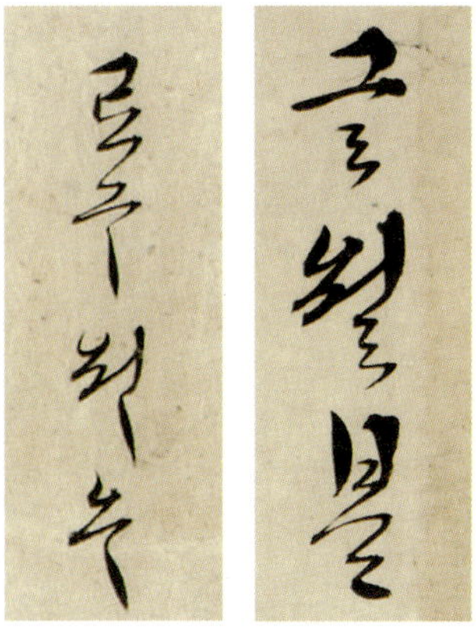

[그림 5]

이다.

[그림 5]의 첫번째는 "글월을"로 판독되는데 받침 'ㄹ'을 모두 획을 내려 썼다. 두 번째 그림에서의 받침 'ㄹ'을 흘려서 쓴 것보다 획을 더 간략화하여 쓴 것이다. 이러한 필체는 효종의 편지에서 두드러지게 나타난다.

평소 호전적이고 강직한 면모를 굵게 내려쓴 글자체가 보여주는 듯하다. 그러나 그 내용적인 면에서는 아주 인간적인 아버지로서의 효종의 모습도 확인할 수 있다. 역사 속의 효종은 북벌을 꿈꾼 강직한 왕으로 알려져 있었으나 이와 같은 언간 자료는 효종의 일상적이고 인간적인 모습을 보여주고 있기 때문에 더욱 가치가 있다. 하지만 효종의 언간은 매우 간단한 답장 형식만 남아 있어 아쉬울 따름이다.

3.2. 현종 편지의 형식과 내용적 특징

다음으로 현종이 쓴 편지를 살펴보자. 『宸翰帖 坤』에는 현종이 쓴 3개의 편지가 있다. 그 중에는 매부이자 숙휘공주의 남편 정제현에게 쓴 편지 1편과 모후 인선왕후에게 쓴 편지 2편이 포함되어 있다. 정제현에게 쓴 편지는 왕과 매부 사이, 즉 왕과 왕실의 부마 사이에 쓰인 한글편지라는 점에서 귀중한 자료라 할 수 있다.

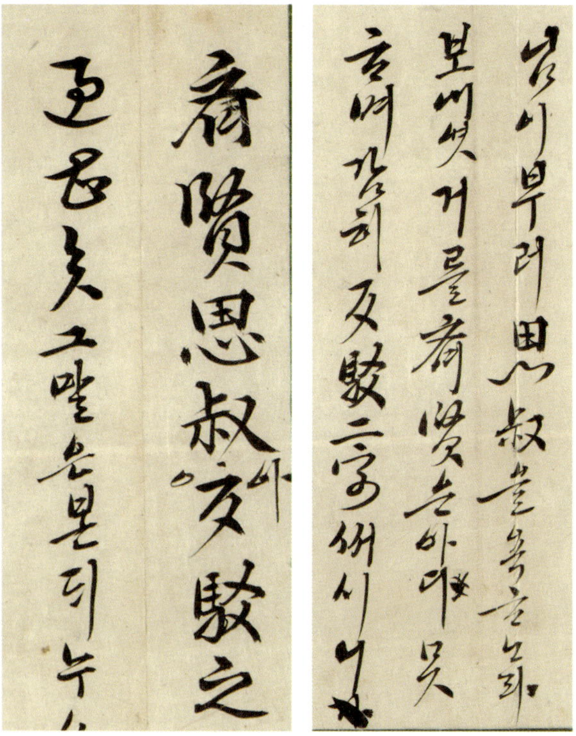

[그림 6]

[그림 6]의 왼쪽 그림 상단에 쓰인 "齊賢 思叔아"는 부마이자 매부인 정제현을 가리킨다. 왕실의 한글편지 중에서 왕과 그 매부 사이 관계는 찾아보기 어렵다는 점에서 가치가 있다고 할 수 있는데, 더욱이 이 편지가 한글과 한자를 혼용한 언간이라는 점도 주목을 끈다.[12]

현종이 모후인 인선왕후에게 보낸 두 편의 한글편지에는 한자가 섞여 있지 않는 것을 고려하면 위 [그림 6]의 문자 형식은 매우 독특한 것이 아닐 수 없다. 군신이자 친족 관계인 부마에게 보낸 편지에 한글과 한자를 혼용한 것은 왕의 위엄과 함께 친밀함을 드러내고자 한 것이 아닌가 싶다. 편지 내용은 왕과 누이, 그리고 부마 사이에 일어난 일상적인 오해를 현종이 농담조로 겁박하는 아주 사사로운 편지이다. 다정하게 안부를 묻는 장면은 없지만 사사로운 일을 통해 친족으로의 정이 느껴지는 편지이다.

현종이 모후인 인선왕후에게 보낸 편지에서 높임 방식의 간자법이 확인된다. 간자법은 언간의 대표적인 높임의 대우 격식으로 한 자 간격을 두어 높임을 표시하는 방법이다.

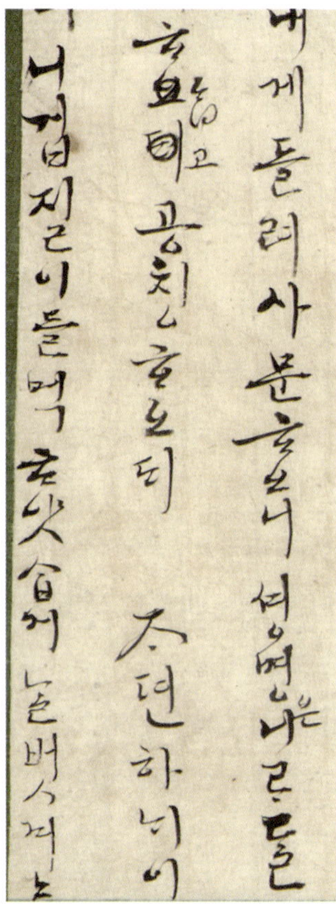

[그림 7]

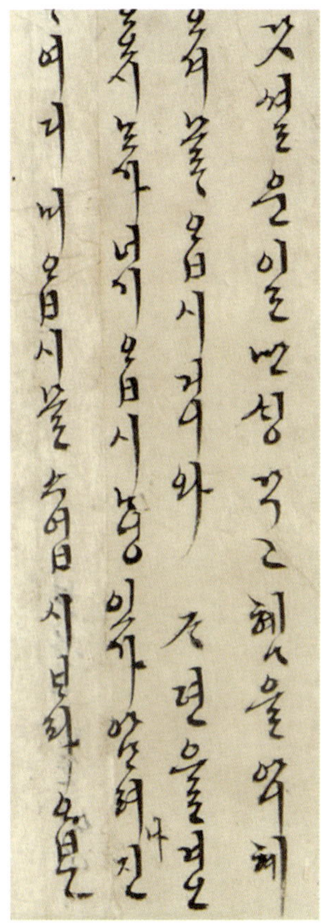

[그림 8]

12 이와 같이 한글과 한자의 혼용 표기 경향은 한글의 확대 혹은 보급이라는 측면에서도 지적되곤 한다(이현희 외 2014). 하지만 이와 같이 일상적인 장면에서의 한글과 한자의 혼용은 다른 측면에서 접근할 필요도 있어 보인다.

위 [그림 7]의 "ᄌᆞ뎐하" 앞에 빈칸이 있는데 이는 간자법을 이용하여 존자를 높이는 언간의 높임 방법이다. 이러한 간자법은 높임의 대상이 수신자와 동일인이 아니더라도 사용된다. [그림 8]은 높임의 대상이 수신자와 동일인이 아닌 경우에 해당된다. 명성왕후가 숙휘공주에게 쓴 편지인데 편지 중간에 사용된 간자법은 "ᄌᆞ뎐으로겨오셔"의 'ᄌᆞ뎐'을 높이고자 사용한 경우이다. 수신자가와 동일인이 아니지만 발신자나 수신자보다 존자이기 때문에 간자법을 사용한 것이다.

한편, 현종이 모후에게 보낸 편지는 궁궐 안에서 발신한 문안 편지이지만 하루에 있었던 사연 중 매우 일상적인 사건을 소재로 시작하여 모후에게 문안하는 내용으로 구성되어 있다.

> 나ᄂᆞᆫ 오ᄂᆞᆯ도 예 왓ᄉᆞᆸ거니와 앗가 양심합의 내관 나실 제ᄂᆞᆫ 엇디 아니와 겨ᄋᆞᆸ시더니잇가 나ᄂᆞᆫ 오ᄂᆞᆯ 오ᄋᆞᆸ다가 어ᄉᆞ 노릇ᄉᆞᆯ ᄒᆞ얏ᄉᆞᆸ더니 뎍ᄉᆞᆸ노이다〈현종대왕언찰어필 2〉

> 다리예 도든 거ᄉᆞ로 약 ᄇᆞᄅᆞ고 산침 맛기로 너머 못 가ᄂᆞ니 더욱 섭〃ᄒᆞ와 ᄒᆞᄋᆞᆸᄂᆡ 이 삼ᄉᆞᄆᆡ 일양 보쇼셔〈현종대왕언찰어필 3〉

위 내용을 요약하면, 현종이 양심합의 내관에서 어사 노릇을 한 사건을 중심으로 편지를 작성하였는데 이 사건이 모후와 관련되어 있음을 언급하면서 모후의 안부를 묻고 잠깐이라도 방문해 주시기를 요청하는 내용이다. 양심합의 내관에서 어사 노릇을 한 사건과 같은 내용은 판본에서는 보기 힘든 사연이다. 개인적이고 일상적인 생활이나 감정을 자유롭게 공유할 수 있는 언간에서나 확인할 수 있는 장면인 것이다. "하 보채니 얌신저으니"〈현종대왕언찰어필 3〉의 표현도 언간의 성격을 보여주는 장면이라 하겠다.

한편, 모후에게 보낸 어간 중에서 전형적인 회문식 방법을 볼 수 있는 편지가 있다. 회문식 방법은 여백을 활용하는 방식이다. [그림 9]는 효종이 인선왕후에게 보낸 편지이다. 이 편지를 보면, 편지를 작성할 때 우측 여백과 상단 여백을 어느 정도 남겨 두었다가 공간이 부족하면 상단 여백에 글을 쓰고 이후 우측 여백에 글을 쓴 방식을 알 수 있는데 이와 같은 회문식 방법은 언간에서 주로 사용되는 여백 활용 방식으로 위 글은 ①→②→③ 순서로 읽어나가야 한다.

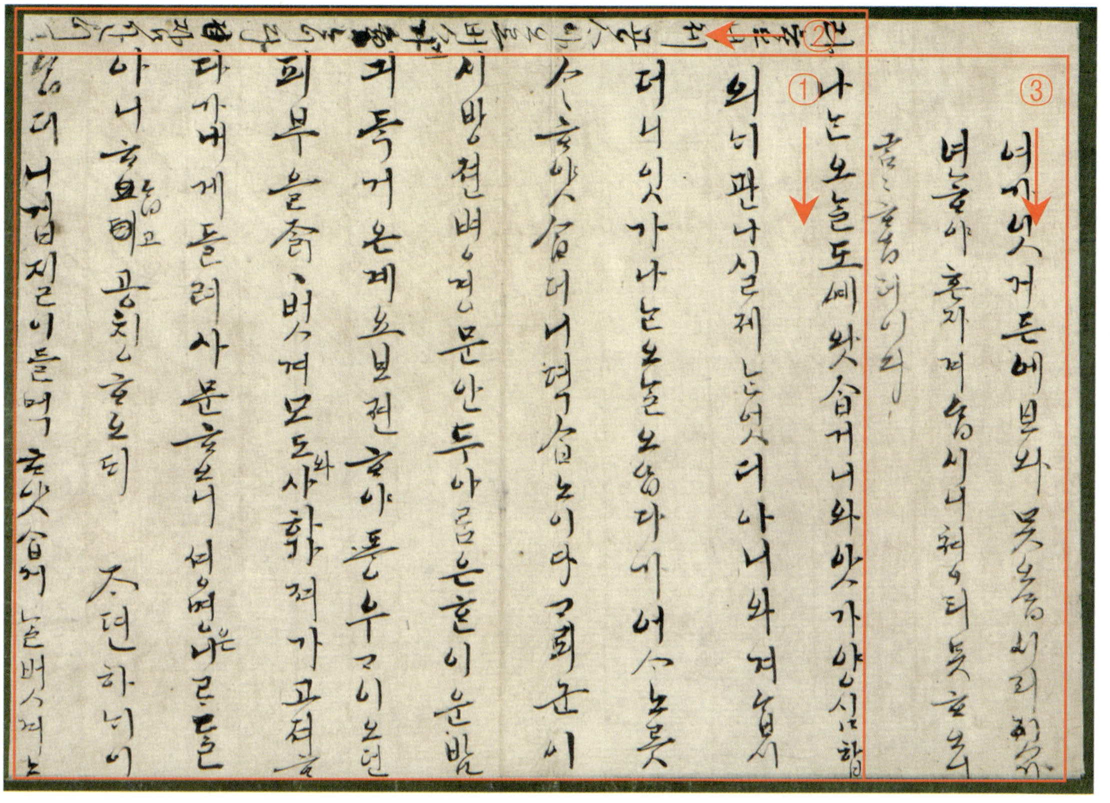

[그림 9]

3.3. 숙종 편지의 형식과 내용적 특징

다음으로 숙종이 쓴 편지를 살펴보도록 하자. 숙종이 고모 숙휘공주에게 쓴 편지는 6편이 있다. 주로 숙휘공주의 상사를 위로하고 건강을 염려하는 내용을 담고 있으며 숙휘공주를 "아ᄌᆞ마님"으로 호칭하며 대두법이나 간자법을 통해서 높임을 드러내고 있다.

[그림 10]은 대두법과 간자법이 모두 사용된 예이다. 대두법은 한 글자를 올려 높임을 표시하는 높임의 대표적인 방법인데 위 [그림 10]의 "뎍ᄉᆞ오시니"를 다른 글자보다 한 자 올려 배자한 것은 편지를 적은 주체가 숙휘공주이기 때문에 높임을 드러내고자 한 것이다. 간자법도 확인된다. "아ᄌᆞ마님겨오셔" 앞의 한 칸을 비워 아주머님인 숙휘공주를 높이고 있다.

그런데 [그림 11]은 [그림 10]과 다른 양상을 보인 예로 주목을 끈다. 바로 대두법이 "뎍ᄉᆞ오시니"에 적용되지 않고 다음 줄에 적용된 것인데 숙휘공주가 병환으로 고생하는 것을

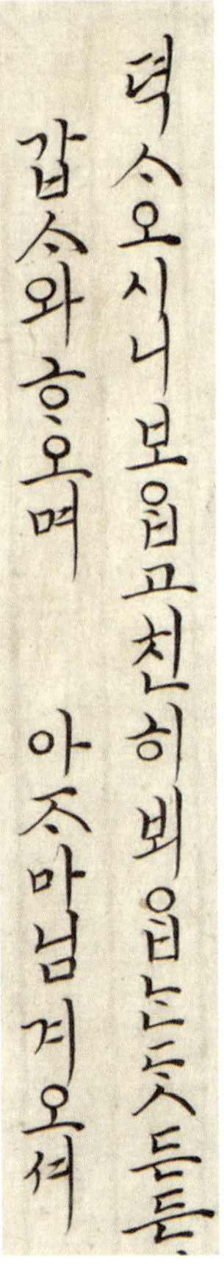

[그림 10]

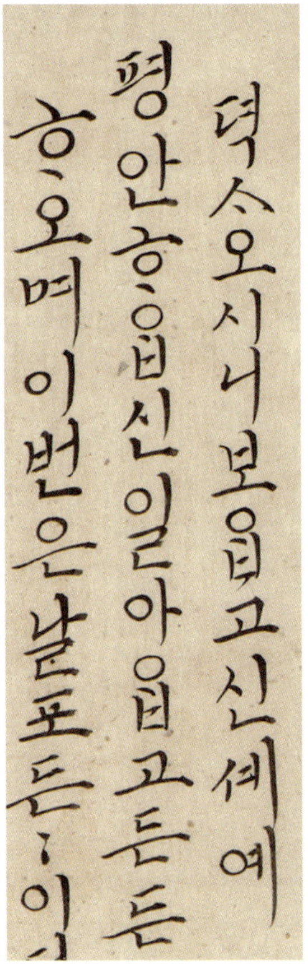

[그림 11]

매우 안타깝게 여긴 숙종이 새해 들어 숙휘공주가 몸이 좋아졌다는 소식을 듣고 "평안ᄒᆞᄋᆞᆸ신"에 대두법을 적용하여 반가움을 강조한 것이 아닌가 하다.

한편, 숙종의 편지에서 높임 표현이 중가되어 사용된 예들이 많은 것도 특징적이다. "ᄀᆞ이업ᄉᆞ와ᄒᆞ오며", "자ᄋᆞᆸ시믈 쳔만 ᄇᆞᄅᆞᄋᆞᆸᄂᆞ이다", "깃브와ᄒᆞᄋᆞᆸᄂᆞ이다", "낫ᄌᆞ오신가 시브오니", "닛ᄌᆞᆸ디 못ᄒᆞ와ᄒᆞ오며", "아ᄆᆞ라타 업ᄉᆞ와ᄒᆞ오며", "ᄃᆞ녀오ᄋᆞᆸ심 ᄇᆞ라ᄋᆞᆸᄂᆞ이다", "몬내 알외와ᄒᆞ오며", "아와ᄉᆞ오니" 등과 같이 높임 형태 'ᄋᆞᆸ', '오', 'ᄉᆞ오', 'ᄌᆞᆸ' 등을 과도하게 사용하여 수신자인 숙휘공주를 높이고 있다. 이와 같은 높임의 중가 표현은 다른 왕실 자료에서도 확인되기는 하지만 "닛ᄌᆞᆸ디 못ᄒᆞ와ᄒᆞ오며", "ᄀᆞ이업ᄉᆞ와ᄒᆞ오며"와 같이 너무 과도하게 사용된 점, 유독 숙종의 편지에 이러한 중가 표현이 많이 사용된 점은 고모에 대한 숙종의 공손한 태도와 고모에 대한 각별한 애정을 보여주는 것이 아닌가 하다. 숙종이 공주에게 특별한 혜택을 준 일에 대해 신하들이 소(疏)를 올린 일이 『숙종실록』에 여러 건이 기록되어 있는데[13] 이러한 일들도 숙종이 고모에게 각별한 애정을 갖고 있어 발생한 사건으로 생각된다.

---

13 숙종 때 숙종이 숙휘공주에게 혜택을 준 일에 대해서 소가 올라 온 사건을 소개하면 아래와 같다.
政院因京畿監司尹以濟狀啓戶曹粘目, 盛陳淑徽公主房柴場折受, 復定於楊根, 而六衙門中不緊一處, 出給本郡之爲失當, 至曰 '殿下之待宮家, 反有重於各衙門, 其在事體, 尤未妥當.' 依該曺覆啓, 柴場處則永屬本郡, 他空閑處, 待其望呈, 劃給宮家爲宜矣, 不(승정원에서 경기도 관찰사 윤이제(尹以濟)의 장계(狀啓)로 인하여 호조(戶曹)에서 덧붙인 절목(節目)에 숙휘 공주방(淑徽公主房)의 시장(柴場)의 절수(折受)를 다시 양근(楊根)으로 정하면서, 여섯 아문 중 긴요하지 않은 한 곳을 본군(本郡)에 내어 준 것은 부당하다고 극력 진술하고, 심지어는 '전하께서 궁가(宮家)를 대우하심이 도리어 각 아문보다도 더 중히 하시니, 일의 체모에 있어 더욱 타당치 못하다.' 하므로, 해조의 복계(覆啓)에 의하여 시장은 영원히 본군에 귀속케 하고, 다른 공한지(空閑地)로 선정하여 올리기를 기다려 궁가에 획급(劃給)함이 좋겠다고 하였으나, 좇지 않았다.)〈숙종실록12권, 숙종실록 12년 4월 10일〉

숙종이 숙휘공주에게 보낸 편지 중에 "뎍사오시니"가 없는 편지가 두 편 있는데 답장 형식이 아니라는 점에서 편지 내용이 주목된다.

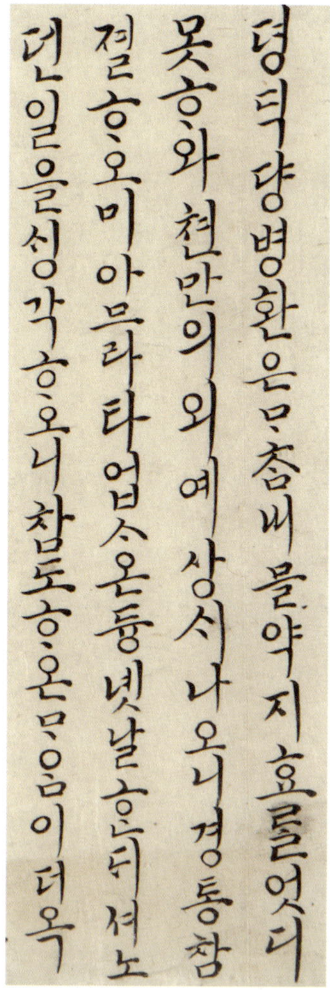
뎍딕당병환은ᄆᆞᄎᆞᆷ내 믈약지효를엇디
못ᄒᆞ와 쳔만의외예 상ᄉᆡ 나오니 경통참
졀ᄒᆞ오미 아므라타업ᄉᆞ온둥 녯날 ᄒᆞᆫ디 셔노
던일을ᄉᆡᆼ각ᄒᆞ오니 참도ᄒᆞ온ᄆᆞ음이더옥

[그림 12]

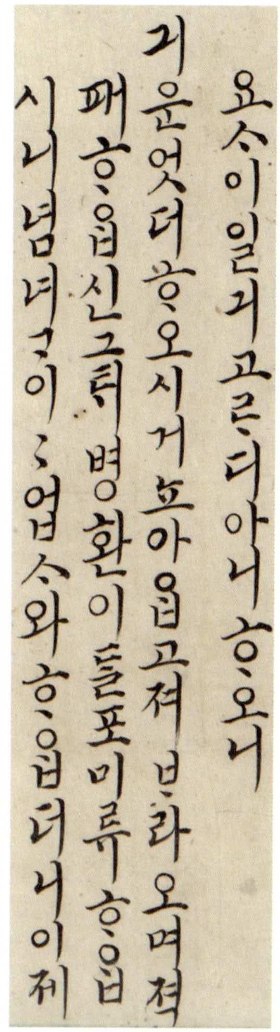
요ᄉᆞ이 일긔 고ᄅᆞ디 아니ᄒᆞ오니
긔운엇더ᄒᆞ오시거뇨 아옵고져 ᄇᆞ라오며 쳑
패ᄒᆞ옵신 그ᄐᆡ 병환이 ᄃᆞᆯ포미류ᄒᆞ옵
시니 념녀ᄀᆞ이ᄀᆞ이 업ᄉᆞ와ᄒᆞ옵더니 이제

[그림 13]

[그림 12]는 "뎍 딕당 병환은 ...... 상ᄉᆡ 나오니"으로 시작하는 편지로 숙휘공주의 아들 정태일의 상사 직후 보낸 것으로 조상 편지라 할 수 있다. [그림 13]은 "요ᄉᆞ이 일긔 고ᄅᆞ디 아니ᄒᆞ오니"로 시작한 편지인데 이 편지는 정태일의 상사 이후에 식음을 전폐하고 애상곡읍하는 고모의 병이 걱정되어 보낸 안부 편지이다. 첫줄의 글자 수를 줄이면서까지 둘째 줄의 "긔운엇더ᄒᆞ오시거뇨"를 대두하여 쓴 것에서는 고모의 건강을 걱정하는 숙종의 마음을 느낄 수 있다.

숙종대왕의 편지 중에서 정태일의 상사를 위로하고 병환으로 고생하는 숙휘공주의 건강을 몹시 걱정하는 내용을 소개하면 아래와 같다.

뎡 ᄃᆡᆨ당 병환은 ᄆᆞᄎᆞᆷ내 믈약지효ᄅᆞᆯ 엇디 못ᄒᆞ와 쳔만 의외예 상ᄉᆡ 나오니 경통 참졀ᄒᆞ오미 아므라타 업ᄉᆞ온 듕 녯날 ᄒᆞᆫ대셔 노던 일을 생각ᄒᆞ오니 참도ᄒᆞ온 ᄆᆞᄋᆞᆷ이 더옥 각별ᄒᆞ오이다〈숙종대왕언찰어필 1〉

요ᄉᆞ이 퍽 낫ᄌᆞ오신가 시브오니 깃브와ᄒᆞᄋᆞᆸᄂᆞ이다 일월이 덧 업ᄉᆞ와 발인이 머디 아녀ᄉᆞ오니 어ᄂᆞ만 새로 이 망극ᄒᆞ야ᄒᆞ오시거뇨 뵈ᄋᆞᆸᄂᆞᆫ ᄃᆞᆺ 닛ᄌᆞᆸ디 못ᄒᆞ와ᄒᆞ오며〈숙종대왕언찰어필 2〉

슉환이 채 ᄒᆞ리디 못하ᄋᆞᆸ신ᄃᆡ 멀리 노동ᄒᆞᄋᆞᆸ시니 힝혀 텸샹ᄒᆞᄋᆞᆸ실가 념녀 아ᄆᆞ라타 업ᄉᆞ와ᄒᆞ오며 브ᄃᆡ 무ᄉᆞ히 ᄃᆞᆫ녀 오ᄋᆞᆸ심 ᄇᆞ라ᄋᆞᆸᄂᆞ이다〈숙종대왕언찰어필 3〉

힝혀 병이 나앗다 ᄒᆞᄋᆞᆸ셔 조심ᄒᆞᄋᆞᆸ시던 ᄆᆞᄋᆞᆷ을 프러 ᄇᆞ리ᄋᆞᆸ시고 ᄋᆡ샹곡읍을 젼톄로 ᄒᆞᄋᆞᆸ시면 약녁과 됴보ᄒᆞᄋᆞᆸ신 공뷔 다 허일이 되올 거시니 도로혀 념녀 브리ᄋᆞᆸ디 못ᄒᆞ와ᄒᆞᄋᆞᆸᄂᆞ이다〈숙종대왕언찰어필 5〉

아ᄌᆞ마님겨오셔 신년은 슉병이 다 쾌차ᄒᆞᄋᆞᆸ시다 ᄒᆞ오니 깃브와ᄒᆞᄋᆞᆸᄂᆞ이다〈숙종대왕언찰어필 6〉

정태일의 죽음은 숙종실록 11년 7월 20일 4번째 기사문에 실려 있다. 이를 고려하면 『宸翰帖 坤』에 실린 숙종대왕의 편지는 1685년을 기점으로 보내진 것으로 추정된다. 물론 아래와 같이 정태일의 상사와 전혀 관련되어 보이지 않는 내용도 존재한다.

뎍ᄉᆞ오시니 보ᄋᆞᆸ고 친히 뵈ᄋᆞᆸᄂᆞᆫ ᄃᆞᆺ 든든 반갑ᄉᆞ와ᄒᆞ오며 나도 못 뵈완디 ᄃᆞᆯ포되오니 섭〃ᄒᆞ오미 아ᄆᆞ라타 업ᄉᆞ와ᄒᆞᄋᆞᆸᄂᆞ이다 ᄉᆞ연은 ᄌᆞ시 아와ᄉᆞ오니 얼현이 ᄒᆞ오리잇가〈숙종대왕언찰어필 4〉

위 편지는 안부와 함께 숙휘공주가 부탁한 사연을 어련히 알아서 할 것이라는 내용을 담고 있다. 숙휘공주가 요청한 사연이 무엇인지 알 수 없지만 걱정하고 슬퍼하는 다른 편지의 내용과는 다른 면을 띠고 있다.

3.4. 장렬왕후 편지의 형식과 내용적 특징

다음으로 장렬왕후의 편지를 살펴보자. 장렬왕후는 숙휘공주의 조모로 2편의 편지가 『宸翰帖 坤』에 실려 있다. 『宸翰帖 坤』에 대한 초기 연구에서는 장렬왕후의 편지가 인선왕후 편지에 묶여 있기 때문에 인선왕후의 편지로 분류하였으나 이후 글자체 비교를 통해서 인선왕후의 편지가 아니라 장렬왕후의 편지로 밝혀졌다.

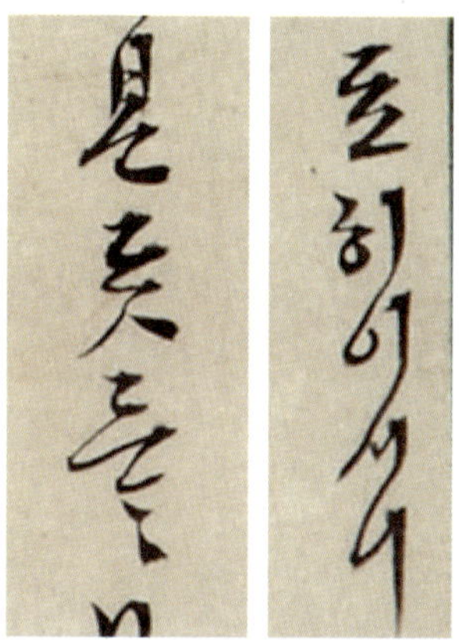

[장렬왕후 편지]

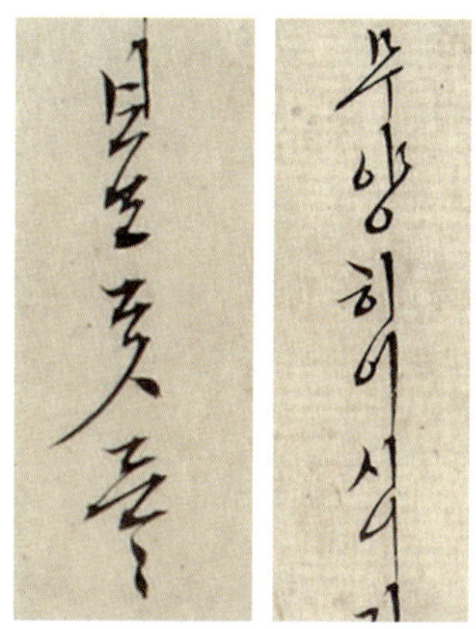

[인선왕후 편지]

위 그림은 두 왕후의 편지에서 공통적으로 나타난 글자를 제시한 것이다. 먼저 "~듯 든든"을 비교해 보면 'ㄷ'과 'ㅅ'의 서체가 다른 양상을 보이고 "이시니"의 경우도 '이'와 '시'를 이어서 쓴 양상도 차이를 보인다. 장렬왕후의 글씨가 두툼하고 조심스런 필체 특성을 지니고 있다면 인선왕후의 글씨는 가늘고 선이 긴 필체 특성을 지니고 있다 하겠다.

두 왕후의 편지의 차이는 서체뿐 아니라 문장의 형식에서도 차이를 보인다.

	장렬왕후 편지	인선왕후 편지
도입문장	글월 보고 야간 됴히 이시니	글월 보고 무사히 이시니 글월 보고 무양히 이시니
관형구성	친히 본 ᄃᆞᆺ	보ᄂᆞᆫ ᄃᆞᆺ
종결표현	닛디 못ᄒᆞᆯ쇠 다ᄅᆞ디 아녀 디내ᄂᆡ	ᄉᆡᆼ각ᄒᆞᆯ가 시브냐 든든ᄒᆞ다 조심ᄒᆞ여라

도입 문장의 경우 장렬왕후는 “됴히 이시니”를 사용한 데 비하여 인선왕후는 “무사히 이시니”, “무양히 이시니”를 주로 사용하고 있다. 또한 관형 구성에서도 장렬왕후와 인선왕후가 차이를 보인다. 무엇보다 종결표현이 눈에 띄는데 장렬왕후는 하네체를 사용하고 있지만 인선왕후는 한다체를 사용하고 있다. 이 종결표현의 차이는 두 편지가 다른 발신자임을 확증하는 근거로 활용될 수 있다.

장렬왕후 편지는 안부 인사가 중심이 된 편지로 일상적인 모습을 엿볼 수 있다.

> 날포 드러와 든〱이 디내다가 훌혀 나가니 섭〱ᄒᆞ기 아므라타 업서 오던 빼ᄅᆞᆯ ᄉᆡᆼ각고 〈장렬왕후언찰어필 1〉

> 더위병이 낫ᄂᆞᆫ가 시브니 위연 민망 고로오랴 내 디내여시니 더옥 보ᄂᆞᆫ ᄃᆞᆺ 닛디 못ᄒᆞᆯ쇠 나ᄂᆞᆫ 이제ᄂᆞᆫ 복듕 거복던 것도 다ᄒᆞ리고 먹기도 샹시나 다ᄅᆞ디 아녀 디내ᄂᆡ〈장렬왕후언찰어필 2〉

숙휘공주가 입궁하였다가 사가로 돌아간 후 적적한 심정을 드러내기도 하고 여름의 더위로 고생했던 일과 같은 요즘의 근황을 기록하여 안부를 전하기도 하였다.

3.5. 인선왕후 편지의 형식과 내용적 특징

다음으로 인선왕후의 편지를 살펴보자. 인선왕후 편지는 『宸翰帖 坤』에 16편이 실려 있다. 이 편지에는 숙휘공주의 어머니로서 출가한 딸을 그리워하는 내용, 부마의 병을 걱정하는 내용, 그리고 딸의 아픔을 위로하는 내용 등이 실려 있다.

아래는 출가한 딸에 대한 어머니의 애틋한 마음을 엿볼 수 있는 내용이다. 시댁에서 사랑을 받으며 남편과 행복한 삶을 사는 딸을 그리고 있다.

ᄉᆞ연도 보고 우으며 싀모의게 뎌리 ᄉᆞ랑을 바티거든 우리ᄅᆞᆯ 더옥 ᄉᆡᆼ각ᄒᆞᆯ가 시브냐 부마도 드러 와시니 든〳〵ᄒᆞ다〈인선왕후언찰어필 1〉

너ᄅᆞᆯ사 큰 사ᄅᆞᆷ만 너겨 ᄒᆞᆫ시만 업서도 섭〳〵ᄒᆞ야 ᄇᆞᄅᆞ지지다가 어제ᄂᆞᆫ 마디 못ᄒᆞᆯ 거시라 내여 보내나 졍의 하 섭〳〵 ᄆᆞ음이 ᄀᆞᆺ브니 머어ᄉᆞᆯ 일흔 ᄃᆞᆺ 밤새ᄀᆞᆺ 일ᄏᆞᄅᆞ며 셔익각다히ᄂᆞᆫ 다 빈 ᄃᆞᆺ 호젓고 섭〳〵호ᄆᆞᆯ 어이 다 뎍으리 네야 옥동ᄌᆞ ᄀᆞᆺ튼 부마 겨틔 안치고 할마님이야 어마님이야 압픠 버러 안잣거든 우리ᄅᆞᆯ ᄉᆞᆱ의나 ᄉᆡᆼ각ᄒᆞᆯ다〈인선왕후언찰어필 3〉

그런데, 부마의 병환이 날이 갈수록 악화되어 이를 걱정하는 사연이 편지의 많은 부분을 차지하고 있다. 이는 출가한 후 얼마 안 되어서 부마가 병으로 고생하기 시작하였는데 낫지 않고 지속되어 이를 걱정하는 사연이 편지에 많이 기록된 것이다. 인선왕후의 16편의 편지 중에 9편의 편지에 부마의 병세를 염려하는 내용이 실려 있다.

부마ᄂᆞᆫ 어제ᄂᆞᆫ 새로이 듕히 알ᄅᆞᆫ다 ᄒᆞ여ᄂᆞᆯ 념녜 ᄀᆞ이 업서ᄒᆞ더니 밤의 ᄌᆞᆷ은 됴히 자다 ᄒᆞ니 깃브되 병이 진퇴ᄒᆞᄂᆞᆫ가 시브니 민망ᄒᆞ다〈인선왕후언찰어필 2〉

오ᄂᆞᆯ날은 ᄉᆡᆼ각 밧씌 연고로 차례도 못 디내니 가지〳〵 새로이 특〳〵ᄒᆞ기 ᄀᆞ이 업ᄉᆞ니 네 졍ᄉᆞᄅᆞᆯ ᄉᆡᆼ각고 아ᄎᆞᆷᄀᆞᆺ 모다 니ᄅᆞ고 눈물디고 잇더니 ᄉᆞ연을 보니 더옥 참혹 잔잉ᄒᆞ기 아ᄆᆞ라타 못ᄒᆞ여ᄒᆞ노라〈인선왕후언찰어필 5〉

부마도 어제ᄂᆞᆫ 네 번을 ᄃᆞᆫ니다 ᄒᆞ니 그제과 ᄉᆞ이 도쉬 ᄒᆞᆫ 번이나 감ᄒᆞᄂᆞᆫ 이리 이시니 깃브다 이러구러 졈〳〵 ᄒᆞ리면 ᄌᆞᆨᄒᆞᆫ 다ᄒᆡᆼ이랴〈인선왕후언찰어필 6〉

부마ᄂᆞᆫ 퍽 ᄒᆞ려 츌입이라도 ᄒᆞ고져 ᄒᆞᆫ다 ᄒᆞ니 깃브되 다만 됴열과 밤ᄌᆞᆷ을 못 잔다 ᄒᆞ니 엇디 그러ᄒᆞᆫ고 념녜 ᄀᆞ이업서ᄒᆞ노라〈인선왕후언찰어필 7〉

부마는 오래 아니 보왓다가 보니 나은 이리 잇더냐 긔운은 요亽이는 엇더ᄒᆞ엿는고 안부 즈시 알고져 ᄒᆞ노라〈인선왕후언찰어필 10〉

부마의 병환은 졈〃 슬〃 날로 ᄒᆞ리는 일은 업고 뎌리 고로이 알ᄒᆞ니 이런 졀박히 민망 ᄀᆞᆸ〃ᄒᆞᆫ 이리 어듸 이시되 병이란 거시ᄒᆞᆫ 시긱 부븨수쳐 ᄆᆡ이 알코 ᄒᆞ리는 거시 됴티 뎌 리들 믜죽근ᄒᆞ여 날로 원긔만 쇠패ᄒᆞ니 아마도 ᄀᆞᆸ〃긔 민망ᄒᆞ기 아ᄆᆞ라타 업서ᄒᆞ노라 〈인선왕후언찰어필 12〉

부마의 병환은 ᄃᆞᆯ포 뎌리 미류ᄒᆞ여 졈〃 원긔만 패ᄒᆞ고 날로 수쳑ᄒᆞ여 가니 뎌런 졀박 히 민망 ᄀᆞᆸ〃 ᄒᆞᆫ 이리 어듸 이시리〈인선왕후언찰어필 13〉

부마의 병이 날로 ᄒᆞ리는 일은 업고 ᄆᆡ양 ᄒᆞᆫ가지니 ᄒᆞᄅᆞ 이틀 ᄒᆞ여 블셔 반 ᄃᆞᆯ이 나마 가니 이런 ᄀᆞᆸ〃고 민망〃 ᄒᆞᆫ 이리 어ᄃᆡ 이시리〈인선왕후언찰어필 15〉

ᄀᆞᆺ득 실티 못ᄒᆞᆫ 사ᄅᆞᆷ이 이 빼면 더옥 음식도 실허 못ᄒᆞ는 사ᄅᆞᆷ이니 가지〃 념이 ᄀᆞ이 업서ᄒᆞ노라〈인선왕후언찰어필 16〉

또한, 딸을 그리워하는 인선왕후의 마음을 곳곳에서 찾아볼 수 있는데 아래 내용에 딸의 부재에 대한 허전함과 섭섭함이 오롯이 드러나 있다.

이번은 두어 날을 더 묵는 ᄃᆞᆺ 호리 나갈 제 셥〃 뎟업기는 ᄒᆞᆫ가지나 ᄎᆞᆷ 아니 이심만 못 ᄒᆞ여ᄒᆞ노라 후셰예나 서ᄅᆞ 떠나는 일이 업시 살고져 ᄒᆞ노라〈인선왕후언찰어필 8〉

요亽이는 즐겁은 ᄯᆞᆯ네 업亽니 실로 답〃ᄒᆞ고 셥〃ᄒᆞ니 ᄒᆞᆯ리 열ᄒᆞᆯ 맛더니 엿쇈날 드러 오련노라 ᄒᆞ여시니 눈이 번ᄒᆞᆫ ᄃᆞᆺᄒᆞ고 든〃ᄒᆞ여 ᄒᆞ노라 이리 뎍으며 몬내 웃노라〈인선 왕후언찰어필 9〉

날포 잇다가 나가니 셥〃ᄒᆞ기 ᄀᆞ이 업서 밤새긋 일ᄏᆞᆺ고 잇노라 형ᄃᆞᆯ조차 다 나가니 집 이 다 뷘 ᄃᆞᆺᄒᆞ고 셥〃 호젹ᄒᆞ기를 엇디 다 뎍으리〈인선왕후언찰어필 10〉

부마도 혼자 심〱이 디내는가 시브매 내여 보내나 집이 다 뷘 둧ᄒᆞ고 하 젹막 호젓ᄒᆞ니 혼자 안자셔 ᄒᆞᆫ갓 섭〱ᄒᆞᆫ ᄆᆞ음의 수업시 울고 밤새긋 아젹긋 일ᄏᆞᆺ고 아마도 섭〱 굿브믈 뎡티 못ᄒᆞ여 ᄒᆞ노라〈인선왕후언찰어필 12〉

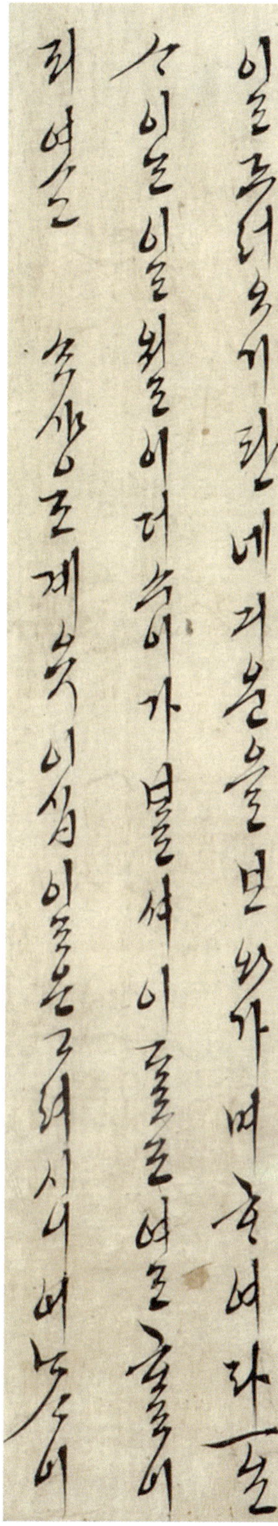
[그림 14]

이와 같이, 인선왕후 편지에는 출가한 딸에 대한 그리움과 걱정, 그리고 그 가족의 병환에 대한 염려와 같은 일상생활의 감정이 담겨져 있다. 수신자와 발신자를 모른다면 보통의 가정에서 주고받은 편지라고 생각할 정도로 매우 평범하면서도 굴곡진 일상의 애환이 느껴진다.

이러한 일상적 감정 표현은 "념녜 ᄀᆞ이 업서ᄒᆞ더니", "진퇴ᄒᆞᄂᆞᆫ가 시브니 민망ᄒᆞ다", "ᄒᆞᆫ시만 업서도 섭〱ᄒᆞ야", "ᄆᆞ음이 굿브니", "우리ᄅᆞᆯ 슒의나 ᄉᆡᆼ각ᄒᆞᆯ다", "서로 위로나 ᄒᆞ여 디낼 거시니 가지〱 깃버ᄒᆞ노라", "톡〱 가슴이 뼈디ᄂᆞᆫ 둧 셟기ᄅᆞᆯ 어이 다 뎍으리", "ᄒᆞᆫ갓 눈물ᄲᅮᆫ이로다" 등과 같은 글귀에 묻어나 있다.

한편, 구어적 표현도 다수가 확인된다. "잔 안부 알고 깃거ᄒᆞ며", "너ᄅᆞᆯ사 큰 사ᄅᆞᆷ만 너겨", "머어ᄉᆞᆯ 일흔 둧", "할마님이야 어마님이야 압ᄑᆡ 버러 안잣거든", "즉ᄒᆞᆫ 다ᄒᆡᆼ이랴", "퍽 ᄒᆞ려 츌입이라도 ᄒᆞ고져 ᄒᆞᆫ다 ᄒᆞ니"에서 '잔'이나 '너ᄅᆞᆯ사', '머어ᄉᆞᆯ', '할마님이야', '즉ᄒᆞᆫ', '퍽' 등은 판본 자료에서 확인되지 않는 언어 표현으로 일상 생활에서 편히 사용하는 구어체라 할 만하다.

인선왕후의 편지에도 간자법이 쓰인 것이 확인된다. [그림 14]에서 간자법이 쓰인 부분은 "쇼샹"의 앞부분인데 "쇼샹"(小祥)은 사람이 죽은 지 1년 만에 지내는 제사를 말하므로 효종의 소상을 일컫는다. 한편, "쇼샹"을 통하여 이 편지의 발신 시기가 1660년 4월 중순 정도라는 것도 알 수 있다.

또한, 인선왕후의 편지가 주목되는 것은 숙휘공주의 자녀들에 대한 기록이 있기 때문이다. 숙휘공주 자녀 첫째 아들과 딸이 요절하여 이들에 대한 기록을 찾아보기 어려운데 인선왕후 편지에 이들에 대한 기록이 있다.

> *닌샹이ᄂᆞᆫ* 죵이 미련ᄒᆞ여 ᄎᆞᆫᄇᆞ롬을 ᄡᅩ여 두드럭이가 블의예 도다 브어 오ᄅᆞ니 거륵이 놀라와ᄒᆞ더니 즉시 유모 약도 ᄒᆞ여 머기고 저도 금은화다의 쳥심원을 빠 머기고 ᄯᆞᆷ을 내니 즉시 ᄂᆞ자 됴히 잇다〈인선왕후언찰어필 4〉

> *닌샹이ᄂᆞᆫ* 너를 보고 언머나 반겨 ᄂᆞᆲ드던고 그놈의 샹을 보ᄂᆞᆫ ᄃᆞᆺᄒᆞ여 ᄒᆞ노라 *효희도* 고연이 됴히 잇ᄂᆞ냐 젼의ᄂᆞᆫ 나가도 ᄌᆞ식ᄃᆞᆯ이나 이시니 든〃ᄒᆞ더니 이번은 다 ᄡᅳ러 거ᄂᆞ리고 나가니 더욱 허우록 섭〃기 금이 업서ᄒᆞ노라〈인선왕후언찰어필 11〉

> 닌샹 ᄐᆡ샹이네ᄂᆞᆫ ᄋᆡ샹의 홍두 ᄒᆞᆫ 쌍을 도려 그린 ᄃᆞ시 ᄒᆞ고 팔십을 산다 ᄒᆞ니 인간의 깃브기ᄂᆞᆫ 이 밧ᄭᅴ 더ᄒᆞᆫ 이리 업ᄉᆞ니 이런 경ᄉᆞ의 일이 어ᄃᆡ 이시리〈인선왕후언찰어필 14〉

여기에서 "닌샹", "효희", "ᄐᆡ샹"은 모두 숙휘공주의 아들과 딸의 아명(兒名)이며 "닌샹"이 가장 먼저 편지에 출현한 것으로 보아 첫째 아들로 보이고 "효희"는 둘째로 보인다. 하지만 "닌샹"과 "효희"의 기록은 『조선왕조실록』에는 남아 있지 않고 정제두의 『하곡집』에서 확인할 수 있다. "닌샹"과 "효희"의 이름이 『조선왕조실록』에 남아 있지 않은 것은 어린 나이에 요절하였기 때문일 것이다.

3.6. 명성왕후 편지의 형식과 내용적 특징

다음으로 명성왕후 편지를 살펴보자. 명성왕후 편지는 1편만 실려 있는데 장문의 편지글로 2매에 걸쳐 작성되었다. 대두법을 사용하여 숙휘공주를 높인 격식을 사용하였고 편지글 중간 임금을 표현할 때는 간자법을 사용하였다. [그림 15]는 숙휘공주에 대한 높임 표시로 대두법을("긔운이나"), 임금에 대한 높임 표시로 간자법을("우흐로겨오셔") 사용한 예이다. 간자법의 경우 높임 대상이 발신자와 동일인이 아닐 때에도 사용되었다고 기술한 바 있는데 이 예도 그러한 경우에 해당된다.

한편, 문두의 "요ᄉᆞ이"는 아랫사람이 윗사람에게 쓸 때 관례적으로 사용한 표현이다. 숙종의 편지에서는 "요ᄉᆞ이 일긔 고ᄅᆞ디 아니ᄒᆞ오니 긔운 엇더ᄒᆞ오시거뇨"로 시작하고, 인현왕후의 편지에서는 "요ᄉᆞ이 (줄바꿈)긔운이나 엇더ᄒᆞ오신고"로 시작한다. 명성왕후와 인현왕후의 경우는 "요ᄉᆞ이"를 문두에 쓰되 [그림 15]처럼 이어지는 문장을 줄을 바꾸어 쓰는 방식을 취하고 있다.14

명성왕후는 숙휘공주의 올케가 되는데 이 편지는 숙휘공주의 남편 정제현의 상사에 대한 조문으로 상사를 위로하고 몸을 잘 조리하여 기운을 차리도록 당부하는 내용으로 구성되어 있다.

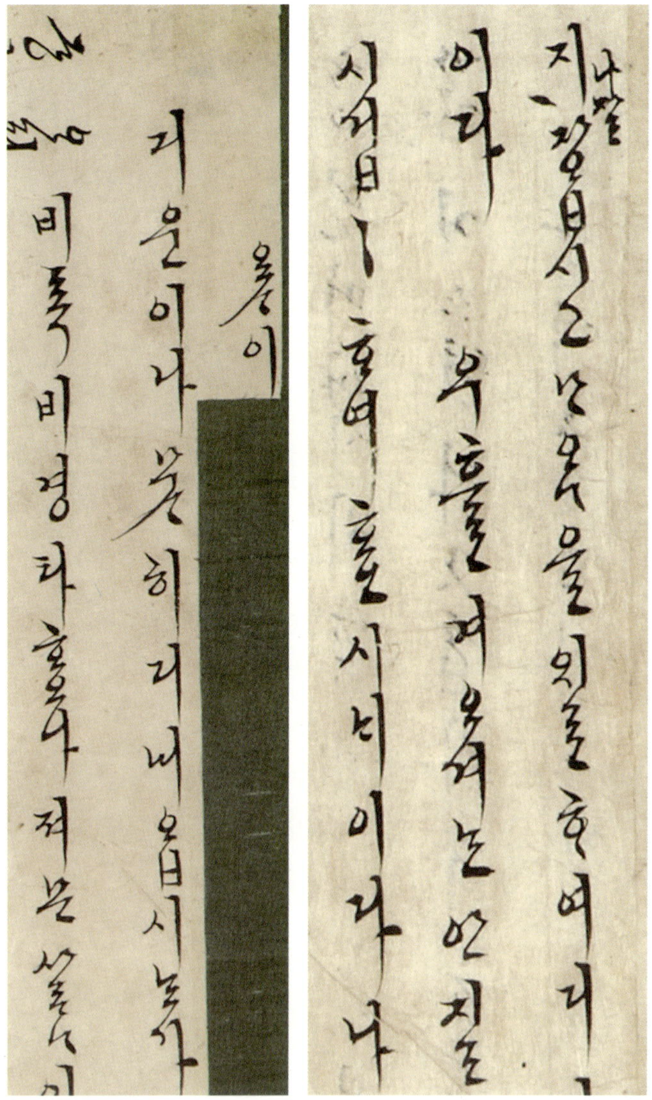

[그림 15]

하 ᄈᆞᆫᄒᆞᄋᆞᆸ고 특〻ᄒᆞ오니 이 엇딘 일이온고 아ᄆᆞ리 ᄉᆡᆼ각ᄒᆞ와도 거ᄌᆞ 일 ᄀᆞᆺᄌᆞᆸ고 ᄌᆞ겨 ᄆᆞᄋᆞᆷ이나 인평위 ᄆᆞᄋᆞᆷ이나 그저 그리ᄃᆞ록 ᄂᆞᆷ의 업ᄉᆞᆫ 용ᄒᆞᆫ 인심을 가지고셔 뎌리 되오니 텬되 그리ᄃᆞ록 무디ᄒᆞ실샤 원이ᄋᆞᆸ도소이다〈명성왕후언찰어필〉

14 본문 [그림 15]의 "요ᄉᆞ이" 아랫부분이 잘린 것을 보면 수신한 편지의 여백을 사용한 것이 아닌가 하는 추정도 가능한데 그리 볼 만한 정황이 확인되지 않고, 오히려 편지 내용이 매우 길어 수신 편지의 여백을 활용하였다고 보기는 어렵다.

엇던 사름은 싀동싱이라 ᄒᆞ고 ᄂᆞ려 혜ᄋᆞᆸᄂᆞᆫ고 실로 내 동싱인들 ᄆᆞᄋᆞᆷ의 이대도록 못 니치ᄋᆞᆸ고 셟ᄉᆞ오면 어이ᄒᆞ오링잇가 어려셔브터 동갑 동갑ᄒᆞᄋᆞᆸ고 각별이 ᄒᆞᄋᆞᆸ다가 ᄌᆞ계 뎌리 되ᄋᆞᆸ시니 슬ᄃᆞ리 못 닛치ᄋᆞᆸ고 에엿브ᄋᆞᆸ시니 촐히 ᄆᆞᄋᆞᆷ이 사오나온 사름 ᄀᆞᆺᄌᆞ오면 낫ᄌᆞ올 ᄃᆞᆺ 시브오이다 상ᄉᆞ의 의복은 ᄌᆞ겨를 싱각ᄒᆞ오면 머어시 귀ᄒᆞ오며 앗가온 거시 잇ᄉᆞ오링잇가마ᄂᆞᆫ ᄒᆞᆫ가지 것도 졍과 ᄀᆞᆺᄌᆞᆸ디 아니ᄒᆞ오니 더옥 셥ᄉᆞ 굿브오이다〈명성왕후언찰어필〉

우흐로 ᄌᆞ뎐으로겨오셔 겨오시고 아래로 어린 아히들을 싱각ᄒᆞᄋᆞᆸ시디 그리 ᄒᆞᆫ갓 셜운 일만 싱각고 혬을 아니 혜ᄋᆞᆸ시ᄂᆞ닝잇가〈명성왕후언찰어필〉

위의 명성왕후 편지 “어려셔브터 동갑 동갑ᄒᆞᄋᆞᆸ고 각별이 ᄒᆞᄋᆞᆸ다가”에서 보면, 숙휘공주와 명성왕후는 어렸을 때부터 매우 가깝게 지낸 사이인 것을 알 수 있다. 하지만 명성왕후는 “원이ᄋᆞᆸ도소이다”, “시브오이다”, “어이ᄒᆞ오링잇가”와 같이 손아래 올케에게 아주 높임 표현을 사용하고 있다. 이것은 이 편지가 조상의 성격을 띠고 있다는 점에서 이해된다. 슬픔을 당한 공주를 정중히 높이고자 하는 마음을 엿볼 수 있다.

한편, 명성왕후 편지에서도 언간에서만 확인되는 일상적이고 구어적인 표현을 확인할 수 있다. “하 뿐ᄒᆞᄋᆞᆸ고”에서 ‘뿐ᄒᆞ-’, “거ᄌᆞ 일 ᄀᆞᆺᄌᆞᆸ고”에서 ‘거ᄌᆞ’, “어이ᄒᆞ오링잇가”에서 ‘-링잇가’, “머어시 귀ᄒᆞ오며”에서 ‘머어시’는 판본 자료에서는 보기 드문 언어 표현으로 언간에서 주로 사용되는 구어적 성격의 일상 표현이다. 특히 ‘-링잇가’는 판본에서 확인되는 경우가 있지만 이 경우도 대화 장면에서 사용된 예로서 구어체의 성격을 지닌 표현이라 하겠다.

3.7. 인현왕후 편지의 형식과 내용적 특징

마지막으로 인현왕후 편지를 살펴보도록 하자. 인현왕후는 숙종의 왕비로서 숙휘공주에게는 질부가 된다. 그렇다 보니 편지 서두 부분을 대두법을 통해 높임 격식을 취하고 “뎍ᄉᆞ오시니 보ᄋᆞᆸ고”로 시작하여 높임을 드러내고 있다.

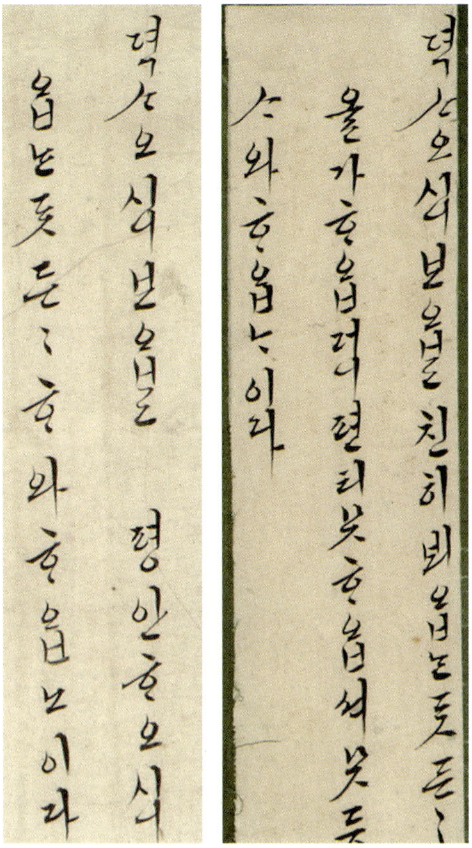

[그림 16]

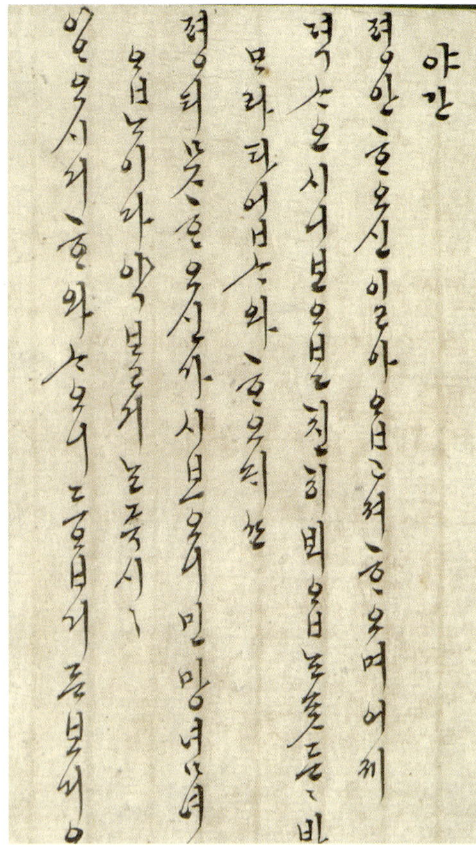

[그림 17]

숙휘공주가 보낸 편지에 대한 답장 형식의 편지에는 위 [그림 16]처럼 "뎍ᄉᆞ오시니"로 써서 높임을 드러내고 이를 대두법을 적용하여 이중으로 높임을 드러내고 있다. 높임의 양상과 관련하여 위 [그림 17]도 흥미로운 경우이다. 위 [그림 17]은 다른 편지와 다르게 서술어의 주어가 숙휘공주일 때마다 대두법을 모두 적용한 양상을 띠는데 이는 인현왕후가 숙휘공주를 정중히 높이고자 하는 마음을 강조하여 드러낸 것으로 이해된다.

다음은 문두에 "요ᄉᆞ이", "야간"을 쓰고 이어지는 문장을 줄바꿈한 경우이다.

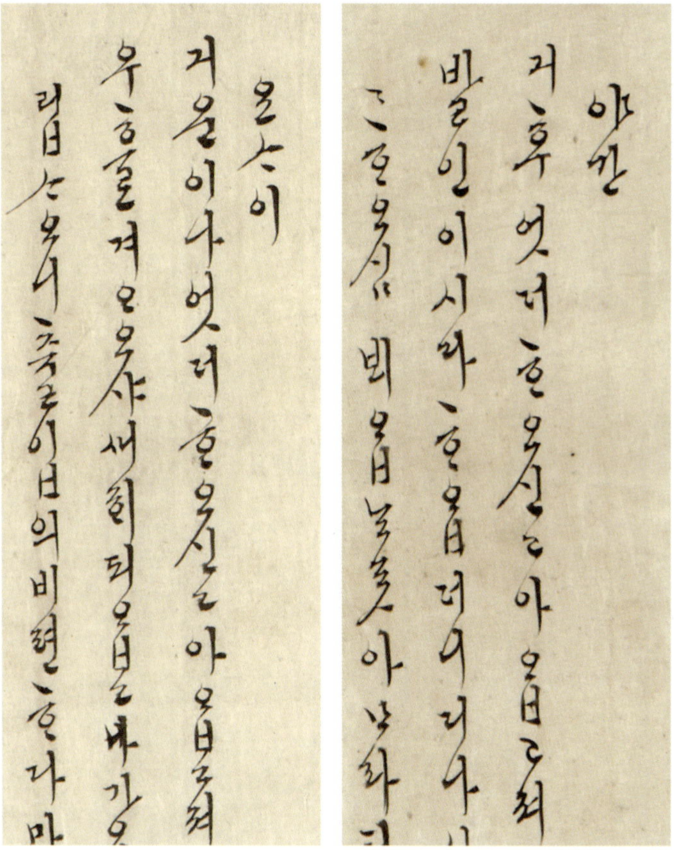

[그림 18]

인현왕후의 편지 중에서 답장 형식이 아닌 경우는 [그림 18]처럼 "요ᄉᆞ이", "야간"을 문두에 쓰고 이어지는 문장을 줄바꿈하는 형식을 취하고 있다. 편지의 안부 인사에 해당하는 부분으로 "요ᄉᆞ이"와 "야간"을 별도로 문두에 쓴 것은 아랫사람이 위사람에게 쓸 때 사용하는 이 시기의 관례적인 편지 형식으로 보인다.

한편, 인현왕후의 편지는 주로 문안 인사가 주 내용인데 숙휘공주가 부탁한 물품(약품과 책 등)에 대한 처리 내용도 다수 포함되어 있고 숙휘공주의 건강과 가환에 대한 염려 등의 내용도 실려 있다.

평안ᄒᆞ오시니 몬내 알외와ᄒᆞ오며 친히 뵈ᄋᆞᆸᄂᆞᆫ ᄃᆞᆺ 든〻ᄒᆞ와ᄒᆞᄋᆞᆸ노이다 뎡 셔방은 초시ᄅᆞᆯ ᄒᆞ온가 시브오니 어ᄂᆞ만 깃ᄉᆞ오시거뇨 깃브오미 아ᄆᆞ라타 업ᄉᆞ와ᄒᆞᄋᆞᆸ노이다 우황냥격원은 잇ᄉᆞᆸᄂᆞᆫ 거시 다만 이ᄲᅮᆫ이오니 두 환 가ᄋᆞᆸᄂᆞ이다 안신환도 가ᄋᆞᆸᄂᆞ이다 가례ᄂᆞᆫ

엇ᄌᆞ와 가오ᄃᆡ 언ᄒᆡᄂᆞᆫ밧긔 업ᄉᆞᆸ다 ᄒᆞᄋᆞᆸ노이다〈인현왕후언찰어필 1〉

오ᄂᆞᆯ 드러오〻시면 뵈올가 ᄒᆞᄋᆞᆸ더니 편티 못ᄒᆞᄋᆞᆸ셔 못 드러오ᄋᆞᆸ시니 섭〻ᄒᆞ오미 아ᄆᆞ라타 업ᄉᆞ와ᄒᆞᄋᆞᆸᄂᆞ이다〈인현왕후언찰어필 2〉

오ᄂᆞᆯ이 발인이시다 ᄒᆞᄋᆞᆸ더니 디나시온가 새로이 망극 특〻ᄒᆞ오심 뵈ᄋᆞᆸᄂᆞᆫ ᄃᆞᆺ 아ᄆᆞ라타 업ᄉᆞ오나 일긔ᄂᆞᆫ ᄎᆞᆷᄒᆞ오니 깃브ᄋᆞᆸ기 ᄀᆞ이업ᄉᆞ오이다 쇼식이 막히온 ᄃᆞᆺ 답〻ᄒᆞ올ᄉᆡ 잠 알외ᄋᆞᆸᄂᆞ이다〈인현왕후언찰어필 4〉

평티 못ᄒᆞ오신가 시브오니 민망 념녀 ᄀᆞ이업ᄉᆞ와ᄒᆞᄋᆞᆸᄂᆞ이다 약 블긔ᄂᆞᆫ 즉시〻 아ᄋᆞ오시긔 ᄒᆞ와ᄉᆞ오니 드ᄋᆞᆸ거든 보내오리이다〈인현왕후언찰어필 5〉

인현왕후는 숙휘공주를 포함한 다른 공주들과도 평소에 다정하게 지낸 것으로 보인다. “뭡다 ᄒᆞ오실ᄉᆞ록 이리 사오나이 구오니 ᄯᅩ 더 믜이게 ᄒᆞ여ᄉᆞᆸ다 ᄒᆞ심이ᄋᆞᆸ”, “이궁 ᄌᆞ가 ᄒᆞᆷ씌 드러오오시기ᄅᆞᆯ ᄇᆞ라오ᄇᆞᄂᆞ이다” 등처럼 아주 친밀한 관계에서나 볼 수 있는 표현을 숙휘공주에게 건네는 것을 보면 인현왕후가 공주들을 아주 살뜰히 대했던 것으로 생각된다.

4. 결론

현존하는 언간이 지닌 국어사적 가치는 무엇보다 일상적인 삶을 엿볼 수 있는, 즉 문어적인 표현이 아니라 실제적이고 구어적인 표현을 만날 수 있는 데에서 찾을 수 있다. 『宸翰帖 坤』에 실린 7명의 발신자는 왕과 왕후이지만 편지 곳곳에 아주 평범하고 일상적인 표현이 가득하다. 물론 왕실의 편지로서 지닌 문헌적 가치나 언어 문화적 가치도 있지만 무엇보다 실제적인 언어 양상과 인간적인 모습을 볼 수 있다는 점에서 매우 흥미로운 자료라 하겠다. 효종의 "또 이리ᄒᆞ면 아니 바들 거시니 말라"나 현종의 "나ᄂᆞᆫ 오ᄂᆞᆯ 오ᄋᆞᆸ다가 어ᄉᆞ 노릇ᄉᆞᆯ ᄒᆞ얏ᄉᆞᆸ더니", 숙종의 "몬내 알외와ᄒᆞ오며", 인선왕후의 "눈이 번ᄒᆞᆫ ᄃᆞᆺᄒᆞ고 든〻ᄒᆞ여 ᄒᆞ노리 이리 뎍으며 몬내 웃노라", 명성왕후의 "ᄌᆞ겨ᄅᆞᆯ ᄉᆡᆼ각ᄒᆞ오면 머어시 귀ᄒᆞ오며 앗가온 거시 잇ᄉᆞ오링잇가마ᄂᆞᆫ", 인현왕후의 "뮙다 ᄒᆞ오실ᄉᆞ록 이리 사오나이 구오니 또 더 믜이게 ᄒᆞ여ᄉᆞᆸ다 ᄒᆞ심이ᄋᆞᆸ" 등은 일상적이고 평범한 삶의 모습을 담고 있는 표현들이다.

또한, 『宸翰帖 坤』은 발신자와 수신자의 관계를 명확히 알 수 있는 자료로서 높임 표현이나 호칭 등을 파악하기에 좋은 조건을 갖추고 있다. 이 언간에 드러난 높임 표현은 언어 형식과 편지 형식에서 모두 확인된다. 높임의 언어 형식은 종결이나 조사, 어휘 등으로 높임이 실현되는 것이고 높임의 편지 형식은 간자법이나 대두법으로 높임이 실현되는 것인데 이 자료에서는 모두 확인된다. 특히 이 자료에서는 '-거뇨'의 높임이 주목되는데 이 '-거뇨'는 낮은 대우 등급의 종결어미이나 '-시거뇨'와 같이 쓰일 때는 최상위 등급의 종결어미와 어울리는 일이 있어 높임 등급의 상향 조절되는 특성을 보인다.

한편, 언간 자료는 수신자와 발신자라는 상황, 즉 화자와 청자가 전제한 탓에 어느 자료보다 구어적 성격이 강하다. 왕과 왕후의 편지를 보노라면 바로 옆에서 말하는 듯하여, 처한 장면이 연상될 정도로 구어적 성격이 강하다. 단어의 음절을 생략한 표현이라든지 현종의 편지에서 확인되는 '누우님'과 '늣말'이라든지 인선왕후의 편지에서 확인되는 '잔', '너ᄅᆞᆯ사', '머어ᄉᆞᆯ', '퍽 ᄒᆞ려'와 같은 표현이라든지 명성왕후의 '-리잉가', '-니잉가'와 같은 표현은 구어체에서나 확인할 수 있는 표현이라 하겠다.

마지막으로 높임의 중가 표현도 이 자료의 특성으로 정리하기로 한다. 숙종과 명성왕후, 인현왕후의 편지에서 높임의 중가 표현이 많이 나타난다. 물론 숙휘공주가 친족관계로 볼 때

상위자이기 때문에 높임 표현을 사용한 것이기도 하겠지만 초상과 병환으로 어려운 시간을 보내는 숙휘공주를 더 공손히 높여 위로하고자 높임의 중가 표현을 과도히 사용한 것이 아닌가 하다. 높임 중가 표현은 궁중 자료의 특성으로 알려진 바 있지만 이들의 편지에서는 더 빈번히 사용되고 더욱이 인현왕후 편지에서는 대두법을 한 편지 안에서 여러 번 반복하여 높임을 극대화하고 있다.

이와 같이 『宸翰帖 坤』은 왕실의 문화를 엿볼 수 있는 자료이면서 동시에 평범한 사가 언간에서 볼 수 있는 일상적이고도 구체적인 삶의 모습을 띠고 있는 한글편지라는 점에서 여느 자료보다 더 귀중하게 생각된다. 즉, 『宸翰帖 坤』은 조선 시대의 왕실 문화와 역사, 언간의 편지 양식, 근대 국어의 특성 등을 확인할 수 있는 자료로서 보다 다양한 측면에서 연구되고 활용되어야 할 것이다.

비운의 공주, 숙휘공주의 사연이 담긴 조선 왕실의 한글 편지첩

『宸翰帖 坤』의 연구 및 역주

참고문헌

찾아보기

참고문헌

고경태(1998), 「근대 국어의 어말어미」, 『근대 국어 문법의 이해』, 박이정.

고영근(1987), 『표준 중세 국어 문법론』, 탑출판사.

고영근(1999), 『국어형태론연구』(증보판), 서울대학교출판부.

고영근 · 남기심(1987), 『표준 국어문법론』, 탑출판사.

국립청주박물관 편(2011), 『조선 왕실의 한글편지 숙명신한첩』, 국립청주박물관학술연구서, 국립청주박물관.

김연희(2003), 「淑徽公主宸翰帖의 書體 研究」, 원광대 석사학위논문.

김완진(1973), 「國語 語彙 磨滅의 研究」, 『震檀學報』 35, 진단학회, 35-59쪽.

김일근(1959), 『신한첩(宸翰帖)』의 문헌적 가치, 『국어국문학』 21, 국어국문학회, 174-176쪽.

______(1959), 『이조어필언간집』, 건국대 출판사.

______(1991), 『諺簡의 研究』, 건국대 출판사.

김일근 · 이종덕(2000a), 「17세기 궁중언간 - 숙휘신한첩①」, 『문헌과해석』 11, 문헌과해석사, 74-82쪽.

____________(2000b), 「17세기 궁중언간 - 숙휘신한첩②」, 『문헌과해석』 12, 문헌과해석사, 134-149쪽.

____________(2000c), 「17세기 궁중언간 - 숙휘신한첩③」, 『문헌과해석』 13, 문헌과해석사, 40-55쪽.

____________(2001), 「17세기 궁중언간 - 숙휘신한첩④」, 『문헌과해석』 14, 문헌과해석사. 60-75쪽.

김주필(2011), 『음운변화와 국어사 자료 연구』, 역락.

______(2011), 『국어의 음운현상과 음운변화의 연구』, 역락.

박정숙(2018), 「조선조 3代 왕조 부부의 한글편지〈御筆諺簡〉서체 형성의 상관관계 고찰」, 『서예학연구』 32, 한국서예학회, 129-171쪽.

백두현(2015), 「조선시대 왕실언간의 문화중층론적 연구」, 『한국학논집』 59, 계명대 한국학연구원, 349-403쪽.

서태룡(1985), 「정동사어미의 형태론」, 『진단학보』 60, 진단학회, 159-192쪽.

염광호(1998), 『종결어미의 통시적 연구』, 박이정.

윤경수(1987), 「淑徽宸翰帖의 硏究: 價値와 書式을 中心하여」, 『外大語文論集』 3, 부산외대 어학연구소.

이광호(2004/2005), 『근대 국어문법론』, 태학사.

이기문(1972), 『국어사개설』, 태학사.

이승희(1996), 「중세 국어 감동법 연구」, 『국어연구』 139, 서울대 국어국문학과.

이익섭 · 채완(1999/2005), 『국어문법론강의』, 학연사.

이종덕(2011), 「『숙명신한첩』에 대한 몇 가지 고찰」, 『조선 왕실의 한글편지, 숙명신한첩』, 국립청주박물관 학술연구서.

이현희(1982), 「국어 종결어미의 발달에 대한 관견」, 『국어학』 11, 국어학회, 143-162쪽.

이현희(1989), 「국어 문법사 연구 30년」, 『국어학』 19, 국어학회, 291-351쪽.

이현희(1994), 「19세기 국어의 문법사적 고찰」, 『한국문화』 15, 서울대 한국문화연구소, 57-81쪽.

이현희 외(2014), 『근대 한국어 시기의 언어관 · 문자관 연구』, 규장각학술총서 07, 소명출판.

임홍빈(1987), 『국어의 재귀사 연구』, 선구문화사.

장요한(2009), 「근대 국어에 나타나는 감탄법 종결어미 유형-『일동장유가』를 중심으로-」, 『형태론』 11권 2호, 형태론학회, 245-268쪽.

______(2010), 『15세기 국어접속문의 통사와 의미』(國語學叢書67), 태학사.

______(2011), 「중세국어 접속어미 '-디옷'의 문법에 대하여」, 『국어학』 61, 국어학회, 389-415쪽.

______(2012), 「고소설 구운몽 이본의 종결형식 연구」, 『국어사연구』, 국어사학회, 37-85쪽.

______(2013), 「국어 접속어미의 통시적 연구 -'커니와'와 '-다니'의 통시적 변화를 중심으로-」, 『어문학』 119. 한국어문학회, 1-26쪽.

______(2014), 「국어 '-ㄴ뎡'류 접속어미의 통시적 연구- 중세국어 '-ㄴ뎡' 접속어미의 문법을 중심으로 -」, 『국어학』 72, 국어학회, 235-263쪽.

장요한 외(2014), 『석보상절권24와 월인석보권25의 역주 및 비교 연구』, 도서출판 역락.

______(2016), 「『日東壯遊歌』에 대한 國語學的 考察」, 『진단학보』 126, 진단학회, 203-227쪽.

______(2017), 「계명대학교 소장본 『신한첩(宸翰帖) 곤(坤)』에 대한 국어학적 연구」, 『언어와 정보사회』 32, 서강대 언어정보연구소, 209-240쪽.
장윤희(1998), 『중세 국어 종결어미에 대한 통시적 연구』, 서울대 박사학위논문.
전광현(1999), 「근대 국어 음운」, 『국어의 시대별 변천 연구 2 -근대 국어-』, 국립국어원, 7-54쪽.
정복동(2013), 「『신한첩』서의 심미 양식 고찰: 『숙명신한첩』·『숙휘신한첩』을 중심으로」, 『서예학연구』 23, 한국서예학회, 205-234쪽.
정재영(2000), 「국어 감탄문의 변화-감탄법 종결어미의 변화를 중심으로-」, 『진단학보』 92, 진단학회, 293-325쪽.
채 완(1979), 「명사화소 '-기'에 대하여」, 『국어학』 8, 국어학회, 95-107쪽.
황문환(2002), 『16·17세기 언간의 상대 경어법』, 태학사.
______(2015), 『조선시대의 한글편지, 언간(諺簡)』, 역락.
허 웅(1975), 『우리 옛말본』, 샘문화사.
홍윤표(2002), 「17, 18세기 국어의 연구」, 강의 자료.

찾아보기